006
학지컴인사이트총서

브랜드

Brand Universe
Platform Strategy

유니버스

김유나 저

플랫폼 전략

학지사

추천사

이 책은 디지털로의 전환이 가속화되고 있는 이 시대에 디지털 생태계에서 살아남기 위해 갖추어야 할 브랜드 플랫폼 구축의 필수 지침서라 할 수 있다. 저자는 플랫폼 전쟁이 심화되고 있는 지금, 우리 브랜드만의 오리지널리티를 기반으로 소비자와 끊임없이 소통하며 브랜드 생태계를 확장해 나가는 하나의 행성으로서 브랜드 뉴노멀을 이야기하고 있다. 이 책의 매력은 브랜드 플랫폼을 고객가치, 플랫폼, 콘텐츠, 커뮤니티 등 유기적 생태계인 유니버스 관점에서 종합적으로 제시한다는 점이다. 기업의 관점이 아닌 고객의 관점으로 진정한 브랜드의 체질 개선을 원한다면 이 책의 일독을 추천한다.

- 김영철(바인 회장)

최근 럭셔리 패션 브랜드들이 가장 중시하고 우선적으로 변화의 움직임을 보이는 영역은 브랜드 마케팅(brand marketing)

의 디지털 트랜스포메이션(digital transformation)이다. 김유나 교수의 신간 『브랜드 유니버스 플랫폼 전략』에는 마케팅 전문 가뿐만 아니라 CEO들도 일독하며 공부해야 할 풍부한 인사이트가 담겨져 있다.

– 박은관(시몬느 회장)

이 책은 마케팅과 브랜딩 영역에 뿌리를 단단히 내린 채, 비즈니스 전반에 걸쳐 초연결 시대의 고객 접근에 대한 본질과 핵심을 꿰뚫고 있다. 등장하는 개념들은 복합적이고 다층적이지만, 현상과 흐름에 대한 통찰과 제안은 간결하고 적확하다. 직관적이면서 체계적인 분석으로 밑그림을 그린 뒤, 피부에 와 닿는 풍부한 사례로 완성도를 높였다. 군더더기 없는 설명과 리듬감 있는 구조로 책장이 쉽게 넘어가고, 각종 용어 사용도 친절하고 자연스럽다. 신조어이자 타이틀인 '브랜드 유니버스'로 다가서는 접근 방식 또한 명쾌하다. 저자의 분석처럼, 좋든 싫든 우리는 모두 고객과 브랜드가 실시간으로 소통하며 교감하는 세계관 속에서 살아가고 있다. 브랜드 마케팅에 대한 고민의 방향성을 두고 갈피를 잡으려는 이들에게 이 책을 통해 전략을 점검하며 재정비해 볼 것을 권한다.

– 배수정(암웨이 대표)

마켓은 쉬지 않고 끊임없이 변화한다. 당연히 기업과 브랜드도 살아 움직이는 생물이 되어야 한다. 기업 입장에서 트렌드에 민감하게 귀 기울이고 소비자 중심의 행동을 취하지 않으면 도태되는 것은 시간 문제다. 이러한 격변의 환경에서 마케팅의 역할은 더욱 급부상하고 있다. 이 책은 광고인으로 커리어를 시작한 저자가 빅데이터 기반 마케팅 전략 수립, 브랜드 컨설팅 등 마케팅 업계의 다양한 프로젝트를 통해 축적한 인사이트를 담고 있다. 과거의 비즈니스 모델에서 벗어나, 우리 브랜드만의 매력적인 디지털 생태계 구축을 고민하는 기업에게 길잡이가 되어 줄 것이다.

— 이경수(세라젬 대표)

스마트폰의 출현으로 시작된 모바일 혁신, 빅데이터, 클라우드, 기계학습과 인공지능으로 디지털 트랜스포메이션이 출발되었다면, 코로나 팬데믹은 비대면이 일상의 새로운 표준으로 자리 잡게 하여 디지털 트랜스포메이션을 가속화시키고 있다. 이 책은 이러한 시대적 변화를 통찰력을 가지고 분석하였으며, 향후 브랜딩이나 마케팅이 어떻게 변화되어야 할지에 대한 디지털 인사이트를 주는 좋은 길잡이가 될 것이다. 플랫폼을 기반으로 어떻게 브랜드와 비즈니스를 키워 갈지에 대한 해답을 얻고자 한다면 반드시 이 책을 정독하기를 추천한다.

— 이남식(서울예술대학교 총장)

비즈니스의 중심이 오프라인에서 온라인으로 확연히 이동하는 것을 목격하면서 어떻게 대응해야 할지 막연했던 시점에, 김유나 교수의 신간 『브랜드 유니버스 플랫폼 전략』은 향후 사업의 방향성 정립에 큰 도움이 되었다. 저자의 현업에서의 오랜 경험이 이론적인 정치함과 잘 어울려져 있어, 어려운 내용을 지루하지 않고 쉽게 풀어 나가는 모양새가 저자의 내공이 만만치 않음을 보여 주고 있다. 온라인 사업으로 고민하는 모든 분에게 이 책을 추천한다.

－ 이진성(롯데푸드 대표)

이 책에는 오늘날 디지털 경제와 마케팅에 대한 많은 것이 담겨 있다. 디지털 트랜스포메이션을 성공으로 이끌기 위한 플랫폼, 콘텐츠 그리고 브랜드에 대한 저자의 경험과 인사이트가 큰 흐름으로 전개되어 있다. 브랜드를 통해서 플랫폼도 돈이 되고, 콘텐츠(상품, 서비스)도 돈이 되는 시대에 일독을 권한다.

－ 이해선(웅진코웨이 대표)

추천사

마케팅 대변혁의 시대

"Everything changes."

유발 하라리(Yuval Noah Harari)의 저서 『호모데우스』의 첫 장을 넘겨 보면 자필 사인과 함께 "세상의 모든 것은 변화한다."라는 절대 불변의 진리가 쓰여 있다. 우리말에도 유사한 문구가 있다. 무상(無常). '모든 것은 변한다'는 이 말은 불교의 핵심 교리로 일컬어진다. 무상은 '만물이 끊임없이 변화하여 한순간도 동일한 상태에 머물러 있지 않다.'라는 뜻이다. 일찌감치 세상이 돌아가는 이치를 동서양에서 같은 목소리로 통찰해 왔다. 우리가 사는 모습을 봐도 태어나고, 성장하고, 만나고, 헤어지는 일생 중에 모든 것이 끊임없이 변화를 거듭하다 결국엔 소멸되는 과정 속에 있지 아니하던가. 이미 우리의 유전자에는 태곳적부터 변화와 적응을 반복하며 다져진 '진화'라는 생체 리듬이 새겨져 있는지도 모른다.

이렇듯 인류의 삶은 변화와 함께해 왔는데, 왜 최근 들어 유독 변화에 민감하게 되었을까? 그 이유는 변화가 우리가 적응해 왔던 속도의 몇 곱절로 빠르게 다가왔기 때문이다. 더군다나 2020년에는 유례없던 코로나 19로 인해 변화에 가속이 붙기 시작했다. 이젠 속도도 예측하기 어려운 시대가 되었다. 극심한 변화도 이런 변화가 없다. 평소에 자동차를 타고 주행을 하다가도 고속도로에 들어서서 감당할 수 없는 속도로 피치를 올리게 되면 갑자기 겁이 덜컥 나지 않나. 고속도로야 한 방향으로만 쭉 달리니 속도만 컨트롤하면 되지만, 지금은 어디로 가야 할지 방향조차 가늠이 안 되니 지금의 변화가 두려울 수밖에 없다. 그럼에도 어디로 가고 있는지 흐름만 파악할 수 있다면 두려움은 좀 가신다. 그때부터는 물살을 타면 되니 오히려 속도를 즐기면 된다.

돌이켜 보면 어느새 파괴, 혁신 같은 비일상적인 단어가 일상에 자리 잡게 되었다. 많은 비즈니스 영역에서 파괴적 혁신을 새로운 솔루션으로 제시한다. 그만큼 기존 틀을 바꾸지 않으면 생존을 담보하기 어려운 시대이다. 뉴노멀(new normal). 과거를 허물고 미래의 초석이 될 새로운 기준을 세워야 하는 시기이다. 새로운 패러다임이 비즈니스의 지각을 바꾸고 있다. 그렇다면 파괴적 혁신이 가져온 시대에는 어떤 기준과 규칙이 적용되고 있을까? 일상이 예측 가능한 선상에서 흐르다가 변곡점에 다다를 즈음이면 기존과 다른 흐름이 나타남을 깨닫게 된다. 우리는 과거의 산업혁명을 통해 네 번의 변곡점을 거쳐 왔다. 4차 산업혁명까지 오는 동안 인류는 '농업' '공업' '인터넷' '인공지능'이라는 기술을 도구로 삼아 인간의 역량을 확장시켜 왔다. 4차 산업혁명이라는 변곡점을 거치는 사이에 우리가 펼칠 수 있는 역량이 무엇인지를 빨리 파악하는 것이 시대의 흐름에 올라타는 길이다.

4차 산업혁명 선언 이후 6년. 변화의 중심에 '디지털(digital)'이 존재한다. 최근 글로벌 전체에 거론되는 화두는 '디지털로의 전환'이다. 지금은 대부분의 기업이 오프라인 세계를 디지털 세계로 전이시켜야 한다는 '디지털 트랜스포메이션(digital transformation)'으로 나아가는 중이다. 그럼 디지털 트랜스포메이션은 무엇을 말하는가? 온라인 사이트의 구축인가? 기계를 통한 업무 자동화인가? 인공지능을 통한 업무 최적화인가? 6년이 지난 지금도 디지털 트랜스포메이션이 주는 비즈니스 청사진은 여전히 모호한 실정이다. 디지털 트랜스포메이션으로 우리 비즈니스가 어떤 모양새로 변모하게 될지 그림이 그려지는가? 명확한 그림이 그려지지 않는다면, 우리는 아직도 새로운 도구를 어떻게 사용해야 하는지 시행착오를 겪는 중이라 할 수 있다. 우리가 6년간의 노력으로 깨달은 바는 기술의 도입이 모든 것을 해결해 주지 않는다는 귀중한 통찰이다. 뉴 노멀에 대한 명확한 정의를 내리기에는 아직 이른 감이 있지만, 그럼에도 우리는 이제 빅데이터, AI, 사물인터넷, AR/VR 등의 테크놀로지에 대한 집착에서 벗어나 플랫폼(Platform), 개인화(Personalization), 고객 경험(Customer Experience/Digital Experience: CX/DX), 라이프스타일(Lifestyle) 같은 고객가치 중심의 이슈로 고민의 축을 옮겨야 함을 알고 있다. 디지털 트랜스포메이션에 성공하기 위해서 우리가 바라봐야 할 것은 달이지, 달(목적)을 가리키고 있는 손가락(수단)이 아니란 것을 항상 명심해야 한다.

디지털 트랜스포메이션, 말 그대로 마케팅도 디지털과의 접목이 필요하다. 마케팅도 디지털 트랜스포메이션이 필요하다는 이야기다. 마케팅은 경영의 그 무엇보다 가장 소비자에게 가까이 다가가 있는 분야이다. 사내에서도 소비자를 대변하는 팀이 마케팅팀이다. 그들의 언어는 소비자의 언어와 다름이 없다. 이런 마케팅에 디지털이 접목된다는 팩트 역시 기업의 관점이 아닌 철저히 소비자의 관점에서 해석되어야 한다. 어떻게 디지털 환경에 있는 소비자를 이해하고, 그들의 필요를 발굴하고, 그들과 소통하며, 그들이 원하는 삶을 살게 도울 것인가? 다시 한번 묻고 싶다. 여러분은 온라인과 오프라인을 넘나들며 살고 있는 여러분의 고객이 정녕 무엇을 원하는지 어떤 삶을 살고 싶은지 알고 있는가? 여기에 대한 명확한 답을 내리지 못하고 있다면, 바로 지금이 여러분의 마케팅을 디지털 트랜스포메이션해야 할 타이밍이다. 뉴노멀 시대에 적응하기 위해 마케팅의 패러다임은 어떻게 진화해야 하며, 점점 플랫폼화되는 비즈니스 생태계에서 브랜드는 어떻게 살아남아야 할 것인가?

이 책에서 이야기하는 마케팅의 디지털 트랜스포메이션은 크게 두 가지 부분을 다룬다. 첫 번째 영역은 비즈니스 모델의 혁신으로 각광받고 있는 '플랫폼 생태계'이다. 초연결의 파워를 가지고 있는 디지털 세계에서 플랫폼은 비즈니스 모델의 귀결이 될 수밖에 없다. 플랫폼 기업들과 이커머스 회사들은 합종연횡을 거듭해 가며 플랫폼의 범위를 확장해 가고 있다. 플랫폼화가 진척될수록 업무 프로세스에도 변화가 나타나기 시작했다. 제조사들이 에이전시에 맡겼던 마케팅 역량들을 기업 내부로 내재화하고 있다. 마케팅의 4P(Product, Price, Place, Promotion)가 점점 플랫폼을 중심으로 일체형으로 움직이고 있기 때문이다. 과거에 분리되어 있던 마케팅의 요소들이 플랫폼 위에서 맞물려 함께 움직이지 않으면 소비자의 속도를 따라잡기 어려운 상황이 되었다. 플랫폼은 제품 개발을 위한 고객 정보를 주기도 하고, 판매 채널로서 유통 접점이 되기도 하며, 고객과의 비대면 커뮤니케이션 통로로 작동하기도 한다. 플랫폼은 미디어이자 곧 커머스가 된다. 그리고 그 끝단에 있는 것이 소비자이므로 플랫폼 비즈니스에서는 소비자와 직거래하려는 움직임이 잦아진다. 이것이 바로 D2C(Direct to Consumer) 전략이다. 이제 마케터들은 중간 에이전시를 생략하고 곧바로 소비자와 소통하면서 일할 수 있게 되었다. 그만큼 소비자와의 거리감이 좁혀지고 그들과 호흡하면서 마케팅을 할 수 있는 시대가 열린 것이다.

두 번째 영역은 우후죽순으로 생기고 있는 플랫폼들 사이에서 어떻게 우리 플랫폼을 구축할 것인가에 대한 것이다. 바로 '브랜드 생태계'에 대한 부분이다. 디지털 세계에서는 시장 경쟁이 무의미해지고 오로지 소비자의 24시간 중 어떤 시간을 어떻게 점유할 것인지의 싸움으로 바뀌게 된다. 마케팅의 축이 제품 판매에서 고객의 일상으로 넘어가는 것이다. 따라서 경쟁사를 연구해서 경쟁 우위를 찾는 것 대신 고객의 하루 일과를 연구하는 것이 더 효율적인 마케팅 전략이 되고 있다. 디지털 공간 안에서 어떻게 우리 플랫폼을 통해 고객의 라이프스타일을 구현하게 할 것인지, 어떻게 개인화된 경험으로 이를 승화시킬 것인지를 제시할 수 있어야 한다. 디지털 공간 안에 고객이 놀 수 있는 우리만의 생태계 구축이 필요하다. 선택지가 많은 유기적인 디지털 생태계에서 고객들을 유인하기 위해서는 브랜드가 필요하다. 과거와는 다른 새로운 브랜딩 전략이 필요하다. 구매와 소비의 구분 없이 모든 일상을 디지털에서 보내고 있는 소비자를 어떻게 우리 브랜드의 생태계로 끌고 올 것인가? 우리가 그동안 알았던 브랜드에 대한 지식과 브랜드 작동원리가 과연 플랫폼 세계에서 적용될 수 있는 것인가? 이에 대한 답을 제공하려는 것이 이 책을 집필하게 된 목적이다.

이제 시장은 쉴새 없이 움직이며 끊임없이 어디론가 이동하고 있다. 내가 원하는 방향대로 소비자들과 함께 갈 것인지, 아니면 소비자들을 숨 가쁘게 뒤쫓아 갈 것인지, 우리 브랜드와 우리 회사가 어떤 루트를 걷고 있는지 잘 살펴야 한다. 변화는 예측 불가능을 동반하고 있기 때문에 두렵기도 하지만, 반면 무한 가능성을 내포하기 때문에 설레기도 한다. 기업도 바쁘게 움직이고 소비자도 바쁘게 움직인다. 모두 새로운 생태계에서 자신에게 중요한 의미를 찾아다니고 원하는 경험들을 만들어 간다. 변화를 이끌 것인가, 변화에 이끌려 갈 것인가? 변화를 두려워할 것인가, 변화를 즐길 것인가?

예전부터 마케팅은 무생물이 아닌 생물로 존재했지만, 오늘날처럼 살아 숨 쉬는 유기체와 같이 느껴지기는 처음이다. 움직이는 플랫폼 생태계에서 우리만의 유니버스(universe)를 구축한다는 것은 정말이지 놀라운 일이다. 혼자 할 수 있는 일이 아니라 소비자와 함께해야 하는 일이기 때문이다. 소비자의 동조와 참여가 없으면 형성될 수 없는 오묘한 세계이기 때문이다. 브랜드 유니버스(brand universe)는 마케터가 할 수 있는 창조의 영역이다. 제품 이상의 무엇을 담아야 이 모든 것을 가능하게 할까? 이에 대한 답을 찾아 이제 브랜드 유니버스의 여정을 시작하고자 한다. 정답은 개개의 브랜드가 풀어내야 하겠지만, 적어도 이 책이 답을 찾는 과정에 유익한 가이드가 되었으면 하는 바람이다.

감사의 말

멋모르고 시작한 일이 아닌가 싶다가도 누군가는 해야 하는 일이었기에 조심스레 첫발을 내디뎠습니다. 무엇이 될지 처음에는 두려움도 많았습니다. 걱정을 내려놓는 대신 용기를 가지고 펜을 들어 하나씩 둘씩 쌓아 나가고자 하였습니다. 자세한 현상을 깊이 있게 다루기보다 생태계의 변화를 파악하여 흐름을 잡는 데 집중하였습니다. 변화 앞에서 갈피를 잡지 못해 난감해하는 현업 마케터들에게 도움을 주고 싶었고, 대한민국 마케팅의 미래를 짊어질 어린 학생들에게 새로운 세계를 보여 주고 싶었습니다.

이 책을 마무리 짓기까지 오랜 기간 숙고와 숙성의 시간이 필요했습니다. 변화는 하루가 다르게 진척을 보였고 시장은 끝을 모르고 지각변동을 거듭했기 때문이었습니다. 긴 시간 많은 분의 도움이 없었다면 절대로 끝내지 못할 여정이었습니다. 제가 마음 놓고 연구의 길로 들어설 수 있도록 너른 마음으로 격

려와 지원을 아끼지 않으시는 존경하는 서울예술대학교 이남식 총장님께 고개 숙여 깊은 감사를 드립니다. 아직도 마케팅이 어설픈 저에게 정신적인 지주 역할을 자청해 주시는 한국마케팅협회 김길환 이사장님께 이 자리를 빌려 무한한 감사의 말씀을 드립니다. 꺼지지 않는 열정과 사명감을 가지고 비즈니스라는 거대한 항해를 하는 한국마케팅협회의 많은 원우 기업에도 항상 존경의 마음과 응원을 보냅니다. 특히 이 책을 쓰는 과정에서 좋은 영감과 에너지를 주신 잼페이스 윤정하 대표님, 공팔리터 조희정 부대표님, 세라젬 이경수 대표님, 시몬느 박은관 회장님께 경의와 감사를 보냅니다. 제가 광고인으로 성장할 수 있도록 발판을 만들어 주시고 열정이라는 키워드를 마음에 심어 주신 롯데면세점 이상진 상무님께도 감사와 사랑을 보냅니다. 대홍기획에서 빅데이터마케팅센터를 꾸릴 때 저의 고군분투를 아낌없이 응원해 주신 대홍기획 홍성현 대표님과 팀원들 그리고 대홍기획의 많은 훌륭한 마케터들에게도 깊은 고마움을 전합니다. 그리고 제가 연구자로 잘 성장할 수 있도록 마음으로 가이드해 주셨던 한양대학교 한상필 교수님과 학업과 현업을 잘 유지할 수 있도록 살뜰히 보살펴 주셨던 한림대학교 손영석 교수님께도 마음 깊이 감사의 말씀을 드립니다. 또한 제가 용기를 가지고 글을 쓸 수 있도록 응원해 주시고 열정으로 광고학계를 이끄시는 존경하는 김병희 교수님과 신참내기 연구자에게도, 기꺼운 마음으로 집필의 기회를 주신 학지사 김진환 사장님과 최임배 부사장님께도 고개 숙여 감사를 드립니다. 마지막으로 대한민국의 차세대 마케팅을 이끌어 나갈, 가슴에 열정을 품고 광고를 사랑하는 서울예술대학교 광고창작과 학생들에게도 함께 공부하는 시간이 늘 즐겁고 고마웠다고 전하고 싶습니다.

저의 짧은 경험과 통찰에 여전히 미흡한 점이 많을 것으로 생각이 됩니다. 다양한 현업에 계시는 마케터분들이 보시기에 현장과 거리가 있다고 느껴질 수 있음에 너그러운 이해를 구하고 싶습니다. 마케팅의 디지털 트랜스포메이션을 위해 소중한 고견을 더해 주신다면 더할 나위 없이 감사한 일로 받겠습니다. 함께 가는 마케터들이 있기에 변화의 시기를 넘는 일이 두렵지 않았습니다. 그들이 저에게 의지가 되었듯, 이 책도 그들에게 의지가 되길 희망합니다. 이 여정이 즐거울 수 있도록, 함께 걷고 있는 대한민국의 마케터분들께 이 책을 바칩니다.

2021년 7월
저자 김유나

차례

- 추천사 / 003
- 프롤로그_마케팅 대변혁의 시대 / 007
- 감사의 말 / 015

▶ 제1부 뉴노멀 마케팅 생태계의 등장 · 023

_____01 뉴노멀 마케팅 생태계의 형성 / 025

　　초연결의 시작 _ 025

　　디지털 생태계의 특성 _ 029

　　오가닉 생태계로 진화하는 비즈니스 환경 _ 034

_____02 디지털 플랫폼으로 시장 재편 / 037

　　초연결이 탄생시킨 플랫폼 비즈니스 _ 037

　　경계 없는 수평 확장의 디지털 플랫폼 생태계 _ 039

　　원스탑 수직 확장의 디지털 플랫폼 생태계 _ 045

_____03 마케팅에도 디지털 트랜스포메이션이 필요하다 / 051

4차 산업혁명의 마케팅적 의미 _ 051

제품 중심에서 고객 중심의 설계로 _ 056

상대성의 파괴가 불러온 절대가치의 중요성 _ 060

전통 마케팅 vs. 뉴노멀 마케팅 _ 063

▶ 제2부 브랜드 유니버스의 성장 · 069

_____04 플랫폼이란 무엇인가 / 071

플랫폼은 디지털 시장이다 _ 071

플랫폼 비즈니스로 가야 하는 이유 _ 075

플랫폼이 되기 위한 기본 요소들 _ 079

_____05 디지털 플랫폼이 분화되고 있다 / 087

플랫폼 비즈니스에서 벌어지는 각축전: 플랫폼 vs. 콘텐츠 _ 087

디지털에 존재하는 다양한 플랫폼 _ 092

디지털 플랫폼은 어디로 진화하는가 _ 108

고객에게 다가가는 플랫폼 이원화 전략 _ 113

_____06 브랜드가 꿈꾸는 디지털 플랫폼의 세계 / 119

고객과 직접 소통하는 D2C 전략 _ 119

자사몰을 등에 업고 성장하는 스몰 브랜드들 _ 126

빅 브랜드도 플랫폼이 될 수 있을까 _ 135

브랜드를 중심으로 한 라이프스타일 플랫폼 설계 _ 139

차례

▶ 제3부 브랜드 유니버스의 설계 · 143

_____ 07 브랜드 유니버스 설계도 / 145

_____ 08 고객가치 창조(value creation) / 149
　　　연결을 통한 가치 창조 _ 149
　　　불편 해소와 욕구 충족 _ 153
　　　고객 관계 관리(CRM)에서 고객 경험 관리(CEM)로 _ 161
　　　다시 브랜드가 필요하다 _ 166
　　　제품이 아닌 라이프스타일로 브랜드를 재정비하라 _ 172

_____ 09 플랫폼 창조(platform creation) / 177
　　　플랫폼이 일하는 법 _ 177
　　　플랫폼의 조건 _ 183
　　　라이프스타일 플랫폼으로 변모하는 방법 _ 201

_____ 10 콘텐츠 창조(content creation) / 207
　　　플랫폼에서 콘텐츠로 무게중심 이동 _ 207
　　　콘텐츠의 작동 방식: 유인과 유도 _ 210
　　　다양한 콘텐츠 유형 _ 214
　　　플랫폼 기반 라이프 콘텐츠의 설계 _ 254

_____ 11 커뮤니티 창조(community creation) / 281
　　　지속 가능한 플랫폼의 원천 _ 281
　　　성공하는 커뮤니티의 비밀 _ 284

커뮤니티 창조 전략 _ 289

커뮤니티 운영 가이드 _ 307

_____12 브랜드 유니버스 생태계의 완성 / 311

디지털 생태계에 대한 인사이트 _ 312

브랜드 플랫폼 운영 법칙 _ 323

■ 에필로그_마케팅 창의력으로 승부하라 / 333

■ 참고문헌 / 339

■ 찾아보기 / 341

브랜드 유니버스
플랫폼 전략

제**1**부

뉴노멀 마케팅
생태계의 등장

01 뉴노멀 마케팅 생태계의 형성

02 디지털 플랫폼으로 시장 재편

03 마케팅에도 디지털 트랜스포메이션이 필요하다

"플랫폼을 기반으로 마케팅의 4P가 통합되고 있다. 이러한 초연결 생태계에서는 마케팅의 전 과정에 들어오는 소비자를 레버리지 할 수 있도록 철저히 소비자 중심으로 마케팅 전략을 재구성해야 한다. 더불어 제품과 브랜드가 매개가 되어 고객 중심의 오가닉 네트워크 생태계가 운영될 수 있도록 브랜드의 절대가치에 집중해야 한다."

01
뉴노멀 마케팅
생태계의 형성

초연결의 시작

4차 산업혁명의 도래와 함께 세상의 질서가 또 한 번 바뀌고 있다. 그동안 네 차례의 산업혁명을 거치면서 세상의 변화는 ① 기계화 생산 시스템을 도입한 '농업 혁명', ② 대량생산 체계하에서의 '물질 혁명', ③ 컴퓨터와 인터넷이 가져온 '정보 혁명', ④ 인공지능과 로봇에 의한 '지능 혁명'의 단계로 진화해 왔다. 2016년에 본격화되기 시작한 4차 산업혁명의 맥을 짚는 가장 핵심적인 변화는 '연결성(connectivity)'이다.

4차 산업혁명의 연결성은 'O2O 평행모델'로 쉽게 이해된다. O2O 평행모델은 '현실세계와 가상세계를 1:1 매칭시킨 뒤, 가상세계에서 시공간을 재조합하고 최적화해서 오프라인과 온라인을 융합하는 것'을 의미한다. 이를 4차 산업의 핵심 기술들을 통해 좀 더 구조적으로 이야기해 보자. 먼저 '사물인터넷IOT'으로 모든 것에서부터 데이터를 수집하고, 이를 클라우드상의 '빅데이터(bigdata)'로 저장하여, '인공지능(artificial intelligence)' 기술로 맞춤과 예측을 통해 가치로 변환시킨다. 그리고 이를 기반으로 오프라인 세상의 최적화를 제안하면서 온라인과 오프라인을 완벽히 연결한다는 것이 4차 산업혁명의 청사진이다.

사실 온라인에서의 연결은 3차 산업혁명 때도 존재했다. 인터넷을 기반으로 PC 통신이란 버추얼 커뮤니케이션(virtual communication) 툴이 존재했으며, 이것이 진화하여 오늘날의 소셜 네트워크 서비스(SNS)가 되었다. 그렇다면 3차 산업혁명의 연결성과 4차 산업혁명의 연결성은 무엇이 다를까? 그 차이 안에 숨겨진 원리를 이해하면 4차 산업혁명이 만들어가는 변화의 근간을 좀 더 쉽게 파악할 수 있다.

인터넷이 들어온 초기 PC 통신 시절의 연결은 '전달'의 의미가 강했다. 다만 오프라인상의 물리적인 전달을 넘어서 '시공간을 넘어선 전달'이라는 초월의 의미가 있었다. 1996년에 야후가 등장하면서 인터넷상에 떠도는 정보를 한눈에 볼 수 있는 포털 서비스가 제공되었으며, 같은 해 인터파크에서는 다양한 상품들을 모아서 온라인 사이트에 진열해 놓고 파는 인터넷 쇼핑몰을 선보였다. 1990년대에는 천리안, 나우누리 등 다양한

PC 통신을 통해, 2000년대에 들어서는 싸이월드나 블로그·카페 같은 커뮤니티 사이트를 통해, 사람들이 자신의 이야기와 경험들을 적어 내려갈 수 있는 비대면 소통의 포문이 열렸다. 이러한 전달은 정보의 이동, 물건의 이동, 경험의 이동이라는 의미를 내포한다. 이때는 '주체'와 '대상'이 연결되며, '누가 누구에게 무엇을 전달'하는 프레임으로 연결 구조가 완성된다.

최근 디지털 세계에서의 연결은 초기의 전달 구조를 넘어서 연결의 본질을 관통한다. 원래 두 개의 사물이 연결되기 위해서는 연결 단자가 필요하다. 이러한 단자 역할을 하는 것이 IOT, 모바일, SNS이다. IOT 기술로 물건에 센서가 부착되면 물건에는 서로 신호를 주고받을 수 있는 연결 단자가 붙게 된다. 물건뿐만 아니라 사람에도 연결 단자가 장착되는 데 그 역할을 하는 것이 모바일폰이다. 모바일폰을 든 사람들이 다양한 애플리케이션을 통해 대화하고, 예약하고, 구매하고, 소비함으로써 자신들의 행적에 연결 단자를 심게 된다. SNS를 통해 얼굴도 모르는 지인들에게 자신의 일상을 널리 알리고 상대의 반응에 호응하면서, 사람-사람, 사람-사물, 사물-사물 간에 소통의 다리들이 끊임없이 생성한다. 거미줄처럼 복잡한 네트워크 안에서 누구에게 무엇을 전달한다는 구분은 무의미해진다. 디지털 세계에서는 연결 단자를 갖춘 모든 것은 시공간을 막론하고 모두 연결(everything connection)된다. 주체와 대상을 구분할 수 없을 정도로 모두 연결의 주체가 되는 것이다. 여기서는

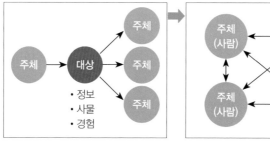

[3차 산업혁명 시대의 연결]	[4차 산업혁명 시대의 연결]
주체와 대상의 연결 인터넷 기반의 '전달'로서의 의미	주체와 주체의 연결 디지털 기반의 '초연결'로서의 의미
정보의 전달	사람과 사람의 연결
사물의 전달	사람과 사물의 연결
경험의 전달	사물과 사물의 연결

[그림 1-1] **연결성의 변화**

'주체'와 '주체'를 연결하는 프레임이 작동한다. 연결은 끊임없으며, 예측하기 어려운 방향으로 확산되는 '초(超)연결'의 모습을 띤다. 초연결이 가져온 결과는 엄청나다. 산업의 경계가 허물어지면서, 경쟁의 규정이 무의미해졌고, 상상을 뛰어넘는 혁신적인 비즈니스 결합들이 지금도 계속 생겨나고 있다.

디지털 생태계의 특성

① 연결성(connectivity)

초연결은 구조적으로 네트워크 모양을 띠고 있다. 네트워크 (network)가 뭔가. 노드(node)와 링크(link)의 무한 결합이다. 네트워크의 구조적 특징을 이해하면 초연결 생태계의 특징을 금방 파악할 수 있다. 점과 선이 복잡하게 연결되어 있는 거미줄을 생각해 보자. 어디가 출발이고 어디가 끝일까? 네트워크에는 한쪽으로 흐르는 방향이 없다. 누구도 출발점이 될 수 있고 어디서 끝나도 전혀 이상하지 않다. 필립 코틀러는 『마켓 4.0』에서 이러한 현상을 '연결되어 있지만 산만한 소비자'로 표현하였다. 중간에 매개물이 있으면 그것이 흐름을 통제한다. 과거에는 미디어 에이전시(media agency)라는 매개물이 정보의 흐름을 통제하며 권력을 장악했다. 그리고 정보의 상부층에 이르는 경로를 통제하는 진입장벽을 세웠다. 정보의 획득에 이르는 진입장벽이 무너졌다는 것은 새로운 시장에 진입할 수 있는 경로가 열렸음을 뜻한다. 수평적 커뮤니케이션이 새로운 기준이 된 것이다.

또 하나의 속성은 네트워크를 이루고 있는 무수한 노드들에서 찾아볼 수 있다. 이때의 노드는 개인 단위로 움직이는 콘텐츠들이다. 콘텐츠는 정보도 되고, 사물도 되고, 경험도 되고,

다양하게 보고 즐기는 영상 콘텐츠도 된다. 따라서 이 생태계에서는 대중이라는 거대 조직이 아닌 개인이 두각을 보인다. 한 명 한 명이 발신자이자 중개자이자 수신자로서 미디어가 된다. 그리고 그 안에서 전달되는 콘텐츠는 애초 발신 상태에서 벗어나, 많은 노드들을 거치면서 변형과 재해석이 되어 의미가 재창조된다. 스스로 의미를 부여할 수 있는 힘이 생기다 보니 애초에 발신된 메시지보다 '사회적으로 얼마나 큰 파장으로 확산되는지'가 더 중요한 변인이 된다. 요즘 누가 광고를 곧이곧대로 듣나. 권위의 시대는 저물고 권위가 사회 검증을 거쳐야하는 시대이다. 개인에 집중하다 보니 인구통계학적인 동질성도 이제는 퇴색되어 가는 중이다. 세대의 구분은 이제 고리타분한 꼰대의 사고방식처럼 느껴진다. 우리는 과거의 기준들이 저격당하는 연결성의 시대를 살고 있다. 연결성은 마케팅의 핵심 무대인 시장도, 시장이 움직이는 논리도 모두 바꾸고 있다.

② 이동성(mobility)

다시 네트워크 구조로 돌아와 보자. 네트워크상의 어떤 노드가 발화되면 링크를 따라 콘텐츠가 흐른다. 그 와중에도 링크는 계속 생겨나고 노드들은 새롭게 분화를 일으키며 네트워크는 더욱 풍성해진다. 이 모든 과정은 '움직임'이라는 이동성을 내포한다. 그것도 실시간 이루어지는 이동성이다. 노드가 촉발되면 연결된 링크를 통해 동시다발적으로 빠르게 확산이 일어난다. 요즘은 도시, 시골 할 것 없이 1인 1 스마트폰을 손에 들고 강력한 연결성과 실시간 이동성으로 온·오프라인을 넘나드는 삶을 영위하고 있다. 무엇을 볼 것이고, 무엇을 찾을 것이고, 무엇을 살 것이고, 무엇을 남길 것인지에 대한 의사결정은 실시간 접하게 되는 자극들로 인해 자유자재로 바뀐다. 연결성이 강한 생태계일수록 별다른 진입장벽이 없으니 비용구조도 가벼워지고 일의 진행도 빠르다. 따라서 이러한 생태계에서는 제품의 개발이나 생산, 유통 과정이 신속하게 진행된다.

이때 놓치지 말아야 할 점이 있다. 네트워크는 한번 구축되면 계속 유지되는 것이 아니라 자극이 없어지면 소멸되는 성질을 갖는다. 노드가 빛을 발하지 않으면 링크의 연결이 약해지다가 사라지게 된다. 쓰지 않은 기관이 퇴화하고 걷지 않은 길에는 잡초가 무성해져 길이 사라지는 것처럼, 링크를 생성시키기 위해서는 지속적인 노드의 활성화가 필요하다. 즉, 이 생태계는 멈춰져 정지되어 있는 것이 아니라 계속 움직이는 세계이다. 따라서 이런 상황에서는 예측이 쉽게 적중되기 어렵다. 오히려 예측은 작은 범위, 정해진 범위 안에서만 수행되어야 한다. 정확한 예측보다 실시간 대응이 더 유용한 생태계이다. 지금 애자일(agile) 업무 방식이 각광을 받는 이유이다.

③ 참여감(participation)

연결의 주체가 된 소비자는 이제 디지털 세상을 그들의 목소리로 채우기 시작했다. 시작과 끝이 없는 네트워크는 개인 소비자의 위상을 높여 주었다. 그들은 기업이 만들어 준 제품과 서비스를 일방적으로 제공받는 수동적인 입장에서 벗어나, 제품의 개발에서부터 그들의 필요와 욕구를 제안하는 적극적인 모습을 보인다. 이런 현상은 MZ세대에게 두드러지게 나타난다. 20대 트렌드 정보지 '캐릿(Careet)'의 조사에 따르면 이들은 어릴 때부터 개인의 취향, 다양성을 인정받으며 자란 세대로, 주체적 선택을 중요하게 생각하고 소수 취향까지 디테일하게 고려해 주는 기업을 선호한다. 또한 아무리 사소한 고객의 소리(VOC)라도 꼼꼼하고 유난스럽게 대응해 주기를 원한다. 이들은 개인의 목소리를 내는 데 거리낌이 없고, 이를 기업에 제안하고 제품과 서비스에 반영시키는 데도 탁월하다. 우리가 그들을 주목해야 하는 이유는 그들이 디지털 생태계의 논리를 알고 그 흐름을 주도하는 소비자이기 때문이다. 이런 소비자들은 기업의 정보보다 지인의 사용 경험을 더 신뢰하고, 자신의 경험과 느낌을 SNS에 표현하면서 네트워크 위에서 형성되는 커뮤니티에 대한 소속감과 연대의식으로 움직인다.

이제는 소비자를 일선에 둔 경영 방침과 운영을 도입하지 않으면 소비자로부터 외면받는 시대가 되었다. 코틀러는 이러한 현상을 일찍이 공동창조(co-creation)라는 키워드로 풀어낸 바 있다. 그렇다면 소비자를 기업에 참여시킨다는 건 어떤 의미일까? 팬 마케팅의 대표주자인 '샤오미'의 사례를 살펴보자. 샤오미는 제품 개발부터 판매, 홍보, A/S까지 일련의 과정에 샤오미의 팬인 '미펀(米粉)'을 참여시킨다. 어떤 소비자가 기업이 하는 일에 이토록 관심이 있을까. 샤오미의 비즈니스 노하우를 담은 『참여감』이라는 책에는 샤오미의 고객들이 왜 이처럼 기업 활동에 적극적인지가 잘 나와 있다. 샤오미는 "젊은 세대들은 단순히 제품을 구경하고 만져 볼 뿐 아니라 참여를 통해 그 브랜드와 함께 성장하고 싶어한다."는 기업 철학으로 움직인다. 이것이 말해 주듯, 샤오미는 고객이 원하는 것이 단순히 제품만이 아니며 '제품을 구매하고 사용하는 전 과정에서 느끼는 소속감까지 소비하고 싶어한다.'는 중요한 사실을 알려 준다. 이 문구에는 샤오미가 제품을 바라보는 관점과 소비자를 대하는 태도가 고스란히 담겨 있다. 제품은 물건 이상의 가치를 담은 상품이며, 소비자는 자신들이 만든 제품에 소비의 가치를 덧대 주는 또 다른 직원이라는 점이다.

여기서 참여감이 주는 중요한 인사이트가 있다. 기업은 물건을 팔아서 수익을 창출하는 집단이 아니고, 고객은 우리가 타깃해야 할 목표가 아니다. 기업은 비즈니스의 과정에 소비자들을 참여시켜, 그들이 사용할 제품에 대한 소속감을 가지고 사용자의 경험을 만들어 갈 수 있도록 중요한 플레이어로 뛰게 해 주어야 한다. 지금까지 유지해 온 '기업과 고객과의 관계'가 새롭게 설정되어야 한다. 이런 관점에서는 마케터들이 시장을 공략하는 데 유용하게 사용했던 STP 전략도 무색해진다. 기업이 세운 몇 개의 세분화 기준으로 시장을 쪼개고 타깃을 규정해서 시장을 공략하는 접근이 아니라, 고객이 가지고 놀 수 있는 매력적인 제품을 가지고 고객과 함께 그들이 원하는 서비스로 만들어 가는 상생의 접근으로 시장에 대응해야 한다. 마케터는 더 나은 제품으로 설득하는 것이 아니라 함께하는 공감으로 참여감을 만들어야 하는 것이 기업 활동의 요체가 됨을 깨달아야 한다.

오가닉 생태계로 진화하는 비즈니스 환경

초연결로 비즈니스 환경은 움직이는 무엇이 되었다. 이제 마케팅 역시 움직이는 시장에 대응해야 한다. 이것이 비즈니스를 하는 모든 기업인들과 소비자를 상대하는 모든 마케터들이 반드시 숙지해야 할 팩트(fact)이다. 왜냐하면 지금까지 기업들은 사업을 운영하며 맨 끝단에서만 소비자와 접촉해 왔기 때문이다. 하지만 이제는 네트워크가 기반인 오가닉 생태계의 작동법을 이해하고 있어야 디지털 트랜스포메이션이 가리키고 있는 뉴노멀의 실체를 볼 수 있다. 그리고 그 메커니즘의 본질에는 '연결성'이 있다. 지금까지 기업운영의 목적이 좋은 물건을 잘 만들어서 잘 판매하는 것이었다면, 앞으로는 제품을 중심으로 우리가 만들어 갈 생태계에 누구를 참여시켜 어떻게 발전시켜 나갈 것인지로 바뀌어 가야 한다. 이것이 '디지털'이라는 4차 산업혁명의 핵심 도구를 잘 다루는 길이다.

제품은 시작일 뿐이고 수단일 뿐이다. 유기적 생태계에서 중요한 것은 '제품과 브랜드를 매개로 어떻게 디지털이 연결해 주는 네트워크에 소비자를 참여시킬 것인지'이다. 마케팅은 이제 제품 출시 전과 출시 이후로 장막을 나눠야 한다. 제품 출시 전에 어떻게 고객의 의견을 모으고 담을 것인지, 제품 출시 이후에 어떻게 고객들과 함께 성장해 갈 것인지, 여기에 제품과 브랜드에는 어떤 역할을 부여하고, 고객들에게는 어떤 놀이의 장

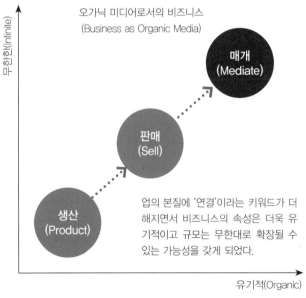

[그림 1-2] 오가닉 미디어로서의 비즈니스

출처: 오가닉미디어랩 재구성.

을 만들어 줄 것인지로 마케팅의 요소들을 전면 개편해야 한다. 이런 유기체적 생태계를 만들지 못하면 당장의 매출도 기업의 미래도 장담하기 어렵다. 제품만을 보지 말고 어떻게 고객을 도울 것인지, 고객의 삶을 지원할 것인지 철저히 서비스 마인드의 접근이 필요하다. 제품은 조연일 뿐이다. 이제 주인공은 소비자여야 한다.

디지털 플랫폼으로 시장 재편

초연결이 탄생시킨 플랫폼 비즈니스

초연결 생태계는 비즈니스의 구조를 플랫폼 모양으로 바꾸어 놓았다. 지금은 형태도 잘 보이지 않는 플랫폼 기업들이 제조 산업으로 한 시대를 구가했던 유수의 기업들을 제치고 있다. 글로벌 시가총액 Top 10 기업 중 7곳이 플랫폼 기반 기업이고 1곳만이 제조 기반 기업임은 이제 놀랄 일이 아니다(2021년 1월 기준). 애플(Apple)은 아이튠즈(itunes) 플랫폼을 활용하여 애플 이용자를 하나로 묶어 놓았고, OS로 유명한 마이크로소프트(Microsoft)는 데이터 플랫폼을 구축하며 사업 비전을 확대하는 중이다. 아마존(Amazon)은 세계 최대의 온라인 커머스 플랫폼으로 커머스 시장을 평정했으며, 구글(Google)은 검색과 광고를 베이스로 다양한 사업으로 몸집을 키우고 있는 세계 최대의 플랫폼 사업자이다. 페이스북(Facebook) 역시 전 세계인들을 연결하겠다는 야심 찬 포부를 가진 글로벌 1위 소셜 네트워크 플랫폼이다. 애플, 아마존, 구글, 페이스북 모두 소자본을 가진 스타트업이었지만 시대의 흐름을 잘 리드하여 산업의 구조를 바꿔 놓은 대표적인 디지털 기업이다.

지금은 큰 기업, 작은 기업, 신생 기업, 전통 기업 할 것 없이 모두 플랫폼 구조로 비즈니스 모델을 전환하는 중이다. 2차 산업혁명 때 변화의 기회를 노리던 많은 사람이 농기구를 버리고 공장으로 취업했던 것처럼, 지금은 제조 산업에서 서비스 산업을 넘어 디지털을 기반으로 한 플랫폼 산업으로 자본의 흐름을 따라가고 있다. 페이스북의 운영 방식을 살펴보면, 페이스북은 누구나 콘텐츠를 만들어 올릴 수 있고, 지인들에게 지지를 받고 전파하는 방식을 지원한다. 페이스북이라는 미디어 플랫폼은 운영자가 콘텐츠의 유통에 참여하지 않는 원칙으로 움직인다. 철저히 연결성, 이동성, 참여감의 논리로 영토를 넓혀간다.

연결성이 비즈니스와 만나면 파급효과가 이렇게 어마하다. 그렇다면 디지털 테크놀로지의 힘을 입은 파괴적 연결성은 비즈니스 현장에서 어떤 양상으로 나타나게 될까? 연결성은 비즈니스 모델에 전폭적인 수정을 요구한다. 비즈니스 모델은 기업 외적으로 '수평적 통합'을 통해 경계를 뛰어넘는 무한확장의 기

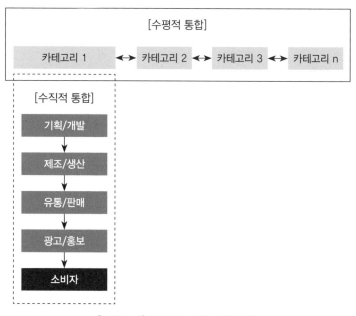

[그림 2-1] 비즈니스 모델 확장 방식

회를 얻고, 기업 내적으로는 플랫폼 위의 다양한 부문 통합이
라는 '수직적 통합'을 통해 변화를 꾀하고 있다.

경계 없는 수평 확장의 디지털 플랫폼 생태계

'수평 확장'은 자사가 가진 비즈니스 역량 이외에 이종 산
업으로 비즈니스 모델을 확장하는 전략을 말한다. 이러한 수
평 확장은 어떻게 플랫폼 비즈니스 생태계에 영향을 미칠까?

2020년 8월 25일자 조선일보에 이런 기사가 났다. "배달의민족, 카톡처럼 '선물하기'… 카톡은 '음식배달' 준비." 선물하기는 카톡이 선점한 앱 서비스이고, 음식배달은 배달의민족의 메인 비즈니스다. 배달의민족을 운영하는 '우아한형제들'은 배민 앱에 선물하기 기능을 추가하여, 배달 주문에 사용할 수 있는 상품권을 주변 지인에게 선물할 수 있는 서비스를 출시 중이다. 카톡 역시 이에 맞대응으로 음식배달 주문을 할 수 있는 '착한 배달' 서비스를 출시하여, 카톡에서 식당을 검색해서 카톡 메시지로 배달 주문을 할 수 있는 서비스를 준비하고 있다. 이쯤 되면 음식을 주문하고 지인에게 선물하는 사용성에 있어서 배달의민족과 카톡이 어떤 차이가 있는지 구분조차 되지 않는다. 원래 상관없던 두 기업이 경쟁 관계에 놓이게 된 것이다.

플랫폼 기업의 특징은 업의 구분이 물리적인 시스템에 의해 결정되지 않으며 서비스 기획에 따라 무한확장될 수 있다는 데 있다. 사실 플랫폼 기업들은 각자의 플랫폼 안에 다양한 서비스를 이식하여 고객을 끌어들일 수 있으니 영역을 구분해 놓는 자체가 무의미하다. 그러다 보니 최근 다양한 기업들 간의 합종연횡(合從連衡)에 대한 기사가 하루가 멀다 하고 뉴스피드에 오른다. 가장 움직임이 심한 곳이 커머스 시장이다. 몇 년 전에는 고객에게 물 흐르듯 연결된 경험을 주겠다는 취지로 '옴니채널(omni-channel)'이라는 마케팅 키워드가 주목을 받았지만, 지금은 그때와는 다른 분위기로 온·오프라인 유통 기업들이 무섭게 결합하고 있다. 아마존 전략을 벤치마킹하고 있는 쿠팡은 홈플러스와 손을 잡고 오프라인으로 나아가려고 계획 중이고, 유통 공룡인 롯데는 티몬 인수설까지 돌면서 온라인 시장으로 저변을 넓히기 위해 애쓰는 중이다. 편의점 GS25를 운영하는 GS 리테일과 온라인몰 GS Shop을 운영하는 GS 홈쇼핑도 합병을 결정했으며, SK텔레콤은 아마존과 손을 잡고 11번가의 성장에 더욱 가속을 내고 있다. 코로나 19의 기세가 가시질 않자 커머스계의 성역 없는 전쟁은 심화되고 있다. 집 밖을 나가지 못하는 소비자들 사이에서 배달 서비스에 대한 수요가 급증하자, 배달 앱 브랜드들은 'B마트(배달의민족)', '요마트(요기요)' 등 즉시 배달이 결합된 이커머스로 '퀵커머스' 시장을 열면서 또 다른 영역 파괴를 가속화시키고 있다.

　플랫폼은 물리적 세계의 단어가 아니다. 콘텐츠 시장도 한번 보자. 플랫폼이 작동하기 위해서는 콘텐츠가 필요하다 보니, 자연스럽게 콘텐츠 업체들이 커머스와 붙기 시작했다. CJ는 국내 포털 No. 1 기업인 네이버와 지분 교환을 시작했으며, CJ ENM은 GS 리테일과 손을 잡았다. SKT도 카카오와 제휴를 맺으며 경계 없는 전쟁을 선포하였다. 네이버와 이커머스의 양강 구도를 형성하고 있는 쿠팡 역시 싱가포르 OTT 업체인 '훅(HOOQ)'을 인수하고, 쿠팡 스트리밍(Coupang Streaming), 쿠팡 플레이(Coupang Play) 등 비디오 서비스 관련 상표권을 출원했다. '쿠팡플레이'는 인기 영화, 국내외 TV 시리즈 등 다양한 영

[그림 2-2] 네이버 동네시장 장보기

출처: ZDnet Korea.

상 콘텐츠를 시간과 장소의 제약 없이 무제한으로 즐길 수 있는 동영상 스트리밍 서비스다. 네이버의 움직임은 좀 더 과감하다. 네이버는 자신의 플랫폼을 통해 소상공인과 창작자들을 위한 활동 무대를 제공하더니, 지금은 재래시장 상인들로까지 대상을 넓혀 지역 상생을 위한 '동네시장 장보기' 서비스를 시작했다. 과거 같으면 생각지도 못할 협업이다. 네이버는 그들의 비즈니스 모델에 재래시장의 디지털 전환과 지역상권 활성화 촉진이라는 사회적 가치를 더했다.

플랫폼 기반의 비즈니스 재편은 이제 시작되었다고 할 수 있다. 대표적인 온라인 스트리밍 서비스인 유튜브는 최근 공격적인 행보를 보이며 미래 비즈니스 청사진을 보여 준다. 유튜브는 개방 정책으로 플랫폼 생태계의 질서를 세운 뒤에 영상이라는 콘텐츠의 절대 권력을 장악하여, 정보, 교육, 오락 등 다채로운 영역으로 영토를 확장해 가고 있다. 요즘은 정보 검색이나 뉴스 청취도, 음악 청취나 영화 감상도, 취향별 커뮤니티 소통도 모두 유튜브에서 할 수 있고, 커머스 역시 유튜브를 통해서 진행할 수 있다. 유튜브는 검색 포털이자, 정보 미디어이자, 콘텐츠 채널이자, 커뮤니티이자, 커머스 기업인 셈이다. 유튜브는 하루가 다르게 그들이 목표로 하는 '종합 플랫폼'으로서의 위용을 갖춰가고 있다. 이렇게 플랫폼 하나만 잘 구축해 놓으면 인근 사업 영역으로의 비즈니스 확장은 기존보다 쉽게 이루어질 수 있다.

최근 이런 변화들이 빠르게 확대되는 이유는 뭘까? 디지털 플랫폼 생태계를 이해하면 금방 답이 나온다. 앞에서 초연결 비즈니스 생태계의 특징을 연결성, 이동성, 참여감이라고 했다. 자유로운 연결과 이동을 위해서는 움직이는 동선의 범위가 커야 한다. 소비자의 길목을 넓게 확보하는 것은 혼자 할 수 있는 것이 아니다. 그러니 공동 전선을 펼쳐서 입지를 넓히기 위해 제휴를 맺는 것이다. 또한 고객의 참여를 통해 플랫폼을 성장시키기 위해서는 리텐션(retention)을 높이는 작업이 필요하다. 사람이 많은 곳이 사람이 많이 몰리는 것은 인지상정이다. 그리고 일단 플랫폼에 발을 담그게 되면 초기 매몰 비용 때문에라도 큰 불만이 생기지 않고 매력적인 다른 대안이 없는 한,

플랫폼 사용은 습관적으로 이어진다. 따라서 초기에 많은 고객을 유치해 놓는 것이 플랫폼의 기하급수적인 성장에 유리하다.

여기서 플랫폼 운영의 목적이 나온다. 플랫폼의 역할은 기업의 최종 목적인 구매만 목표하는 것이 아니라 그 안에서 음악 감상이나 영화 보기, 친구와 소통하기, 취미 활동하기, 정보 탐색하기, 쇼핑하기, 서비스 예약하기, 금융 거래하기, 교통수단 이동하기 등 다양한 생활 서비스를 제공하며 고객의 시간 점유율(time share)과 생애 가치(lifetime value)를 높여 기업의 수익을 최대화하려는 것에 있다. 과거의 방식대로 비즈니스를 구사해서는 성과를 크게 내기도 유지하기도 쉽지 않다. 이제는 정해진 업종 내에서의 경쟁이 아니라 업종을 넘어서는 무한확장의 탈(脫) 업종 시대로 이동해야 한다. 우리의 경쟁자 역시 제로섬 경쟁의 대상이 아닌 특정 분야에서 협업할 수 있는 오픈 콜라보레이션(open collaboration)의 파트너로 바라봐야 한다. 앞서 강조했듯이 기업의 힘은 고객과 고객이 가진 네트워크에서 나온다. 앞으로의 비즈니스는 고객이 어디에 연결되어 있는지, 고객이 어디로 움직이고 있는지, 고객의 연결과 움직임을 파악하여 라이프 플랫폼을 기획하는 역량을 중요하게 다뤄야 한다. 그리고 이러한 생태계를 구성하는 데 있어서 누구와 협력할 것인지를 넓은 시야로 바라보는 안목과 이를 받아들일 수 있는 기업문화가 요구될 것이다.

유튜브는 모바일 기반의 종합 포털로 진화 中

[그림 2-3] 유튜브 비즈니스 확장 구조

원스탑 수직 확장의 디지털 플랫폼 생태계

다음은 수직 확장이다. 수직 확장은 디지털 플랫폼의 작동 방식에 대한 또 다른 단면을 보여 준다. '수직 확장'은 기업 내 업무 프로세스들이 분화되어 각자의 역할을 수행하는 것이 아니라, 하나의 유기체처럼 전체 흐름 속에서 순환 구조를 가지고 작동하는 방식을 말한다. 수직 확장이 빠르게 나타나고 있음을 확인할 수 있는 시장이 있다. 바로 미디어와 커머스가 결합된 '미디어 커머스(media commerce)' 시장이다. 미디어 커머스는 기업의 제품을 알릴 수 있는 다양한 미디어 콘텐츠를 제작한 뒤 유튜브나 페이스북 등의 SNS 채널을 활용해 홍보하고 판매하는 방식을 말한다. 미디어 커머스가 기존 커머스와는 다른 점은 제품 판매에만 집중하는 것이 아니라, 콘텐츠로 고객을 유인하여 물건까지 구매하게 되는 고객 구매 여정(consumer decision journey)을 다룬다는 점이다. 미디어 커머스는 실시간 커뮤니케이션이 가능한 라이브 커머스(live commerce)로 진화하고 있는데 이는 초연결 생태계의 특징인 '연결성, 이동성, 참여감'의 요소를 모두 충족한 커머스의 미래로 각광받고 있다.

미디어 커머스의 진화 과정을 살펴보면 수직 확장이 좀 더 구체화된다. 미디어 커머스의 시초는 블랭크 코퍼레이션(Blank Corporation)이다. 블랭크 코퍼레이션은 용산에서 CD 팔던 청년이 창업한 회사로, '마약 베개' '퓨어썸 샤워기' 등 고객이 한번 보면 구매하지 않고 배길 수 없는 콘텐츠를 여럿 만들어 내면서 미디어 커머스 시장의 문을 열었다. 이들이 콘텐츠를 다루는 문법은 과거 제품 판매를 위한 콘텐츠와는 사뭇 다르다. 모공 하나하나를 채워 주는 파운데이션 효과를 설명하기 위해 밀감 껍질 위에 화장품을 바르는가 하면, 화장 후 늘 고민거리였던 브러시를 시원하게 세척해 주는 기기 등을 짧고 임팩트 있는 광고에 노출하면서 고객의 고민을 세세하게 파헤쳐서 드라마틱하게 연출한다. 디지털 플랫폼이라는 장점을 최대한 발휘해 20대 여성의 SNS 피드에는 화장품 콘텐츠들을 재생하고, 40대 남성에게는 잠이 잘 오는 베개, 부위별로 마사지가 가능한 마사지기 등과 같은 타깃에 맞는 콘텐츠를 노출 시켜 효과를 배가한다. 이들은 SNS를 커뮤니케이션이자 판매 채널로 활용하여 고객의 현실 속 고민에 접근한다는 강점을 갖는다.

하지만 블랭크 코퍼레이션이 보여 주는 마케팅의 변화는 구매 성과를 높이기 위해 소비자 밀착형 콘텐츠를 만들고 배포했다는 점만이 아니다. 이들이 제시한 미디어 커머스 모델은 기존의 비즈니스 모델보다 훨씬 높은 이윤을 만들어낸다. 미디어 커머스의 구조를 살펴보면 제품 생산부터 판매에 이르기까지 마케팅의 전 과정이 모두 연결되어 있음을 알 수 있다. 미디어 커머스 회사들은 제품 판매에서 나오는 고객의 데이터, 마케팅 과정에서 얻게 되는 소비자의 반응을 모두 수집하여 제품기획 단계에 활용한다. 제품기획→생산→마케팅→판매가 하나의 플랫폼에서 서로 연결되어 순환되는 업무 프로세스는 기존에 기획과 생산과 마케팅과 판매가 단계별로 분리되어 진행되었던 전통적인 업무 프로세스에 비해 더 우수한 수익구조를 갖는다. 소비자 데이터에 근거하여 상품 개발이 이루어지기 때문에 기획 단계에서 연구개발 비용을 줄일 수 있으며, 중간 유통 과정이 생략되기 때문에 기존에 마트나 백화점 등에 지불했던 20~30%의 유통 마진을 마케팅 비용으로 돌려쓸 수 있게 된다. 한마디로 미디어 커머스는 제품 개발의 초기부터 최종 단계인 판매까지 마케팅의 전 과정을 내재화하여 효율을 극대화하는 비즈니스 모델을 탄생시켰다.

이 신박한 비즈니스 모델에 마케팅 밸류 체인에 속해 있는 많은 기업이 열광하고 있다. 상품을 기획하고 제조하는 제조사도, 상품의 존재를 고객에게 알리고 소통하는 광고회사도, 상품을 직접 판매하는 유통사도 기존 사업 모델을 디지털 플랫폼을 활용한 새로운 비즈니스 모델로 이전하는 데 고군분투 중이다. 유통사도 광고대행사도 중간 마진이나 수수료만 가지고 수익을 증대시키기 어려운 상황에 미디어 커머스 모델은 훌륭한 대안이 되고 있다. 특히 고객의 욕구를 가장 잘 알고 있는 광고대행사는 제조사를 인수하거나 아웃소싱하는 방식으로 이 시장에 공격적으로 진입하고 있다. 그들은 직접 제품을 기획하고, 생산하고, 광고하고, 판매하는 원큐 마케팅에 대한 실험을 감행하는 중이다. 디지털 광고대행사인 에코마케팅은 '클럭(미니 마사지기)', 애드쿠아는 '링티(링거워터)', 이노레드는 '티히히(슈퍼비건 스킨케어)'를 론칭하며 이미 미디어 커머스로 수익을 내고 있다. 국내 1, 2위 종합광고대행사인 제일기획과 이노션도 이런 트렌드에 동참하여 '제3기획'과 '오지랩'이라는 미디어 커머스 플랫폼을 만들어 새로운 수익원으로 비즈니스 모델을 확장시키는 중이다.

디지털 플랫폼의 수직 확장은 '4P의 결합'이라는 마케팅 패러다임의 변화를 가져왔다. 미디어는 마케팅 커뮤니케이션 채널이니 광고(Promotion)를 의미하고, 커머스는 판매 채널이니 유통(Place)을 뜻한다. 벌써 광고와 유통의 2P가 붙었다. 여기

에코마케팅의 미니 마사지기 '클럭'   애드쿠아의 링거워터 '링티'

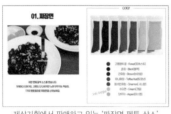

제삼기획에서 판매하고 있는 '짜장면 펜톤 삭스'   오지랩의 다양한 오피스 라이프 상품들

[그림 2-4] 디지털 광고대행사 및 종합광고대행사의 미디어 커머스
출처: 네이버 블로그.

에 최근에는 제품 생산(Product & Price)까지 결합하는 구조로 가고 있으니 나머지 2P가 붙어서 4P의 결합이 완성되는 것이 다. 이러한 흐름하에서 마케터가 관장해야 할 업무의 영역과 내용도 재편되어야 할 것으로 보인다. 이제 디지털 플랫폼 위에서 어떻게 제품을 기획하고, 제조하고, 판매하고, 커뮤니케이션할 것인지, 마케팅의 전 과정에 대한 효율적인 운영 전략과 전술을 다시 설계해야 할 때다.

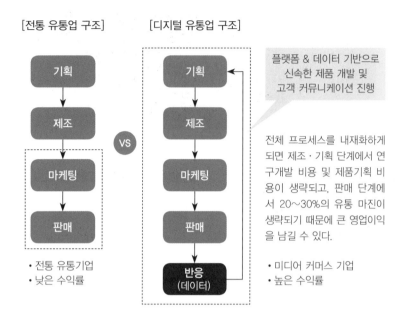

[전통 유통업 구조]　　　[디지털 유통업 구조]

플랫폼 & 데이터 기반으로
신속한 제품 개발 및
고객 커뮤니케이션 진행

전체 프로세스를 내재화하게
되면 제조·기획 단계에서 연
구개발 비용 및 제품기획 비
용이 생략되고, 판매 단계에
서 20~30%의 유통 마진이
생략되기 때문에 큰 영업이익
을 남길 수 있다.

• 전통 유통기업
• 낮은 수익률

• 미디어 커머스 기업
• 높은 수익률

[그림 2-5] 디지털 생태계가 가져올 마케팅 초연결

마케팅에도 디지털 트랜스포메이션이 필요하다

4차 산업혁명의 마케팅적 의미

변화의 시대, 지금 우리에게 필요한 통찰은 4차 산업혁명이 마케팅에 어떤 혁신을 가져오고 있느냐다. 우리는 이것을 '마케팅 뉴노멀(marketing new normal)'이라고 부른다. 뉴노멀은 '시대가 변화함에 따라 새롭게 떠오르는 표준과 상식'을 말한다. 마케팅에도 새로운 표준과 상식을 만들어야 한다. 마케팅의 새로운 기준을 어떻게 세워야 할까? 기술이 넘쳐나는 시대에 무엇을 마케팅의 핵심 기술로 장착해야 할까?

영업의 목적은 '매출'을 올리는 것이지만, 마케팅의 목적은 '시장'을 확보하는 것이다. 시장은 곧 고객이다. 따라서 시장을 확보한다는 말은 마케팅의 전략이 고객 중심에서 출발해야 함을 의미한다. 하지만 디지털 신기술이 빠른 속도로 업데이트되다 보니 대다수의 마케터들은 마케팅 전략을 구현하는 데 새로운 디지털 기술을 부착하거나, 빅데이터와 인공지능을 활용하여 구매 퍼포먼스를 높이는 것으로 마케팅의 뉴노멀을 이해하는 어리석음을 저지른다.

다시 마케팅의 본질로 돌아와 보자. 미국마케팅협회(American Marketing Association)에서는 마케팅을 '고객, 파트너, 사회 전반을 위해 가치 있는 제품을 만들고 전달하고 소통 및 교환하는 일련의 과정, 제도, 활동'이라고 정의하고 있다. 이 문장에서 마케팅의 본질을 파악할 수 있는 두 개의 구절이 나온다. 하나는 '제품을 만들고 전달하고 소통 및 교환하는 일련의 과정'이라는 점이다. 이러한 마케팅의 정의를 구체화한 것이 제품(Product), 가격(Price), 유통(Place), 광고(Promotion)의 마케팅의 4P이다. 앞 장에서 디지털 세계에서의 마케팅은 4P가 오가닉 플랫폼 위에서 하나의 흐름으로 통합된다고 이야기한 바 있다. 이는 플랫폼의 구축과 운영에 대한 전략을 구축하는 것으로 일축할 수 있다.

그리고 또 하나의 중요한 출발점이 있다. 또 다른 구절인 '가치 있는 제품'이다. '가치 있다'는 말은 무슨 뜻인가? 가치는 상대적인 개념이기 때문에 가치를 누가 인식하느냐에 따라 그 내용이 달라진다. 마케팅에서의 가치란 바로 '고객가치(customer value)'를 말한다. 따라서 마케터의 시야는 항상 소비자를 향해 있어야 한다. 디지털 플랫폼을 구축하고 운영하는 일련의 과정들 역시 소비자에게 가치를 주는 활동으로 전개되어야 한다.

그렇다면, 마케팅의 전 과정이 통합되는 상황에서 고객가치는 어떤 변화를 맞이할까? 4P의 관점에서 하나씩 살펴보자. 먼저 제품 개발 단계를 생각해 보자. 과거에는 개발팀의 노하우와 기술력에 근거해서 제품을 출시하는 경우가 다반사였다. 기획자에 의해 소비자의 사용 트렌드나 제품 반응을 조사하기도하지만 제한적인 범위에서만 반영이 되었다. 하지만 이제는 철저히 소비자의 반응성에 기반한 업무 프로세스가 가능하게 되었다. 기업 내부에 활용할 수 있는 플랫폼이 있으면 제품 개발시 고객의 행동 및 취향 데이터를 분석해서 고객의 필요와 니즈를 구체적으로 파악할 수 있다. 그리고 이러한 데이터를 분석해서 고객의 소비가치를 발굴하고 이를 구현할 수 있는 제품기획과 생산을 진행할 수 있다. 가격도 마찬가지다. 사용가치에 대한 지불가치를 결정하는 것도 철저히 소비자의 수용성에 기인해서 결정하게 된다. 이 역시 판매 데이터의 추이를 살펴서 최적의 가격 옵션을 실험적으로 찾아내는 것이다.

유통 단계는 어떠한가? 유통은 기업이 판매할 제품을 다양한 경로를 통해 고객에게 제공하는 활동이다. 따라서 유통 환경에서는 많은 공급자와 수용자가 존재한다. 그리고 그 안에서 거래가 이루어진다. 기업과 소비자의 직거래도 가능하지만, 중간

상인을 거친 도매 및 소매거래도 다양하게 존재한다. 유통 단계에서는 제품이 소비자에게 도달되기까지 여러 전달 방식을 거치게 되는데 이때 소비자는 제품에 대한 교환가치를 얻게 된다. 거래 시간, 거래 장소, 거래 형태 등에서 발생하는 불편을 해소시키고 이를 가치로 전환하는 것이다. 디지털 플랫폼 위에서 기존의 불편들이 가치로 전환되는 중이며, 여기에 많은 비즈니스의 기회가 탄생한다. 더군다나 최근에는 빅데이터와 인공지능을 통해 개인의 필요와 취향에 따른 상품 추천이 가능하니 유통 단계에서의 교환가치는 점점 더 고도화되는 추세이다.

촉진 단계도 살펴보자. 촉진은 소비자에게 우리 상품을 알리고 호의적인 태도를 갖도록 설득하여 최종 선택에 이르게끔 돕는 활동이다. 최근에는 기업이 발신하는 제품 정보보다 소비자의 리뷰가 더 신뢰를 얻게 되면서 촉진 활동의 기조는 많이 달라졌다. 오늘날의 소비자는 자신의 제품 경험에 대해 사람들과 나누고 싶어 하고, 제품 사용 중에 겪는 불편에 대해서는 기업의 빠른 피드백을 받고 싶어 한다. 그러다 보니 많은 소비자의 감정선을 따라 마케터도 움직여야 한다. 요즘에는 SNS를 통해 마케터와 소비자의 '티키타카(빠르게 주고받는 대화)'가 커뮤니케이션의 사활을 결정한다. 공감 마케팅이란 이야기가 달리 나오는 것이 아니다. 소통의 가치가 중요해진 시대이다.

종합해 보면, 고객가치는 사용가치, 지불가치, 교환가치, 소통가치가 하나의 플랫폼에서 연결되어 전체적인 서비스로 고객에게 전달되어야 한다. 가격을 할인하고 1+1을 붙여줘서 제품 하나만 판매하고 끝나면 되는 일이 아니다. 제품의 개발부터 판매까지 마케팅의 모든 과정에 소비자가 참여하게 되고, 이 모든 과정들이 서비스로 승격되어야 한다. 앞으로의 마케팅은 '연결성, 이동성, 참여감'이란 초연결 생태계의 생리 위에서 유기적으로 순환되는 마케팅의 전 과정에 소비자와 함께하는 그림을 그릴 수 있어야 한다. 그리고 이를 실현시키기 위해 플랫폼에 남겨지는 소비자의 흔적인 빅데이터를 원료로 삼아야 한다. 이쯤 되니 4차 산업혁명의 마케팅적 의미가 무엇인지 어렴풋이 이해가 된다. 이는 '제조-유통-판매-촉진의 마케팅

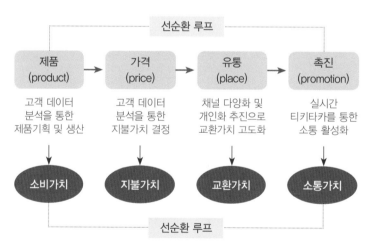

디지털 생태계에서는 마케팅의 전 과정이 연결되는 하나의 플랫폼에서 소비가치, 지불가치, 교환가치, 소통가치가 통합되어서 제공되어야 한다.

[그림 3-1] 4P 개념으로 본 고객가치의 통합

의 전 과정에 소비자가 들어오고 있음'을 뜻한다. 보통 데이터를 원료에 비유하지만, 데이터 자체가 기업의 미래자원은 아니다. 데이터는 소비자에 다름이 없다. 따라서 기업의 진짜 미래자원은 바로 '소비자'라 할 수 있다. 앞으로 소비자를 레버리지(leverage)할 수 있는 기업만이 플랫폼 생태계에서 지속 가능한 성장의 기회를 얻게 될 것이다.

제품 중심에서 고객 중심의 설계로

그럼, 어떻게 소비자를 레버리지할 수 있을까? 소비자를 레버리지 한다는 이야기는 제품 중심의 마인드를 버리고 철저히 소비자 중심으로 기업의 방향과 운영을 바꾸겠다는 것을 뜻한다. 디지털 세계에서 소비자 관점으로 비즈니스 성과와 효율을 높이는 방법, 어떻게 가능할까? 두 가지 길이 있다.

첫 번째 방법은 고객에게 제품을 파는 것이 아니고 고객이 스스로 우리 제품을 찾아오게끔 유인하는(attract) 것이다. 이는 초연결 생태계의 '연결성'과 '참여감'을 활용하는 방식이다. 이러한 접근은 마케팅 전략에 있어서 많은 것을 시사한다. 지금까지 마케터들은 STP의 전략을 가지고 시장에 접근했었다. 다시 말해 세그멘테이션(segmentation)으로 고객의 유형을 나누고, 우리 제품이 공략해야 할 세분화된 타깃 소비자(targeting)

를 규정한다. 그리고 나서 우리 제품을 타깃 소비자의 머릿속에 포지셔닝(positioning)시키는 방식으로 마케팅을 해 왔다. 한 마디로 마케터는 제품을 들고 고객에게 전략적으로 접근했었다. 하지만 앞으로 마케터가 할 일은 제품을 디지털상에 던져 네트워크에 존재하는 고객들의 경험과 감정과 생각으로 제품의 사용성을 완성시키는 것이다. 고객의 경험들이 네트워크를 타고 입소문이 되어 확산되게 하는 구조이다. 네트워크상의 확산을 위해서 고객의 경험은 철저히 개인의 일상에 녹여 들어갈 만큼 소비자 중심적이어야 한다. 제품의 USP(Unique Selling Point)를 강조하는 것이 아니라 소비자의 일상 속에 제품이 맥락처럼 들어가 있어야 한다는 이야기다. 따라서 디지털 플랫폼 위에서는 광고와 홍보도 과거와는 다른 방식으로 적용되어야 한다. 마케팅 생태계를 유기체로 보는 순간 고객을 레버리지하는 길은 어렵지 않게 찾을 수 있다.

두 번째 방법은 초연결 생태계의 두 번째 속성인 '이동성'에서 착안할 수 있다. 네트워크로 구성된 플랫폼 생태계에서는 실시간 이동이 중요한 변수이기 때문에 고객의 시간을 단기, 적기, 장기로 관리하며 구매로 유도하는(induce) 것이 필요하다. 단기 전략은 고객의 '기다림'에 대응하는 전략이다. 디지털 세계에서의 소비자들(특히 MZ세대)은 기다림에 취약하기 때문에 실시간 응대를 통해 기다림에 대한 불편을 줄여 줘야 한다. 고객의 기다림을 다른 매력으로 대체해 주든, 기다림의 시간을 최소화하든 고객의 기다림에 대응하는 전략이 필요하다. 적기 전략은 '필요'에 대응하는 전략이다. 이는 요즘 각광받고 있는 '개인화 마케팅'과도 일맥상통하는 접근이다. 개인화 마케팅의 화두는 '개인에게 연관성이 높은 경험을 적시에 제공하는 것'이기 때문에, 앞으로의 마케팅은 누가 타깃이 '필요한 시간에, 필요한 곳에서, 필요한 것을, 원하는 스타일로 제공'할 수 있을 것인지에 대한 싸움으로 번질 것이다. 장기 전략은 '일생'에 대응하는 전략이다. 최근 장기 전략으로 주로 언급되는 것이 구독 서비스이다. 구독 서비스는 고객의 일상적인 구매의사결정을 줄여 준다는 장점과 더불어 취향에 맞는 다양한 경험들을 할 수 있도록 선(先) 제안해 준다는 장점이 있다. 또한 고객의 라이프스타일을 설계해 줌으로써 고객의 미래 시간을 선점하게 해 준다는 효과가 있다.

기업이 소비자 중심의 전략을 구사할 수 있는 것은 데이터가 큰 힌트를 주기 때문에 가능해진다. 위에 언급한 접근들은 디지털 플랫폼에 떨어지는 고객 데이터를 통해 개인 소비자의 하루 일과의 다양한 동선들을 파악하고 다양한 제품 · 콘텐츠에 대한 반응들을 실시간 살피면서 구체화할 수 있다. 고객의 일상을 세분화하여 시간(time), 공간(place), 상황(occasion)에 적합한 마케팅 액션을 펼치는 것이다. 시장을 세분화하는 것이 아니라 고객의 일상을 세분화하여 적시(right timing)에 대응하는 전략이 필요하다. 최근에는 머신러닝과 딥러닝 기술이 진

03 마케팅에도 디지털 트랜스포메이션이 필요하다

화하면서 이러한 개인화 마케팅은 초(超) 개인화를 향해 나아가고 있다. 마케팅 지향점도 시장 점유율(market share)의 확보에서 시간 점유율(time share)의 확보로 전략적 방향이 옮겨가야 한다.

이상에서 언급했듯이 마케팅이 고객을 레버리지하기 위해서는 마켓을 설계하는 것이 아니라, 철저히 고객의 삶에 침투해서 그들의 라이프스타일을 설계해 주는 방식으로 기획되어야 한다. 이는 고객이 스스로 찾아오게 하는 유인 전략, 그리고 고

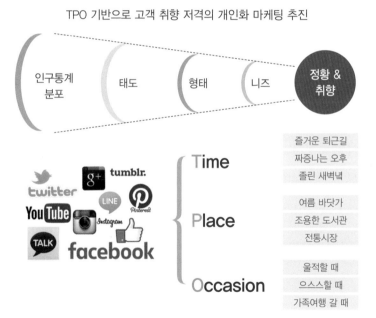

[그림 3-2] TPO 기준의 세그멘테이션

출처: DT시대 마케팅 뉴노멀.

객의 삶에 침투하는 유도 전략을 활용하여 펼쳐야 한다. 이러한 변화는 디지털 기술이 생활 저변으로 흡수되고 있기 때문에 가능한 시나리오다.

상대성의 파괴가 불러온 절대가치의 중요성

소비자를 바라보다 보니 마케팅 축에도 변화가 생긴다. 바로 경쟁 개념이다. 과거에는 경쟁 우위에 대한 개념이 중요했다. 소비자에게 대안이 많지 않았던 시대에는 같은 카테고리 내에서 비교 판단 후에 브랜드가 선택되곤 했었다. 하지만 요즘엔 아침 식사만 하더라도 샌드위치, 도넛에 커피, 간편식, 편의점 삼각김밥, 회사 앞 우동집 등 너무 많은 옵션이 존재하다 보니 경쟁 범위가 넓어졌다. 디지털 세계에서는 경쟁이라는 개념조차 달라진다. 인터넷 쇼핑을 생각해 보자. 스커트를 사려다가도 배너 광고에 뜨는 부츠가 예뻐서 어느새 부츠 후기를 살펴보고 있거나, 넷플릭스에 인기 있는 영화를 찾으면서 유튜브에서 배우 검색을 하다가도 유튜브에 올라온 재미있는 콘텐츠를 보다가 시간 가는 줄 모르지 않는가. 디지털 세계에서의 경쟁은 카테고리의 경계를 뛰어넘는 상황으로 펼쳐진다. 굳이 경쟁이라고 하면 그냥 '그 시간에 소비자가 하고 싶은 것을 누가 하게 만드는가' 정도이다. 디지털에는 구매 대안도 많고 품목 이

03 마케팅에도 디지털 트랜스포메이션이 필요하다

동도 쉬우니, 고객의 라이프 타임(life time)을 기준으로 하는 시간의 점유(time share)로 싸움의 룰이 바뀌는 것이다.

디지털의 탈경계가 상대성의 범주를 무너뜨리고 있다. 상대성이라는 것은 기준이 있어야 존재가 가능하기 때문이다. 대신 절대성에 대한 가치가 재조명을 받고 있다. 절대가치의 시대가 도래했다는 것은 대중이 아닌 개인 소비자의 위상이 커졌다는 데서도 알 수 있다. 이미 시장세분화의 기준이 소비자의 시간이고, 그 시간을 채우는 것을 개인의 취향이 결정한다면 나 외에 무엇과 무엇을 비교할 수 있을까? 내가 비교할 수 있는 것은 과거에 내가 했던 행동과, 현재의 내가 무엇을 할 것인지와, 미래에 하고 싶고 되고 싶은 나만 있을 뿐이다. 표준이 사라지고 자기 취향의 시대가 도래한 것이다.

그렇다면, 상대성의 논리로 싸워 왔던 마케터들은 절대가치의 시대를 맞이하여 어떤 무기로 시장에 대응해야 할까? 디지털 세계에서는 연결이 기하급수적으로 늘어날수록 개인 노드의 영향력은 점점 커진다. 개인 소비자의 영향력이 커지는 데 한몫을 하는 것이 정보력이다. 기업이 제공하는 정보 외에 소비자들이 만들어 내는 사용 경험, 후기, 평가 등이 쩐 정보의 힘을 발휘한다. 그러다 보니 제품을 홍보하는 콘텐츠가 그럴싸해도 제품력이 떨어지면 금세 소비자들로부터 외면받게 된다. '믿거페(믿고 거르는 페이스북)'라는 말이 돌 만큼 단순히 눈길을 사로잡는 콘텐츠보다 확실한 근거가 있는 제품력이 강조되는 분위기다. 어느 정도 제품력을 갖추지 못하면 커머스 시장에서 살아남을 수 없는 환경이 조성된 것이다. 제품력의 중요성에 대해 스탠포드대학교 경영대학원의 이타르마 시몬슨 교수는 "제품 자체의 사용가치가 중요해지는 절대가치의 시대가 오고 있다."는 말로 대변하였다.

제품력 하나만으로도 부족하다. 제품을 보증할 수 있는 브랜드가 있어야 치열한 커머스 시장에서 승부를 볼 수 있다. 지금까지 미디어 커머스는 제품 자체보다는 제품을 소개하는 동영상 콘텐츠를 신박하게 만들어 바이럴을 일으키고 구매까지 이어지도록 하는 구조로 진행되었다. 하지만 최근에는 미디어 커머스 시장의 무게중심이 '바이럴을 일으키는 콘텐츠'에서 '제품력이 있는 브랜드'로 옮겨가고 있다고 업계 관계자들은 입을 모은다. 플랫폼이 구축될 때는 기술에 집중했기 때문에 플랫폼이 화두였지만, 지금은 플랫폼도 콘텐츠도 넘쳐나는 시대로 진입했기 때문에 차별화를 위해서라도 브랜드가 중요해진다. 따라서 미디어 커머스 기업들도 콘텐츠에 무게중심을 두었던 과거와는 달리, 앞으로는 브랜드를 앞세운 커뮤니케이션으로 경영 전략을 옮기고 있다. 미디어 커머스 회사인 데일리앤코(Daily&Co.) 역시 이러한 흐름에 맞춰 '나이키같이 소비자에게 오랜 시간 사랑받는 브랜드를 보유한 최고의 마케팅 회사가 되는 것'을 목표로 하고 있다.

변화의 시대에 가장 강력한 힘을 발휘하는 것은 절대가치이다. 개인마저도 일상을 기준으로 세분화되고 있는 상황에서 우리가 진입해야 할 시장을 찾기보다, 우리가 추구하는 절대가치를 브랜드에 구현시켜 이를 구심점으로 고객을 끌어당기는 것이 디지털 세계에서는 훨씬 효과적인 접근이다. 따라서 마케터들은 브랜드 포지셔닝과 차별화에 집중하기보다 브랜드 철학과 성격을 명확히 세워 고객 경험을 전달하는 것으로 브랜드 역할을 재조명하는 노력이 필요하다.

전통 마케팅 vs. 뉴노멀 마케팅

이쯤 되니 전통 마케팅과 뉴노멀 마케팅의 차이가 어디서 어떻게 나타나는지 확인해 볼 필요가 있다. 하나를 버리고 다른 하나를 취해야 하는 문제인지, 두 개를 병행해서 더 나은 성과를 만들어가야 할 문제인지 시류에 맞는 가이드라인이 필요하다. 일단 현장에서는 어떤 이야기가 나오는지 디지털 이니셔티브 그룹(Digital Initiative Group)의 김형택 대표의 이야기를 들어보자.

"고객은 온라인과 오프라인을 굳이 구별하지 않기 때문에 디지털화된 고객에 어떻게 실시간 대응하고 참여할 수 있게 하는지가 중요해요. 이런 고객에 맞춰 매장, 온라인, 카탈로그, 모바일 등 전체의 여정에 기반하는 고객 경험 설계가 필요해요. 미디어가 변함에 따라 고객과 연결될 수 있는 커뮤니케이션 모델도 바뀌었는데, 이에 대응하기 위해서는 참여와 공감을 위한 전략적 프레임이 병행되어야 해요."

그의 이야기에는 온·오프를 통합하는 전체 구매 여정에 근거하여 고객 경험을 설계하는 것이 필요하며, 이러한 과정에 소비자의 참여와 공감을 끌어내는 것이 중요하다는 주장이 담겨 있다. 디지털 마케팅의 위세가 강해졌다고 해서 전통 마케팅이 사라지기야 하겠냐만, 누가 보기에도 고객의 구매 여정 자체가 달라졌다. 예전에는 '인지→친숙→선호→구입→충성'의 깔때기 구조로 마케팅 목표를 관리했지만, 지금은 구입 이후에 사용 경험을 나누고 마음에 드는 브랜드는 자발적으로 옹호하는 나비넥타이형 구조(인지→호감→질문→행동→옹호)로 목표 단계가 변화되었다. 그러다 보니 과거의 마케팅은 퍼널의 각 단계를 밟으며 고객을 구매로 유도하는 전환 관리 방식으로 진행되었는데, 지금은 네트워크에 존재하는 개별 소비자들을 모으는 것부터 시작해서 구매까지 연결시키는 유인과 유도 전략을 종합적으로 활용하는 역량이 중요해졌다. '전달'과 '도달' 방식이 아닌 '연결'과 '매개' 방식이다.

제품을 보는 관점도 달라져야 한다. 과거의 제품은 고객의 욕구를 충족시켜주는 솔루션으로 여겨졌지만, 지금은 네트워크의 연결성을 가능하게 하는 매개물로 역할을 변경해야 한다. 이

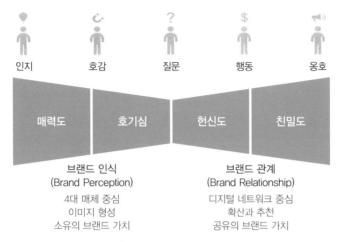

인지	호감	질문	행동	옹호
매력도	호기심	헌신도	친밀도

브랜드 인식
(Brand Perception)
4대 매체 중심
이미지 형성
소유의 브랜드 가치

브랜드 관계
(Brand Relationship)
디지털 네트워크 중심
확산과 추천
공유의 브랜드 가치

[그림 3-3] 나비넥타이형 구매의사결정 과정
출처: 마켓4.0 재구성.

러한 흐름에 따라 자연히 소비자에 대한 인식도 달라지는데, 과거의 소비자가 기업의 제안을 수용하는 입장이었다면, 지금의 소비자는 제안에 참여하는 능동성을 갖춘 존재로 여겨진다. 따라서 마케터가 제공해야 할 것은 뛰어난 제품이라기보다 제품이 놓여 있는 소비자 일상 속에서의 확장된 경험이어야 한다.

경쟁에 대한 관점도 달라졌다. 과거에는 시장 점유율을 확보하는 것이 마케팅의 최종 목표였지만, 지금은 취향 단위로 세분화되고 있는 상황에서 고객의 시간 점유율을 확보하는 것이 급선무가 되었다. 마켓을 플래닝 하는 것이 아닌 라이프를 플래닝 하는 것으로 마케터의 기획력이 달라져야 하며, STP로 시장을 쪼개던 세분화 마케팅에서 개인의 TPO를 밝혀 삶으로 침투하는 개인화 마케팅이 필요할 때다.

마케팅이 이루어지는 작업 환경도 차이가 생긴다. 과거에는 기획, 연구, 영업, 마케팅이 분리된 영역으로 각자의 이익을 위해 움직였지만, 앞으로는 '기획→제조→유통→촉진'이 하나의 마케팅 플랫폼에서 순환하며 진행되는 일체형의 중앙 통제조직이 필요하다. 업무 방식에도 변화가 생겨 초기 기획과 분석에 시간과 비용을 쏟는 탑다운(top-dwon) 방식의 진행에서, 실시간 응대로 문제를 발굴하고 해결책을 탐색하는 바텀업(bottom-up) 방식으로의 전환이 요구된다.

전통적 마케팅의 일부는 여전히 존재하겠지만, 새로운 생태계가 작동하는 원리를 파악하여 이에 맞는 마케팅 전략과 전술을 정립하는 준비가 필요하다. 4차 산업혁명 이후의 디지털 마케팅은 디지털 기술을 도입하고 인공지능을 차용하는 등의 새로운 시스템을 장착하는 문제가 아니다. 마케팅의 관점과 접근과 전략 역시 디지털로의 이주가 필요하다.

〈표 3-1〉 **전통적 마케팅 vs. 뉴노멀 마케팅**

	전통적 마케팅	뉴노멀 마케팅
마케팅 관점	제품 중심	소비자 중심
마케팅 접근	전달 & 도달	연결 & 매개
제품 역할	솔루션	매개물
소비자 역할	제안 수용	제안 참여
제공물	제품 & 니즈 충족	서비스 & 경험 제공
마케팅 목표	시장 점유율(market share) 확보	시간 점유율(time share)/ 라이프셰어(life share) 확보
전략 기획	마켓 플래닝(market planning)	라이프 플래닝(life planning)
전략 도구	세분화 마케팅(STP 전략)	초 개인화 마케팅(TPO 전략)
전략 목표	깔때기형 목표 설정 (인지→친숙→선호→구입→ 충성)	나비넥타이형 목표 설정 (인지→호감→질문→행동→ 옹호)
전략 방식	유도 전략 (퍼널 전환관리)	유인 전략 + 유도 전략
업무 프로세스	분리형 (기획팀/ 연구팀/ 영업팀/ 마케팅팀)	일체형 마케팅 플랫폼 (기획→제조→ 유통→촉진)
업무 방식	기획 · 분석 중시하는 top down 방식	실시간 응대 중시하는 bottom-up 방식

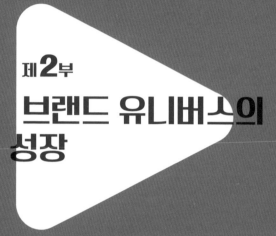

브랜드 유니버스
플랫폼 전략

제**2**부
브랜드 유니버스의
성장

04 플랫폼이란 무엇인가
05 디지털 플랫폼이 분화되고 있다
06 브랜드가 꿈꾸는 디지털 플랫폼의 세계

"플랫폼은 디지털 시장이다. 다양한 플랫폼들은 판매지향의 푸시형과 관계지향의 풀형으로 양분되고 있는데, 시간이 지날수록 푸시형과 풀형이 결합하는 방식으로 진화하고 있다. 점점 더 복잡해지고 있는 플랫폼 생태계에서 브랜드가 지향해야 할 플랫폼의 모습은 브랜드를 구심점으로 하여 고객 경험과 소통의 장으로 기능하는 라이프스타일 플랫폼(브랜드 유니버스)으로의 진화이다."

플랫폼은 디지털 시장이다

뉴노멀 마케팅 생태계의 지축을 흔드는 원 펀치가 있다면 단연 '플랫폼'이다. 플랫폼 비즈니스는 수평 확장과 수직 확장을 거듭하며 마케팅의 전 과정을 일체화시킨다고 앞서 이야기하였다. 따라서 새로운 시대의 마케팅 혁신을 이루기 위해서는 플랫폼 생태계가 무엇인지, 이 생태계는 어떤 원리에 의해 작동되는지부터 알아야 한다.

플랫폼 비즈니스의 특징을 이해하기 위해서 3차 산업혁명의 전통적인 시스템인 파이프라인(pipeline) 비즈니스와 비교해보는 것이 빠르다. 흔히 파이프라인이라고 불리는 전통적인 비즈니스는 원자재를 가공해서 제품을 생산하고 이를 고객에게 판매하는 모델을 말한다. 따라서 파이프라인의 한끝에는 생산자가 있고 반대편에는 소비자가 존재하며, 이들의 역할은 뚜렷이 구분된다. 그리고 가치의 창출과 이동은 파이프라인을 따라 단계적으로 일어난다는 특징이 있다. 반면, 플랫폼 비즈니스는 이와 다르게 작동된다. 플랫폼 비즈니스에도 생산자와 소비자가 존재하지만, 이들의 관계는 파이프라인처럼 선형의 관계가 아니라 상호 교환의 양상을 띤다. 즉, 플랫폼은 '생산자와 소비자로 구성되는 플랫폼 참여자들 간에 가치 교환이 쉽게 이루어지도록 매개하는 비즈니스 모델'이라고 할 수 있다.

예를 들어 보자. 플랫폼 비즈니스의 특징을 가장 두드러지게 나타내 주는 기업으로 우버(Uber)와 에어비앤비(airbnb)가 있다. 먼저 우버는 자동차 한 대, 차를 운전하는 기사 한 명 없이 새로운 택시 비즈니스 모델을 만들었다. 에어비앤비 역시 호텔 방 하나, 고객 서비스를 담당하는 직원 한 명 없이 호텔 비즈니스로 성공했다. 기본적으로 시설과 장비와 기술력으로 사업을 운영했던 파이프라인 비즈니스 시대와 완전히 다른 패러다임이다. 우버가 했던 일은 차량을 가지고 있는 운전기사와 승객을 모바일 앱을 통해 중개해 주면서 수수료를 수익으로 가져간 것이었으며, 에어비앤비가 했던 일은 현지 호스트와 여행객을 모바일 앱으로 중개해 주면서 역시 수수료를 취한 것이다. 단순히 중개만으로 롱테일(longtail) 비즈니스에 존재하는 테일

04 플랫폼이란 무엇인가

의 다양한 가치를 제공해 주었을 뿐만 아니라, 필요에 따라 이들을 매칭해 주는 연결의 가능성을 보여 주었다. 시설, 장비, 기술력 없이도 가치를 창출할 수 있는 비즈니스가 바로 4차 산업혁명이 가져온 기회의 장이다.

이런 관점으로 플랫폼을 다시 보면, 플랫폼은 기술에 대한 이야기가 아님을 알 수 있다. 플랫폼은 온라인 사이트를 개설하는 문제가 아니라 온라인상에 시장(market)을 만드는 일이다. 즉, 플랫폼은 '생산자와 소비자가 만나 상호작용하는 가치가 교환되는 디지털 시장'이다. 특정 플랫폼이 시장에서 두각을 나타내는 이유도 사용자들끼리 꼭 맞는 상대를 만나서 상품이나 서비스를 교환하면서 가치를 창출하게 해 주었기 때문이다.

디지털 공간에 세운 플랫폼이란 시장은 전통적인 시장과 양상이 다르다. 첫째, 플랫폼은 연결의 비즈니스 모델로 운영된다. 플랫폼 비즈니스에서는 파이프라인 기업들이 공급사슬을 통해 상품을 직접 만들고 유통하고 통제하는 방식을 따르지 않는다. 이들은 생산수단을 소유하지 않고 연결수단을 만들어낼 뿐이다. 둘째, 플랫폼은 온디맨드(on-demand)로 서비스가 제공된다. 온디맨드 서비스란 고객이 원하는 시점에, 원하는 장소에서, 원하는 형태로, 고객의 문제를 해결하여 가치 극대화시키는 방법이다. 쌍방향 매칭이 극도로 정교하게 일어날 수 있다. 셋째, 플랫폼은 커뮤니티를 갖춘 시장이다. 플랫폼은 각자 네트워크를 보유한 능동적인 사용자들이 서로 정보를 나누

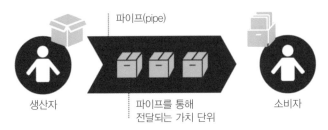

파이프라인 비즈니스

파이프(pipe)

생산자

파이프를 통해
전달되는 가치 단위

소비자

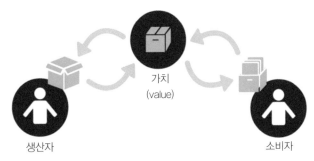

플랫폼 비즈니스

가치
(value)

생산자

소비자

[그림 4-1] 4P 개념으로 본 고객가치의 통합

출처: Medium.

고 의견을 교환하며 거래하기 때문에 사용자에 의해 활성화되는 커뮤니케이션의 비중이 커지게 된다. 이는 디지털 생태계의 특성인 참여감이 발현된 양상으로 볼 수 있다.

플랫폼 비즈니스로 가야 하는 이유

4차 산업혁명이 시작된 이후 많은 디지털 테크놀로지가 주목을 끌었다. 그리고 6년이 지난 지금 시장은 플랫폼 비즈니스로 지각변동되고 있는 모습이다. 4차 산업혁명에 플랫폼 기업이 각광을 받는 이유는 뭘까? 가장 두드러진 구조적인 이유는 플랫폼이 '네트워크 효과'를 갖는다는 데 있다. 플랫폼의 네트워크는 초연결에 기인한다. 소비자가 형성하는 자발적인 네트워크는 더 쉽고 빠른 교환이 일어날 수 있도록 연결을 확장시켜 준다. 플랫폼은 더 빠르고 더 다양한 생산자와 소비자를 연결시켜 주기 때문에 그 크기가 기하급수적으로 증가하게 된다. 초연결로 인한 무한 네트워크 위에서 비즈니스를 영위할 수 있다는 점이 많은 기업이 플랫폼 비즈니스로 옮겨가는 이유이다.

플랫폼이 네트워크 효과를 갖는다는 것은 어떤 의미일까? 무한확장의 네트워크는 '규모의 경제'를 담보한다. 규모의 경제는 소규모 자원으로도 수익을 창출해 낼 수 있다는 비용 효율성이 있다. 플랫폼의 규모가 비용 효율성을 제공할 수 있는 것은 플랫폼 구조가 제조 중심의 공정이 아닌 연결 중심의 가치에 따르기 때문이다. 여기서는 생산을 담당하는 것이 공장이 아니라 네트워크이기 때문에 제품이나 직원을 굳이 내부에 둘 필요가 없다. 아마존은 자신의 플랫폼에서 판매하는 상품을 직접 생산하지 않으며, 유튜브 역시 플랫폼에 올라가는 동영상을 본인들이 만들지 않는다. 보통 제조업체에서는 매출이 늘어날 때 생산비용도 함께 증가하게 되는데, 플랫폼 비즈니스에서는 매출이 늘어난다고 해도 비용이 따라 증가하는 일은 없다. 우버에 택시 운전사를 한 명 더 추가하는 데 별다른 비용이 들지 않는 것과 같다. 이처럼 플랫폼 수익구조가 매력적인 것은 '한계비용 제로'인 중개 사업이기 때문이다. 한계비용 제로라는 뜻은 선형적인 기업보다 적은 투자금으로도 훨씬 더 큰 수익을 만들어낼 수 있음을 의미한다. 이는 많은 사람이 사용할수록 규모의 경제가 형성됨으로 인해 생산비용은 낮아지고, 다양하고 좋은 품질의 제품이 좋은 가격으로 제공되면서 다시 사용자가 증가하는 선순환 구조가 만들어지기 때문이다.

플랫폼 기업 모델은 한계비용이 상대적으로 낮다

플랫폼	소프트웨어 제작업체	서비스 제공업체	제조업체

많은 사람이 만들고 많은 사람이 판다.	하나를 만들어서 여러 개를 판다.	한 명을 고용해서 하나를 판다.	하나를 만들어서 하나를 판다.

[그림 4-2] 비즈니스 모델 유형에 따른 한계비용

출처: 플랫폼 기업전략.

'네트워크 효과'와 '규모의 경제'가 궁극적으로 가져다주는 플랫폼의 강점은 플랫폼이 '승자 독식(winner takes all)'의 시장 논리를 따른다는 것이다. 승자 독식은 절대 강자가 존재하는 시장을 의미한다. 플랫폼의 기본 구조가 연결성이기 때문에 연결의 씨드(seed)가 무한 성장하여 생태계를 장악한다. 플랫폼 생태계는 파이프라인 생태계와 달리 플랫폼이 더 활성화될수록 플랫폼 참여자인 생산자와 소비자에게 더 높은 가치를 가져다준다. 우버의 사례로 돌아가 보자. 일단 우버의 네트워크의 규모가 커지게 되면 소비자는 더 낮은 가격으로 택시를 이용할 수 있다. 소비자들은 가격 메리트로 인해 우버로 몰린다. 소비자가 많아지게 되면 이러한 현상은 택시 기사에게도 혜택으로 돌아간다. 소비자의 대기 시간이 줄어들어 택시 기사는 더 많은 승객을 받을 수 있게 된다. 가격이 낮아도 보다 많은 수요가 발생하기 때문에 수익을 만들어내면서 공급자 역시 우버로 몰리게 된다. 그리고 이런 현상은 다시 소비자에게 다른 가치로 돌아간다. 즉, 소비자들은 많은 운전자로 인해서 더 쉽고 빠르게 택시를 탈 수 있게 되어 우버로 몰리는 현상이 강화되는 것이다. 가치가 돌고 돈다. 더 많은 거래가 발생하는 만큼 더 많은 수익이 창출된다. 기본적으로 플랫폼은 규모가 기하급수적으로 커질수록 수익도 기하급수적으로 커지는 논리를 따른다. 수익과 규모가 맞물려 돌아가다 보니 결론은 시장 장악이다. 이것이 디지털 트랜스포메이션 시대에 플랫폼 비즈니스 모델

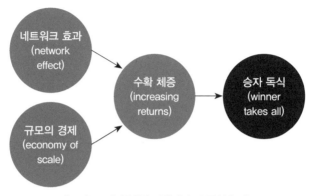

[그림 4-3] 플랫폼 기업의 승자 독식 논리

출처: 브런치.

로 혁신을 감행해야 하는 가장 강력한 이유이다.

　플랫폼이 일단 카테고리를 독점하게 되면 승자 독식의 혜택
이 따른다. 그리고 승자 독식의 혜택을 누리고 있는 절대 일인
자를 후발주자가 웬만해서는 따라잡기 어렵다. 이는 '수확 체
증의 법칙'으로 설명되는데, 이는 '어느 정도 임계점 이상에 이
른 플랫폼은 계속 앞서가고 뒤처진 플랫폼은 계속 뒤처지게 되
는 경향'을 말한다. 하나의 카테고리를 장악한 선발주자를 후
발주자가 역전하기는 어렵기 때문에, 새로운 카테고리를 만들
고 이를 규모의 경제로 키우는 것이 후발주자에게 주어진 과제
이다. 플랫폼 사업자로 성공하기 위해서는 수확 체증 법칙의
기본 요건인 '네트워크 효과'와 '규모의 경제'를 통해 선순환 고
리를 만들어야 하는 숙명이 따른다.

04 플랫폼이란 무엇인가

플랫폼이 되기 위한 기본 요소들

플랫폼의 작동원리는 상당히 자연발생적이다. 플랫폼의 운영은 제조사가 통제하는 것도, 플랫폼 기업이 통제할 수 있는 것도 아니다. 플랫폼이 작동하는 나름의 원칙이 있지만, 플랫폼은 철저히 플랫폼 생태계를 이루는 구성 요소들에 의해 움직인다(운영된다는 말 대신 움직인다는 표현을 썼다).

① 양면시장(context)

온라인 비즈니스를 한다고 모두 다 플랫폼은 아니다. 플랫폼의 기본은 생산자와 소비자가 만나 상호작용하는 가치교환의 장, 즉 접점의 형태를 갖추어야 한다. 플랫폼은 상호 연결을 필요로 하는 양자 간의 거래(transaction)를 중재하는 곳이어야 하지, 과거의 비즈니스처럼 소비자 집단만을 대상으로 하는 것은 아니다. 플랫폼 비즈니스를 하기 위해서는 생산자와 소비자의 연결이 필요한데, 이렇게 생산자와 소비자가 매우 무작위로 연결되는 구조를 '양면시장'이라고 한다. 따라서 어떤 플랫폼을 만들 것인지는 어떤 양면시장을 설계할 것인지에 대한 고민과 같다. 따라서 양면시장을 만든다는 의미는 어느 한쪽만 가치를 얻는 것이 아니라, 생산자와 소비자 모두에게 이익이 돌아갈 수 있는 시장의 구조를 짜는 것을 뜻한다.

이때 중요한 것이 '매칭하기(match)'의 기술이다. 매칭하기는 생산자와 소비자가 각자 원하는 것들을 얻을 수 있는 방향으로 짝지어 주는 것을 말한다. 파이프라인 형식에 익숙해 있던 기존 기업들은 이 지점에서 플랫폼의 진가를 쉽게 간과한다. 양면시장을 만들기 위해서는 단면시장만 바라보며 고객을 관리해 왔던 생산자 마인드의 경영 방식과는 전혀 다른 접근이 필요하다. 양면시장에서는 스스로 생산하고 유통하고 판매하는 데 집중할 필요가 없다. 오히려 생산자와 소비자의 효과적인 매칭을 위해 양측이 원하는 가치에만 집중하면 된다. 플랫폼에서 일어나는 거래에 관여할 필요도 없다. 플랫폼이 잘 운영될 수 있도록 판을 제공하고 도구를 쥐여 줄 뿐이다. 여기서 플랫폼의 목적이 나온다. 기업의 목적은 매출을 통한 이익의 증대이지만, 플랫폼에서는 매출이 1순위 목표가 아니다. 플랫폼의 제1 목표는 거래의 활성화여야 한다. 그러기 위해 검색이 편하고, 상품이 다양하고, 품질이 좋고, 소통이 원활하고, 거래가 편리해지고 등과 같은 플랫폼 참여자의 가치 증대가 궁극적인 목적이 되어야 한다. 매출은 따라오는 것이다.

플랫폼의 성패는 매칭의 기술에 있다고 해도 과언이 아니다. 매칭을 통한 선순환 고리를 강화하기 위해 최근에는 데이터와 인공지능을 통해 개인에게 최적화된 상품, 서비스를 제안하는 플랫폼들이 증가하고 있다. 이러한 추천 알고리즘을 적용하는 플랫폼들은 이용자들에게 부가가치를 높여주는 역할을 하기

04 플랫폼이란 무엇인가

때문에 플랫폼이 선택될 가능성을 높여 준다. 플랫폼 이용자가 많아지면 많아질수록 축적되는 데이터도 많아지기 때문에 데이터를 활용하는 플랫폼들은 더 높은 매칭 효과들을 보여 주면서 그 규모를 쉽게 확대해 나간다. 스타트업에서 출발해서 최근 높은 성장세를 보이고 있는 B2C 기반 여성 패션 마켓 플레이스인 지그재그(zigzag)도 고객 데이터 기반의 개인화 추천 알고리즘의 힘으로 카테고리 리더의 입지를 확보한 브랜드이다.

② 교차보조 도구(content)

교차보조 도구는 플랫폼 참여자들이 우리 플랫폼을 이용해야 하는 확실한 이유에 해당한다. 세상에 검색을 위한 플랫폼은 많다. 구매를 위한 플랫폼도 많다. 소통을 위한 플랫폼 역시 종류별로 다양하다. 하지만, 많은 수의 플랫폼 중에서 유독 그 플랫폼을 사용하게 된 데는 결정적인 이유(trigger)가 있다. 구글은 광고 없이 '검색'에만 집중할 수 있는 검색엔진이라 선택되었고, 아마존은 '글로벌 판매'가 가능한 온라인 쇼핑몰이라는 점 때문에 커머스 시장을 장악할 수 있었으며, 페이스북은 '지인 네트워크'라는 SNS를 통해 전 세계 사람들을 연결시킬 수 있었다. 자신의 카테고리 안에서는 플랫폼 이용자들을 끌 수 있는 명백한 트리거(trigger)를 갖추고 있어야 플랫폼이 제공하는 가치가 어필되고 규모의 경제로 나아갈 수 있다. 따라서 교차보조 도구는 플랫폼 구축에 가장 핵심적인 부분이라고 할 수 있다.

많은 사람이 플랫폼에 모이게 하기 위해 어떤 트리거를 미끼로 쓸 수 있을까? 사람들이 플랫폼에서 제공받길 원하는 것을 생각하면 쉽다. 카카오톡처럼 '무료 채팅 서비스'를 제공하든가, 마켓컬리처럼 '새벽 배송'이라는 고객의 편익을 강조한다든가, 에어비앤비처럼 '현지 살이'라는 새로운 경험을 주는 방식으로 사람들을 빠르게 모았던 성공 사례들을 보면 트리거의 실체를 금방 파악할 수 있다. 플랫폼이 가치 교환의 장으로서 콘텍스트(context)의 역할을 한다면 트리거는 이를 채우는 콘텐츠(content)가 됨을 알 수 있다.

교차보조 도구가 그 역할을 잘하기 위해서는 '끌어오기(pull)'의 기술이 필요하다. 플랫폼은 가치 있는 핵심 상호작용을 충분히 발생시켜서 점점 더 많은 참여자를 플랫폼에 끌어들여야 한다. 끌어오기가 가능하려면 이전에 없었거나 기존보다 훨씬 더 나은 가치 제안이 필요하다. 판매자에게는 인풋을 최소화하는 비용적 혜택을 주거나 아웃풋을 최대화하는 수익적 혜택을 제공해야 한다. 또한 소비자에게는 필요를 충족시켜 주는 기능적 혜택을 제공하거나 흥미를 충족시켜 주는 감성적 혜택을 제공해야 한다. 플랫폼 세계에서 후발주자의 유사한 서비스는 선택의 이유를 보장받기 어렵다. 숏폼 동영상 플랫폼인 틱톡(Tiktok)이 우세한 시대에 인스타그램의 릴스(Reels)가 살아남기 위해서는 틱톡을 넘어서는 무언가가 있어야 한다. 이러한 끌어오기는 플랫폼 간의 경쟁이 심화되면 더 강력한 유인원으로 작동하는 힘이 된다.

③ 지속 상호작용(community)

양면시장으로 플랫폼의 참여자가 결정되고, 교차보조 도구를 통해 이들을 플랫폼으로 유인하는 가치 제안이 결정된다면, 이제는 이들이 거래 활동을 꾸준히 할 수 있도록 지속시키는 동력이 필요하다. 이는 플랫폼 생태계를 선순환으로 돌리는 작업을 의미한다. 플랫폼은 구축하고 끝내는 것이 아니라, 구축 이후의 지속성에 따라 플랫폼의 생명이 결정된다. 이때 플랫폼의 지속 상호작용을 위해 작동시켜야 하는 것이 커뮤니티이다. 커뮤니티는 '자연발생적으로 이루어진 공동체'를 의미하는데, 커뮤니티가 유지되기 위해서는 나름의 질서가 필요하다. 디지털상에서는 이러한 질서가 구성원들 간의 정보 교류나, 친목 형성, 부정 거래 방지 등 거래를 활성화시키는 공동체 의식으로 형성되는 경향이 있다. 즉, 커뮤니티는 단순히 거래를 넘은 관계를 기반으로 작동되는 곳이다.

커뮤니티가 원활히 작동되기 위해서는 '촉진하기(facilitate)'가 중요한 기술로 쓰인다. 플랫폼은 생산자와 소비자가 쉽게 만나서 가치를 교환할 수 있도록 도구와 규칙을 제시함으로써 상호작용을 촉진해야 한다. 촉진하기의 단계가 없다면 어떤 플랫폼이든 지속 성장을 하지 못하고 시장에서 사라지는 비운을 맞게 된다. 보통 플랫폼은 촉진하기의 여부에 따라 '태동기→

성장기→성숙기→쇠퇴기'의 성장의 단계를 거친다. 태동기는 플랫폼 구축의 초기 단계인데, 이때 플랫폼의 기틀이 탄탄히 잡히지 않으면 시장에 안착하지 못하고 사라지게 된다. 성장기는 플랫폼 구축 초기에 급격하게 성장하는 단계로, 무한확장의 논리에 따라 플랫폼의 규모가 급격히 커지면서 새로운 시장이 형성된다. 성숙기는 성공한 플랫폼을 벤치마킹하여 경쟁 플랫폼들이 우후죽순으로 생겨나고, 증가하는 광고 콘텐츠들에 소비자가 지쳐가는 단계이다. 더 인기 있는 플랫폼으로 갈아타는 유저들과 플랫폼의 소문을 듣고 후발로 들어오는 유저들로 물갈이가 되는 시기이므로 타깃을 재설정해서 수익구조를 조정해야 한다. 마지막으로 쇠퇴기는 넘쳐나는 광고에 유저들의 피

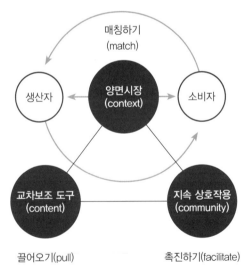

[그림 4-4] 플랫폼 비즈니스 구조도

04 플랫폼이란 무엇인가

로도가 누적되면서 유저들이 플랫폼을 떠나는 단계이다. 이때 어떻게 플랫폼을 촉진시키느냐에 따라 성장기 혹은 성숙기로 되돌아갈 수도 있으므로, 촉진하기는 플랫폼의 사활을 결정하는 중요한 기술이라 할 수 있다.

디지털 플랫폼이
분화되고 있다

플랫폼 비즈니스에서 벌어지는 각축전:
플랫폼 vs. 콘텐츠

　많은 기업이 플랫폼 비즈니스로 디지털 트랜스포메이션 하고 있는 시점이다. 이제는 우리 회사에 맞는 또는 우리 브랜드에 맞는 플랫폼을 기획해야 할 타이밍이다. 앞서 플랫폼을 만들기 위해서는 어떤 요소들이 필요한지 살펴보았는데, 이러한 구성 요소들을 갖추기에 앞서 먼저 확실히 해 두어야 할 것이 있다. 플랫폼을 기획하라고 하면 보통 '어떤 온라인 사이트를 만들어서 어떻게 우리 제품 정보와 콘텐츠들을 올릴까'라는 생각을 하기 쉽다. 하지만, 플랫폼 기획도 비즈니스 모델링의 일환이기 때문에 비즈니스 목적을 염두에 두고 이에 맞는 플랫폼을 설계해야 한다. 언급했듯이 플랫폼은 디지털 시장을 만드는 일이다. 따라서 플랫폼을 구축하는 이유는 '비즈니스의 출발과 끝인 생산자와 소비자를 한곳에 모아주고 거래를 독려하는 시장'을 만들기 위해서이다. 시장의 개념은 예나 지금이나 변함이 없다. 종종 지역 기반으로 열리는 5일 장을 생각해 보자. 몇날 몇 시에 어느 장소에서 장이 열린다. 물건과 사람들이 장으로 모인다. 그리고 그 안에서 거래가 이루어진다. 오프라인 매장도 동일하다. 시간과 장소란 제약이 좀 더 완화되었을 뿐이지 거래가 이루어지는 양태는 동일하다. 그럼, 플랫폼이라고 불리는 디지털 시장의 원리는 어떠한가? 디지털은 시간과 공간의 제약이 완전히 사라지는 공간이다. 이것은 무엇을 의미하는가? 일반적인 시장에서는 '장소'의 개념이 무엇보다 중요했다. 장소가 있어야 사람들이 모이니까. 5일 장을 열기 위해서는 길목을 정하는 것이 중요한 이슈였다. 마트도 입지가 중요하지 않나. 하지만 디지털에서는 장소의 개념보다 사람을 이끄는 '원동력'이 더 중요해진다. 입지보다 거래되는 물건과 사람들을 불러 모으는 행사들이 더 중요해진다. 그리고 사람들이 모이는 곳에서 입지가 형성된다. 전후가 바뀐 것이다. 이처럼 디지털 공간에서는 '사람을 모으는 힘'이 어디서 나오는지가 중요하다. 이게 플랫폼 기획의 출발점이다.

그럼 디지털 시장에는 사람들이 어디에 몰리는지 살펴보자.

첫 번째로 생각해 볼 수 있는 것은 '물건이 많이 있는 곳'이다. 하지만 요즘처럼 물건이 넘쳐나는 시대에는 구색의 다양성은 강력한 매력을 주지 못한다. 다음으로는 '가격이 싼 곳'이 있다. 기왕이면 다홍치마이긴 하나, 인터넷에서 저가만 찾는 시대는 이미 지났다. 지금은 가격 경쟁을 넘어 품질과 제품력으로 승부를 보아야 한다. 소비자가 이를 알아보기 때문이다. 정보 탐색도 용이하고, 후기나 댓글도 넘쳐나는 시대이다. 오히려 좋은 제품과 이를 검증할 수 있는 소비자의 진짜 정보가 넘쳐나는 곳이 플랫폼으로서 적격이다. 선택할 수 있는 대안이 쏟아져 나오는 시대에는 소비자가 진짜 필요로 하는 도움을 줄 수 있고, 그들의 취향에 맞는 즐거움을 줄 수 있고, 소비의 가치를 함께 나눌 수 있도록 도와주는 플랫폼이 진짜 솔루션이 된다. 디지털은 구매 이상의 시장 논리가 작동되는 곳이다.

이상에서 살펴봤듯이 디지털에서 사람들을 모으는 원동력은 '구매 가치'에 있는 것이 아니다. 오히려 구매 이전에 '정보 가치'와 '재미 가치'로 인해 그곳을 찾게 된다는 것을 알 수 있다. 디지털 공간에서는 구매 이전에 정보 탐색을 하게 되는데, 이는 '검색(search)'이 무엇보다 중요한 소비자 행동임을 말해 준다. 플랫폼으로서 '네이버 쇼핑'이 뜰 수밖에 없는 이유이다. 좋은 물건을 잘 찾게 해 주는 곳에서 시장이 형성되는 것이다. 이런 상황에서는 플랫폼이 중요한 요인이다. 하지만, 이런 경우도 있다. 시장에서 놀다 보면 물건이 발견되는 경우다. 디지털에서 눈에 띄는 또 다른 지점은 바로 '발견(discover)'이다. 디지털에서는 정보를 찾으면서 구매에 이르기도 하지만, 돌아다니다 물건을 발견하기도 한다. 플랫폼에서 놀다가 마음에 드는 물건이 눈에 띄면 구매를 결심하게 된다. 오프라인 매장에서도 쇼핑몰에서 이것저것 먹고 놀다가 물건을 구입하는 것과 같은 이치이다. 여기에 인테리어 정보 앱인 '오늘의집'이 뜰 수밖에 없는 이유가 있다. 콘텐츠 때문에 사람들이 모이니 자연 플랫폼이 뜨는 경우이다.

지금까지 플랫폼 기획을 위해 플랫폼의 가장 중요한 원동력이 무엇인지 살펴보았다. 다시 묻겠다. 사람을 이끄는 힘이 무엇인가? 플랫폼인가? 콘텐츠인가? 여기서의 '플랫폼'은 플랫폼의 구성 요소 중 콘텍스트로서 양면시장으로 이해하면 되고, '콘텐츠'는 말 그대로 콘텐츠로서 교차보조 도구로 이해하면 된다. 플랫폼의 원동력이 콘텍스트인지, 콘텐츠인지로 묻는 질문은 마치 닭이 먼저인지, 달걀이 먼저인지에 대한 논란처럼 들린다. 사실 이러한 논란은 플랫폼 시장이 형성되었던 초기부터 지금까지 엎치락 뒤치락 해 왔던 이슈이다. 디지털이 도입되었던 초기에는 다양한 SNS 채널들이 생기면서 '소셜미디어'라고 하는 새로운 플랫폼에 관심을 가졌다. 그러다가 이 소셜미디어를 채우는 '브랜디드 콘텐츠'로 화제가 옮겨 갔었다. 그러다가 다시 디지털 매체들이 다양해지고 성과를 높일 수 있는 타기팅이 중요한 이슈가 되자, 매체를 중심으로 하는 퍼포먼스 마케

05 디지털 플랫폼이 분화되고 있다

팅이 각광을 받았다. 그리고 다시 콘텐츠의 시대를 맞고 있다. 플랫폼 → 콘텐츠 → 플랫폼 → 콘텐츠 → …의 반복이다. 지금의 플랫폼 비즈니스가 성립되기까지 컨테이너로서 플랫폼과 콘텐츠의 주도권 싸움은 계속되어 온 것으로 보인다.

콘텐츠와 플랫폼의 구분은 유효한가? 방탄소년단(BTS)은 콘텐츠인가, 플랫폼인가? 자이언트 펭수는 콘텐츠인가, 플랫폼인가? 방탄소년단이 가는 곳에 팬들이 움직인다. 펭수가 있는 곳에 사람이 모인다. 이들은 콘텐츠이지만 플랫폼처럼 기능하기도 한다. 이 지점에서 콘텐츠와 플랫폼 간의 경계가 모호해지는 느낌을 받는다. 더불어 콘텐츠는 특정 플랫폼에 국한되지 않는다는 것을 알게 된다. 최근에는 'channel yourself 시대'라는 말까지 나온다. '네 자신을 미디어로 삼으라.'는 이야기다. 엄밀히 말하면 콘텐츠가 있는 곳에 플랫폼이 열린다는 말이 맞겠다. 이러한 논란이 시사하는 바는 플랫폼 기획에서는 플랫폼과 콘텐츠의 물리적인 구분이 중요한 것이 아니라, '사람을 모으는 시장의 관점'으로 바라봐야 한다는 점이다. 따라서 자사의 비즈니스에 맞는 플랫폼을 기획하기 위해서는 사람들을 모으게 하는 원동력을 중심으로 플랫폼 시장이 어떻게 나눠지고 발전되고 있는지를 이해하는 것이 중요하다.

앞으로 플랫폼은 지금까지 생겨 왔던 것 이상으로 그 수가 기하급수적으로 증가할 것이다. 그 안에서 우리는 어떤 플랫폼으로 존재감을 보일 것인가? 플랫폼을 만드는 방법은 많다. 중요한 것은 물리적인 구분은 큰 의미가 없다는 점을 깨닫는 것이다. 디지털 시장의 개념으로 플랫폼을 바라봐야 한다. 그럼 시장의 관점에서 현재 디지털상에 어떤 유형의 플랫폼들이 존재하고 있는지부터 살펴보도록 하자.

디지털에 존재하는 다양한 플랫폼

디지털상에서 어떤 종류의 플랫폼들이 존재하는지를 파악하다 보면 앞으로 플랫폼이 어떤 방향으로 진화해 나갈 것인지에 대한 통찰을 얻을 수 있다. 다음은 현존하는 플랫폼들을 크게 아홉 가지 유형으로 나눈 것이다.

① 종합 플랫폼

종합 플랫폼은 일상생활의 다양한 서비스를 제공받는 생활 플랫폼이다. 대표적인 기업으로 '카카오(KAKAO)' '네이버(NAVER)'가 있다. 카카오는 채팅, 커뮤니티, 쇼핑, 콘텐츠, 게임, 커머스, 택시, 금융 등 다양한 생활 서비스를 확보하고 있고, 네이버 역시 검색, 커뮤니티, 쇼핑, 콘텐츠, 커머스 등으로 고객의 일상을 점유하기 위한 방향으로 사업 영역을 지속적으로 확장하고 있다. 종합 플랫폼은 소비자의 라이프스타일 중심의 빅데이터를 수집하기에 최적인 비즈니스 모델이기 때문에,

시장 카테고리를 확장하기에 좋은 가장 독점력이 높은 강력한 플랫폼이다. 종합 플랫폼은 검색, 채팅, 메일, 지도, 택시, 금융, 문화 콘텐츠, 쇼핑 등 다양한 생활권 서비스를 제공하고 있으며, 로그인 ID를 통해 개인화된 서비스 제공이 가능하다는 장점을 가지고 있으므로, 향후 라이프스타일을 연계한 플랫폼으로 발전해 나갈 최적의 조건을 갖추고 있다.

② 소통 플랫폼

소통 플랫폼은 디지털 미디어가 발달하기 시작한 초기의 비즈니스 모델로 SNS 중심으로 커뮤니케이션 채널을 담당하고 있는 플랫폼이다. 대표적인 기업으로 '페이스북(Facebook)' '인스타그램(Instagram)' '트위터(Twitter)' 등이 있다. 소비자의 일상이 다양한 텍스트, 이미지, 동영상으로 담겨 있다는 특징이 있다. 소통 플랫폼은 지인 기반의 네트워크 구조를 가지고 있어서 신뢰성 있고 영향력 있는 정보의 확산 채널로 여겨진다. 소통 플랫폼은 개인의 지인 네트워크를 기반으로 생태계가 구축되어 있으므로, 지인들과 함께 나누는 일상생활에 대한 데이터가 많이 확보되어 있다는 장점이 있다. 따라서 소통 플랫폼들은 개인화된 취향 마케팅을 기반으로 플랫폼을 확대 발전시켜 나가기에 유리하다.

③ 커머스 플랫폼

2000년대 초에 온라인이 오프라인 매장의 보조 채널로 등장했을 때부터 이커머스(e-commerce)는 존재했었다. 하지만 플랫폼 생태계가 열리면서부터는 단순히 상품만을 취급하는 오픈마켓 외에도, 상품 및 서비스 거래가 일어나는 모든 경우를 커머스 플랫폼으로 보는 것이 적합할 것 같다. '아마존' '쿠팡' 같은 대표적인 이커머스 플랫폼 외에도 이동 서비스의 교환인 '우버', 콘텐츠 유통 채널인 '넷플릭스', 중고 물건 교환 시장인 '당근마켓', 패션의류 맞춤형 판매 채널인 '지그재그', 음식점과 소비자를 연결하는 '배달의민족', 아이디어를 사고팔 수 있는 '와디즈' 등의 다양한 커머스 플랫폼이 있다. 이커머스 시장을 두고 많은 유통 및 플랫폼 기업이 치열한 전쟁을 벌이고 있으며, 특히 구매 데이터, 로그 데이터, 통신 데이터, 공공 데이터 등 다양한 빅데이터를 결합하여 보다 정교한 개인화 마케팅 솔루션을 개발하는 데 집중하고 있다. 커머스 플랫폼은 사이트 방문 또는 상품 구매 고객들의 이력을 바탕으로 개인화 마케팅을 추진하기에 좋은 토양을 가지고 있다. 기본적으로 쇼핑 활동에 대한 고객들의 행동 데이터들이 많이 확보되어 있으므로, 현재는 여기에 다양한 개인의 취향이나 구매 상황에 대한 문맥 데이터를 추가하여 고객의 라이프스타일에 부합할 수 있는 개인화된 쇼핑환경을 제공하기 위해 저변을 확대하는 중이다.

05 디지털 플랫폼이 분화되고 있다

④ 생활 정보 플랫폼

디지털에 정보가 넘쳐나면서 취향에 따라 필요한 정보를 큐레이션 해서 서비스로 제공하는 정보형 플랫폼들이 점점 인기를 끌고 있다. 대표적인 것이 인테리어 정보를 제공하는 '오늘의집', 패션 잡지로 시작한 '무신사', 부동산 전문 정보 제공 앱인 '호갱노노', 코로나 19로 집안에서 운동하는 인구가 늘어나며 인기를 끌게 된 '홈트레이닝' 등이 이에 해당한다. 소비자들의 세분화된 관심과 취향에 맞게 요즘에는 다양한 애플리케이션이 계속 생겨나고 있다. 이 중에 인기를 얻은 애플리케이션은 유용한 정보 플랫폼으로 간택받게 되고, 점점 소비자들이 많이 모이게 된 플랫폼들은 광고 채널까지 그 역할이 확대되고 있다. 최근에는 '오늘의집'에서 인테리어 트렌드를 파악하는 동시에 우리 집에 맞는 분위기의 아이템을 바로 구입할 수 있도록 커머스 기능이 강화되는 추세이다. 생활 정보 플랫폼은 소비자들이 그들의 취향을 중심으로 플랫폼에 접근하고 있으며 아이디 기반의 로그 데이터 수집이 가능하기 때문에, 라이프스타일에 기반한 개인화 마케팅을 추진하기에 유리한 플랫폼이라고 할 수 있다.

⑤ 개인창작 플랫폼

디지털에서는 기본적으로 콘텐츠의 제작과 배포가 쉽다. 이러한 장점으로 인해 유튜브가 대중화되면서부터 사용자 제작 콘텐츠(User Created Contents: UCC)가 두각을 보이기 시작했다. 1인 창작자들이 '유튜버'라는 이름으로 콘텐츠 시장에 등장하게 되었고, 최근에는 개인 맞춤 알고리즘으로 취향 콘텐츠를 제공해 주는 '틱톡'과 틱톡의 인스타그램 버전인 '릴스'가 그 뒤를 잇고 있다. 최근 틱톡이 크게 부각되는 이유는 누구나 자신만의 콘텐츠를 쉽고 빠르게 제작할 수 있도록 직관적인 인터페이스와 편집 필터 등을 제공해서 소비자들의 놀이 문화인 '밈 챌린지'를 이끌었기 때문이다. 밈 챌린지는 재미를 위해 재생산하는 패러디 형태의 콘텐츠가 주를 이룬다. 예를 들면, 지코의 '아무노래', 비의 '깡' 안무 등이다. 개인창작 플랫폼에서는 누군가가 올린 콘텐츠를 보고 다른 이들이 따라 하는 놀이의 형태로 콘텐츠의 변형, 재생산, 확산이 빠르게 일어난다. 틱톡은 소통 플랫폼과 달리 지인 중심의 네트워크가 아닌 AI 기반

[그림 5-1] 틱톡

출처: 틱톡.

05 디지털 플랫폼이 분화되고 있다

의 취향 중심의 콘텐츠 네트워크라는 특징이 있다. 따라서 이러한 개인창작 플랫폼은 1인 소비자가 직접 제작하는 다채로운 취향 콘텐츠들이 실시간 자유롭게 만들어진다. 개인창작 플랫폼은 개인의 관심과 취향에 맞는 창작 활동을 쉽게 할 수 있도록 인프라를 지원하기 때문에 디지털 놀이 문화를 형성하여 개인의 취향에 맞는 마케팅을 적용할 수 있다는 장점이 있다.

⑥ 인플루언서 플랫폼

소셜미디어의 파급력은 구매나 소비생활에 영향을 미치는 강력한 개인을 만들어냈다. '영향력 있는 개인'을 뜻하는 인플루언서(influencer)는 개인 소비자와 유사하거나 그들이 친근하게 느끼는 소셜 스타들을 말하는데, 이들의 추천이나 리뷰는 제품의 구매 결정에 큰 설득력을 갖는다. 제일기획 조사(2019)에 따르면 인플루언서를 통해 상품을 인지한 후 추가정보를 탐색하는 비율은 약 79%에 해당하고, 추가정보를 탐색 후 구매로 연결한 비율은 약 84%로 매우 높은 영향력을 보인다고 한다. 이처럼 인플루언서의 제품 소개나 추천은 제품에 대한 추가정보 탐색 및 구매에 높은 전환율을 보인다.

인플루언서 플랫폼의 또 다른 강점은 정보 탐색이나 상품 구매에 큰 영향을 미치는 것을 넘어서 고객과 감정적인 관계 형성을 가능하게 해 준다는 데 있다. 특히 마이크로 인플루언서(micro influencer)의 경우는 거의 일반 소비자들로 구성되기 때

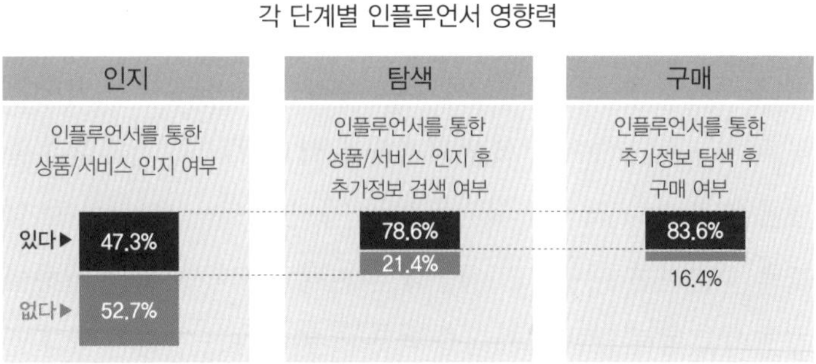

각 단계별 인플루언서 영향력

인지	탐색	구매
인플루언서를 통한 상품/서비스 인지 여부	인플루언서를 통한 상품/서비스 인지 후 추가정보 검색 여부	인플루언서를 통한 추가정보 탐색 후 구매 여부
있다▶ 47.3%	78.6%	83.6%
없다▶ 52.7%	21.4%	16.4%

[그림 5-2] 디지털 시대 새로운 미디어, 인플루언서

출처: 제일기획 블로그.

문에 이들의 조언은 마치 친구, 동료, 가족에게 추천받는 느낌을 주므로 상당히 진정성 있는 콘텐츠로 여겨진다. 또한 인플루언서는 팬을 보유하고 있기 때문에 바이럴 확산에도 유리하고 타기팅에 근거한 구매 전환도 높일 수 있다. 이러한 장점을 토대로 인플루언서 플랫폼은 보통 제품 론칭 초기 인지도 확산이나 고객 확보를 위해 많이 활용된다. 그리고 인플루언서 플랫폼을 잘 활용하기 위해서는 해당 인플루언서의 이미지나 팬층의 구성, 그리고 이들과 브랜드 이미지 간의 매칭을 중요하게 고려해야 한다. 인플루언서 플랫폼은 기본적으로 팬심을 확보하여 취향 중심의 커뮤니티를 구축할 수 있다는 특징이 있다. 최근에는 이러한 장점을 기반으로 커머스로 비즈니스 모델을 확장하여 마케팅 효과를 강화하려는 시도가 계속되고 있다.

⑦ 오디오 플랫폼

최근에는 오디오를 중심으로 한 청각 자극만으로 SNS상에서 소통이 이루어지는 오디오 플랫폼이 생겨나고 있다. 대표적인 것이 '클럽하우스(Clubhouse)'와 최근 론칭한 카카오의 '음(mm)'이다. 클럽하우스는 오디오 채팅 SNS 앱이다. SNS 채널로서 클럽하우스가 가진 특이점은 기존 가입자들로부터 초대나 승인을 받아야지만 참여가 가능한 폐쇄적인 플랫폼이라는 점이다. 따라서 참여 자체가 검증 과정을 통해 이루어지므로 네트워크에 대한 신뢰성이 좀 더 강하다는 특징이 있다. 첨단 디지털 시대에 가장 아날로그스러운 오디오 플랫폼이 왜 인기를 끄는 것일까? 첫째는 콘텐츠의 진실성이다. 오디오 콘텐츠에는 목소리 자체가 주는 진실성이 담겨 있다. 목소리는 이미지처럼 컨셉추얼하게 꾸밀 수 있는 것이 아니다. 또한 짧은 대화를 통해서도 쉽게 교감을 나눌 수 있기 때문에 친한 친구와 대화하는 것처럼 깊이 있는 친밀감이 빠르게 형성된다. 또한 오디오 플랫폼에서는 콘텐츠 자체가 저장이 안 되고 그 순간이 지나면 휘발되고 사라지기 때문에 콘텐츠를 재생할 수 없다는 특징이 있다. 따라서 대화에 참여하는 사람들은 자신의 이야기에 진실성을 담아서 전달하는 경향이 높다.

둘째는 발신자와 수신자의 정보 평등성이다. 비주얼 없이 목소리를 주고받다 보니 정보량에서 평등한 소통이 이루어지게 된다. 비주얼 콘텐츠는 콘텐츠의 제작자가 존재하기 때문에 콘텐츠 자체에 제작자의 의도가 담겨 있다. 하지만 오디오 플랫폼에서는 대화로 주고받는 평등한 소통이 이루어진다. 이러한 정보의 평등은 디지털 커뮤니케이션의 생리에도 잘 맞는 특징이다. 오디오 플랫폼은 고객과 진정성 있는 대화를 통해 소통할 수 있다는 장점으로 인해서 기업들에게 주목받는 상황이다. 최근에는 기업의 CEO가 클럽하우스에 방을 개설하여 기업 철학을 이야기하거나 회사의 경영 스토리에 대해 전달하는 등 대중과 진솔한 소통을 하는 데 유용한 채널이라는 인식이 생기고 있다. 더불어 보이스를 통해 공감을 유도하여 제품 구매까지 연결할 수 있는 라이브 커머스 채널로서의 가능성도 보이고 있다. 오디오 플랫폼은 친밀감이라는 관계에 기반한 플랫폼이므로, 향후 이러한 관계성에 기반한 커머스로서의 확대도 기대해 볼 만하다.

⑧ 라이브 커머스 플랫폼

최근 유통업계에 새로운 비즈니스 모델로 각광받는 것은 '라이브 커머스(live commerce)'이다. 라이브 커머스는 실시간 동영상 스크리밍으로 상품을 소개하고 판매하는 모바일 홈쇼핑 형태로, 줄여서 '라방'이라고도 한다. 최근 코로나 19로 인해 오프라인 매장 이용률이 하락한 상황에서, 라이브 커머스는 유통업계의 활로를 제공하며 이커머스의 확대를 촉진시키고 있다. 실제로 롯데, 신세계 등의 대형 유통업체부터 아마존, 쿠팡 같은 이커머스, 네이버, 카카오톡 등의 포털 대기업, 페이스북, 인스타그램 같은 SNS, 롯데백화점, 파리바게뜨, 배달의민족 등의 브랜드 기업까지 라이브 커머스 서비스를 잇따라 내놓으며 새로운 판로를 개척하는 중이다. 라이브 커머스의 시초는 미디어 커머스였다. 미디어 커머스는 미디어 콘텐츠와 전자상거래가 융합한 형태로, SNS 채널을 통해 브랜드의 스토리 및 재미와 흥미를 느낄 수 있는 콘텐츠를 제공하면서 고객들의 공감을 불러일으켜 구매를 유도하는 방식을 취한다. 1인 미디어의 지속적인 성장과 비대면 커뮤니케이션 트렌드가 미디어 커머스를 실시간 방송으로 이끈 것이다.

그렇다면 라이브 커머스가 유통업계의 뉴 트렌드로 각광받게 된 이유가 뭘까? 첫째는 '낮은 진입장벽'이다. 라이브 커머스는 별도의 방송 장비나 스튜디오 없이 스마트폰 하나로 언제 어디서나 상품 판매 방송이 가능하다. 유사한 판매 형태인 TV 홈쇼핑에 비해 송출 수수료 없이 저비용으로 시작할 수 있다는 점도 큰 메리트로 꼽힌다. 두 번째는 '직거래를 통한 구매 혜택'이다. 라이브 커머스는 자신만의 플랫폼에서 팬층을 가진 인플루언서를 통해 진행하는 경우가 많기 때문에 중간 유통을 거치지 않고 제품을 판매할 수 있다. 라이브 커머스에서는 10~30%에 이르는 유통 수수료 없이도 모객과 판매가 가능해지므로 절감된 수수료만큼 그 혜택은 고객에게 돌아가게 된다. 세 번째는 '실시간 소통'이다. 라이브 커머스는 TV 홈쇼핑과 달리 채팅

창을 통해 시청자와 실시간으로 상품에 대한 여러 문의를 간편하게 진행할 수 있다. 셀러들은 채팅창에 올라오는 고객의 문의와 요구에 대해 생생한 상품 체험을 즉각적으로 제공한다. 따라서 소비자가 구매 전에 고려했던 구입 장벽들을 해소해 주어 구매의사결정을 돕게 된다. 실제로 이커머스의 구매 전환율이 0.3~1% 수준인데 비해, 라이브 커머스의 구매 전환율은 5~8%로 상당히 높은 수준이다. 이렇게 라이브 커머스는 소비자와 대화하며 쇼핑을 놀이처럼 즐길 수 있게 해 준다는 점에서 커머스와 콘텐츠 업계가 모두 주목하는 미래형 쇼핑 포맷으로 여겨지고 있다.

라이브 커머스는 차세대 유통 플랫폼으로 각광받는 만큼 소비자의 쇼핑 행태를 크게 바꿔 놓을 것으로 기대되고 있다. 라이브 커머스로 인해 달라지게 될 쇼핑 행태는 온라인 쇼핑이나 홈쇼핑과 비교해 봤을 때 다음과 같이 차별적인 특성으로 구분된다. 첫째는 구매의사결정 방식의 변화이다. 온라인 쇼핑의 경우에는 일단 검색을 통해 제품 정보를 얻게 되고, 다양한 제품 선택지 중에 최종 구매를 결정하는 이성적인 구매의사결정 방식을 보인다. 하지만 라이브 커머스에서는 여러 제품을 비교 판단하여 구매하는 방식이라기보다 셀러의 제품 소개와 시연을 직접 눈으로 확인하고 유사한 소비자들의 실질적인 질의응답에 함께 참여하면서 제품에 대한 깊이 있는 간접 체험을 통해 구입을 결정하게 되는 다소 감성적인 의사결정을 거치게 된다. 둘째는 신뢰도이다. 온라인 쇼핑에서는 다양한 검색 결과들을 살피면서 정보의 진위를 판단하게 되는데, 라이브 커머스에서는 궁금한 점은 바로 질문하고 답을 얻으면서 셀러의 추천에 대한 의사결정을 하게 된다. 그만큼 셀러의 신뢰도는 제품의 구매에 크게 영향을 미치게 되므로 정보탐색에서의 신뢰도가 온라인 쇼핑과는 다른 깊이감을 갖는다. 셋째는 쇼핑 콘텐츠에 판매자와 구매자가 모두 관여한다는 것이다. 라이브 커머스에서는 실시간 소통이 이루어지게 되는데, 이때 셀러는 제품을 실제 시연을 하게 되고 소비자는 구체적인 문의나 본인의 사용 경험을 이야기하게 되어 제품에 대한 보다 풍부한 콘텐츠를 함께 제공하게 된다. 넷째는 라이브 커머스는 어떤 유통 플

| 온라인 쇼핑몰 | vs. | 라이브 커머스 | vs. | 홈쇼핑 |

재미	신뢰	정보	소통
• 이성→감성으로 바뀐 구매의사결정 방식 　–제품시연을 통한 감각적/감성적 어필 　–경쟁비교가 아닌 깊이 있는 제품 간접 경험	• 실시간 질의응답을 통한 신뢰성 형성 　–검색이 아닌 바로 질문 　–비교 아닌 추천에 의한 구매 결정	• 생산자+소비자 모두 쌍방향 정보 제공 　–소비자 의견까지 수집 　–상품에 대한 직접 피드백 수집(VOC)	• 관계 기반 쇼핑 　–판매자와 관계 형성 　–친밀감 기반 팬심 구축 　–소비자 중심의 취향 커뮤니티 형성 　–취향 베이스의 구독 서비스

[그림 5-3] 라이브 커머스 vs. 온라인 쇼핑몰 및 홈쇼핑

랫폼보다 관계 기반의 쇼핑환경을 제공한다. 일단 셀러가 나와서 라이브 방송을 진행하므로 셀러를 중심으로 팬층이 형성될 수 있고, 함께하는 소비자도 취향에 맞게 들어오는 경우가 많아서 참여자들 간에도 커뮤니티가 형성되는 경우가 많다. 따라서 라이브 커머스를 진행하는 다양한 방들은 각자의 관심과 취향별로 자연히 타기팅이 되는 경향이 있어서 취향을 중심으로 단골 고객이 생겨날 수도 있다. 여기에 고객 데이터를 분석해서 그들의 패턴을 파악하게 되면 개인에게 맞는 맞춤 화면이나 방송 알람을 해 주는 등의 개인화 추천 마케팅이나 구독 서비스를 적용해 볼 수도 있다.

라이브 커머스 시장이 급속도로 성장하면서 다양한 라이브 커머스 플랫폼들이 생겨나는 중이다. 따라서 라이브 커머스 플랫폼으로 지속 성장이 이루어지려면 무엇보다 다양한 콘텐츠 개발이 중요하다 하겠다. 이러한 시류를 반영하여 최근에는 '라이브 커머스'가 아닌 '콘텐츠 커머스'라는 이야기까지 나오고 있다. 최근에는 라이브 커머스에 게임과 예능 등 오락성을 더해 소비자의 참여도를 높이는 시도가 이루어지고 있다. 네이버는 최근 예능형 쇼핑 콘텐츠인 '리코의 도전' '뭐든지 베스트셀러' '베투맨(BET2MEN)' 등을 선보이며 라이브 커머스에서 콘텐츠 커머스로 진화를 거듭하고 있다. 이러한 분위기는 상품 판매뿐만 아니라 공연, 여행, 서점, 문화 등 엔터테인먼트 시장으로 확대되면서 소비자의 이목을 끌고 있으며, AR/VR 등의

'리코의 도전' 진행자 리코가 폐점한 백화점에서 한도를 모르는 카드로 쇼핑하는 형식
5시간 동안 약 28만 명이 방송을 시청

[그림 5-4] 리코의 도전

출처: 머니투데이.

최신 IT 기술을 접목한 현장감 있는 이색 체험을 제공하며 새로운 광고 및 유통 모델로 각광받고 있다. 라이브 커머스는 초기에는 판매형 플랫폼의 모양에 가까웠으나 점차 콘텐츠를 중심으로 하는 관계형 플랫폼으로 진화해 갈 양상이다. 따라서 셀럽을 중심으로 취향 커뮤니티를 형성하여 보다 개인의 니즈에 부합하는 개인화 마케팅으로 진화해 갈 것으로 전망된다.

⑨ 가상공간 플랫폼

VR 기술이 발달하면서 또 한 번 패러다임의 변화가 오고 있다. 팬데믹으로 인해 비대면 트렌드가 확산되면서 디지털상에 '메타버스(Metaverse)'라고 하는 새로운 소셜 공간이 탄생한 것이다. 메타버스는 가상 · 초월(meta)과 세계 · 우주(universe)

의 합성어로, 디지털 상에 만든 아바타를 통해 일을 하거나, 창작 활동을 하거나, 물건을 사고파는 행위를 하는 등 정치·경제·사회·문화생활을 하는 3차원 가상세계를 뜻한다. 대표적인 국내 서비스 중 네이버제트에서 운영 중인 '제페토'가 눈에 띈다. 제페토는 3D 기술과 증강현실을 접목해서 실제 얼굴을 바탕으로 아바타를 제작하여 다양한 가상현실 경험을 제공한다. 제페토에서는 아바타들이 즐길 수 있는 게임과 이벤트 공간을 사용자가 직접 제작할 수 있다. 기존의 소셜미디어가 비실시간, 1대 N의 소통 방식이었다면 제페토에서는 게임과 이벤트 공간을 통해 여러 사용자가 실시간으로 소그룹, 1대1 소통을 하도록 경험을 확장시켜 준다. 사용자들은 이런 기능을 활용해서 카페, 내 방, 지하철역, 대학 캠퍼스 등 매우 다양한 공간을 만들어서 그 안에서 그들만의 룰을 만들어 소통과 놀이를 즐길 수 있다. 실제로 방탄소년단은 신곡 〈다이너마이트

[그림 5-5] 포트나이트에서의 BTS 신곡 발표(좌), 제페토 아바타(우)
출처: 유튜브, 한국일보.

05 디지털 플랫폼이 분화되고 있다

(Dynamite)〉를 에픽게임즈(Epicgames)의 온라인 게임 '포트나이트(Fortnite)'에서 공개하여 2천만 달러에 이르는 콘서트 매출을 만들어냈다. 또한 블랙핑크(Blackpink)의 가상 사인회에는 5,000만 명에 달하는 이용자가 참여해 블랙핑크 아바타와 사진을 찍는 모습을 연출하기도 했다. 최근에는 명품 브랜드 중심으로 메타버스에 가상공간을 만들고 패션 컬렉션을 론칭하면서, Z세대들을 대상으로 메타버스를 브랜드 커뮤니케이션 채널로 활용하는 움직임이 나타나고 있다.

가상현실 플랫폼은 크게 세 가지 요소로 구성된다. 첫째는 가상 캐릭터다. 이는 사용자의 정체성을 담은 아바타를 이야기한다. 아바타가 사용자를 대신하기 때문에 디지털 세계에서는 오프라인과 다른 새로운 자아가 나타나게 된다. 따라서 이러한 가상 정체성(virtual identity)과 관련해서 다양한 사업 기회가 존재할 것으로 보여진다. 둘째는 가상공간이다. 이는 가상 캐릭터가 활동하게 될 물리적 공간을 의미한다. 최근에는 미국 대선에서 게임 내에서 가상의 선거 캠프를 세워 유저들의 표심을 얻는 등 활동을 전개했는데, 이처럼 목적에 따라 다양한 공간 연출이 필요한 지점이다. 셋째는 교류 활동이다. 가상 캐릭터들은 가상공간에서 상호작용을 하며 경제, 문화, 정치 등 다양한 사회활동을 하게 된다. 따라서 메타버스 안의 세 가지 요소를 구현하는 곳에서 다양한 비즈니스의 기회가 출현할 것으로 전망된다(메조미디어 트렌드 리포트, 2021). 이상에서 살펴봤듯이 가상현실 플랫폼은 관계지향형 플랫폼과 판매지향형 플랫폼의 성격을 모두 다 가질 수 있는 현실세계의 복제판 같은 신(新) 시장이라고 할 수 있다.

디지털 플랫폼은 어디로 진화하는가

초연결이 가져오는 디지털 세상은 한순간도 움직임을 멈추지 않고 진화를 거듭하고 있다. 디지털상에 생겨나는 플랫폼의 모습들도 그 면모를 계속 바꿔가며 가치 혁신적으로 점점 더 다양화될 것이다. 지금은 변화가 끝나기를 기다릴 것이 아니라 변화와 함께 가는 시대임을 받아들여야 한다. 그러기 위해서는 무엇이 변화의 축인지를 파악하는 안목이 필요하다. 플랫폼 기획에서도 마찬가지이다. 앞서 플랫폼을 기획하기 위해서는 플랫폼을 물리적인 디지털 공간으로 보는 것이 아니라 마케팅적인 시장의 관점으로 바라봐야 함을 강조했다. 그리고 다양한 플랫폼 유형들을 살피면서 플랫폼 특징에 따라 사람을 모으는 방법이 다를 것이며, 플랫폼을 구축하는 마케팅 목적에 따라 플랫폼의 활용도 역시 달라져야 함을 언급했다.

시장의 관점에서 나눠 본 아홉 가지 유형의 플랫폼들은 크게 전략 유형과 마케팅 목적에 따라 네 가지 영역으로 구분된다. 전략 유형으로는 '푸시(push)형 플랫폼인지, 풀(pull)형 플랫폼

05 디지털 플랫폼이 분화되고 있다

인지', 그리고 마케팅 목적으로는 '판매지향의 플랫폼인지, 관계지향의 플랫폼인지'로 디지털 시장을 바라볼 수 있다. 푸시형이면서 판매지향의 대표 플랫폼은 '커머스 플랫폼'이다. 커머스 플랫폼의 목적은 고객을 구매로 유도하는 것이다. 그리고 이를 위해 공격적인 개인화 광고를 집행한다. 이는 완전히 상품 및 서비스에 대한 거래 중심의 플랫폼이다. 또 다른 대척점에 풀형이면서 관계지향의 플랫폼이 존재한다. 일반적으로 '소통 플랫폼' '생활 정보 플랫폼' '인플루언서 플랫폼' '개인창작 플랫폼' '가상공간 플랫폼'이 이러한 유형에 속한다. 이들은 광고로 고객을 유입시키기보다 콘텐츠의 동력을 이용하는 플랫폼이다. 구매를 앞세우기보다 관심과 취향과 재미를 앞세우는 플랫폼이다. 취향을 앞세우는 플랫폼은 우리가 제공하는 콘텐츠와 더 잘 어울리는 타깃들을 우리 플랫폼에 불러들이게 되는데, 이때 유사한 관심을 나눠 가진 사람들의 말과 행동은 그 어느 광고보다 더 강력한 영향력을 미치게 된다.

커머스 플랫폼에서 한 발짝 더 나아간 포맷이 최근 유통업계의 화두인 '라이브 커머스 플랫폼'이다. 라이브 커머스는 커머스의 기능에 콘텐츠를 동력으로 붙인 모델이다. 이는 이제 커머스도 콘텐츠가 없이는 고객 모집이 쉽지 않다는 것을 깨달은 결과이다. 라이브 커머스 플랫폼은 판매자와 소비자가 쌍방향 소통을 하면서 실시간 커뮤니케이션할 뿐 아니라, 누가 판매를 하느냐에 따라 팬심이 형성되어 취향 중심의 커뮤니티로 발전시킬 수 있는 가능성도 갖고 있다. 원래 소통은 마케팅의 가장 끝단에서 광고나 이벤트가 소비자를 맡고 있었지만, 이제 유통에서도 소통이 요구되는 시대가 되었다. 판매형 플랫폼이 점차 관계형 플랫폼의 모습으로, 푸시형 플랫폼이 점차 풀형 플랫폼으로 진화되고 있는 장면이다. 한편, 풀형이면서 관계형 플랫폼은 플랫폼 본연의 모으는 힘을 갖추고 있기 때문에 점차 비즈니스의 궁극적인 목적인 판매 기능이 붙는 쪽으로 진화되는 양상을 보인다. 지인들 사이에서 일상을 공유하던 페이스북에 어느새 광고가 도배되고, 여기에 라이브 커머스가 들어오는 것을 보면 이 같은 흐름을 확인할 수 있다. 그리고 푸시형이면서 판매지향의 플랫폼과 풀형이면서 관계지향의 플랫폼 두 접근을 모두 포괄하고 있는 것이 플랫폼계의 최상위 포식자인 '종합 플랫폼'이다. 이들은 판매지향이나 관계지향이라는 부분적인 영역이 아닌 '고객의 일상'을 점유하는 방식으로 디지털 시장을 잠식해 나간다.

[그림 5-6]에서 볼 수 있듯이 플랫폼 유형들은 크게 2개의 기조로 구분된다. 첫 번째 유형은 푸시형이면서 판매지향의 플랫폼인 '세일즈형 플랫폼'이다. 이는 기존의 유통 채널을 대체하는 플랫폼으로, 제품을 판매하기 위해서 자사 사이트 외에 고려할 수 있는 판매의 접점들이다. 빅데이터를 통해 개인화 마케팅을 구현하며 개개인의 고객에게 접근하려고 하지만, 이는 상당히 제품 중심의 플랫폼이다. 반면, 두 번째 유형은 풀형이면

05 디지털 플랫폼이 분화되고 있다

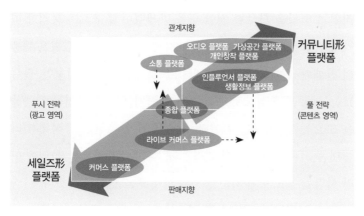

관계지향

오디오 플랫폼 가상공간 플랫폼
개인창작 플랫폼
소통 플랫폼

인플루언서 플랫폼
생활정보 플랫폼

푸시 전략
(광고 영역)

풀 전략
(콘텐츠 영역)

종합 플랫폼

라이브 커머스 플랫폼

세일즈形
플랫폼

커머스 플랫폼

판매지향

커뮤니티形
플랫폼

[그림 5-6] 다양한 플랫폼 유형 분석

서 관계지향의 플랫폼인 '커뮤니티형 플랫폼'이다. 여기서는 판매보다 고객이 가진 네트워크를 레버리지하면서 고객을 유입하고 이들과 지속적인 관계를 맺는 것에 집중한다. 더불어 고객모집의 구심점으로 다양한 취향 콘텐츠를 활용할 수 있다.

많은 브랜드가 플랫폼 비즈니스를 하기 위해 고군분투 중이다. 이를 위해서 플랫폼이란 무엇인지 플랫폼의 본질과 성격부터 알아야 한다. 그리고 우리 기업에 맞는 플랫폼 비즈니스 모델을 세우고, 이에 부합하도록 어떤 플랫폼 유형을 도입해야 할지를 살펴야 한다. 무엇으로 사람들을 이끌 것인가? 무엇을 우리 플랫폼의 핵심 동력으로 삼을 것인가? 플랫폼을 통해서 우리 브랜드를 더 잘 판매하게 할 것인지, 우리 브랜드를 알리는 채널로 쓸 것인지, 우리 브랜드에 대한 우호적인 평판을 형성하는 장으로 활용할 것인지, 우리의 충성 고객들을 확대해서 안정적인 수익원을 확보할 것인지 등 마케팅이 추구하는 목적에 따라 사람들을 모으는 방식은 달라지게 된다. 네이버 쇼핑은 제품의 판매와 구매를 원하는 사람들을 모으기에 최적이지만, 유튜브는 취향을 중심으로 콘텐츠를 생산하고 소비하려는 사람들을 모으는 데 최적인 곳이다. 플랫폼의 궁극적인 목적에 따라 플랫폼 기획의 출발점이 달라진다. 따라서 플랫폼의 목적에 따라 사람들을 모으게 하는 동력과 방법론을 기획해야 한다.

사실 플랫폼과 콘텐츠를 별도로 분리해서 생각하기에는 다소 어려움이 있다. 이것은 디지털 공간이 초연결이라고 하는 연결고리를 갖고 있는 생태계이기 때문이다. 잘 생각해 보자. 디지털상의 콘텐츠는 스스로 팬덤을 만드는 힘이 있는데, 팬들이 가진 네트워크가 자발적으로 연결되므로 플랫폼은 더 확대되는 것이다. 이제 콘텐츠는 단순히 콘텐츠의 영역에 머물지 않고 플랫폼의 영역을 건드리게 되었다. 따라서 콘텐츠와 플랫폼을 명확히 역할 분리하기는 어렵다. 플랫폼을 기획한다는 것 역시 단순히 자사 사이트를 만들고 그 위에 콘텐츠를 올린다는 단순한 생각에서 벗어나, 마케팅 목적에 부합하는 디지털 시장을 만든다는 생각으로 플랫폼과 콘텐츠의 조화로운 일체를 빚어내도록 하자.

고객에게 다가가는 플랫폼 이원화 전략

    이상에서 플랫폼은 크게 판매지향의 푸시형인 세일즈형 플랫폼과 관계지향의 풀형인 커뮤니티형 플랫폼으로 양분되어 있음을 확인하였다. 그리고 다양한 플랫폼 유형들은 시간이 지날수록 서로의 장단점이 결합되는 구조를 보인다고 설명했다. 이러한 양상은 플랫폼의 초연결 특성에 기인해 볼 때 당연한 수순이라고 할 수 있다. 세일즈형 플랫폼과 커뮤니티형 플랫폼의 결합되는 지점에서 라이브(콘텐츠) 커머스, 생활 정보 플랫폼, 가상현실 플랫폼이 포지셔닝 되고 있다. 그리고 라이브 커머스는 오픈마켓의 진화 버전으로, 생활 정보 플랫폼은 자사몰의 진화 버전으로, 가상현실 플랫폼은 오프라인도 온라인도 아

양쪽이 보완 결합하는 방식으로 플랫폼 진화 중

세일즈형 플랫폼	⇄	커뮤니티형 플랫폼
판매지향 푸시형 플랫폼		관계지향 풀형 플랫폼
자사몰 이외의 판매 접점 확보		고객 유입 & 지속관계 형성
자동화를 통한 추천		지인을 통한 추천
빅데이터를 통한 개인화 중시		콘텐츠 & 커뮤니티 중시
행태 기반의 퍼포먼스 마케팅		취향 기반의 브랜드 마케팅

[그림 5-7] 플랫폼 이원화 운영 전략

닌 가상현실이라는 새로운 세계를 나타내는 플랫폼으로 발전할 것이다. 저마다 각자의 출발점을 갖고 있지만, 궁극적으로는 판매와 관계를 모두 지향하는 플랫폼 환경에서 어떤 플랫폼 전략을 구사하여 만족스러운 고객 경험을 만들어 낼 수 있을지를 고민해야 한다. 플랫폼은 기본적으로 롱테일의 구조를 갖는다. 따라서 플랫폼을 원활히 작동시키기 위해서는 플랫폼 안에 존재하는 무수한 개인들을 움직이게 해야 함을 깊이 이해하고 있어야 한다. 4차 산업혁명의 마케팅적 의미로 보아서도 비즈니스에 미치는 고객의 영향력은 점점 더 커지고 있다. 따라서 플랫폼을 통해 어떻게 고객에게 다가갈지에 대한 전략은 점점 더 중요해진다고 하겠다.

플랫폼을 통해 고객에게 다가가는 길은 크게 두 가지로 나눠진다. 첫 번째 전략은 '고객이 다니는 길로 제품과 서비스가 찾아가는 것'이다. 과거에는 제조사에서 물건을 만들어 이를 매장에 진열해 놓고 물건을 팔았다. 이는 고객들이 물건을 찾아오는 방식이다. 하지만 디지털 공간에서는 역으로 물건이 고객을 찾아가게 해야 한다. 그렇게 하기 위해서는 고객이 어느 동선으로 움직여 다니는지 우리 타깃이 가는 길목을 알고 있어야 한다. 고객이 다니는 길목에 가서 기다리기 위해서는 고객의 일상적인 소비패턴을 알아야 한다. 우리 생활에는 다양한 규칙적인 소비가 일어난다. 정기적으로 생수를 주문하고, 반찬거리를 사며, 목욕용품과 화장품 등 다양한 생활용품을 주기적으로 구매한다. 생활의 다양한 요소요소에서 필요에 의해 구매가 일어나는 것들은 과거의 구매 이력과 개인의 선호 스타일을 알면 대략 미래 행동을 예측할 수 있다. 비교적 습관적으로 일어나는 구매 행동들은 고객의 길목을 파악해서 선(先) 대응을 할 수 있다. 이것이 바로 AI에 의한 '상품 추천'이다. 제품을 광고하거나 프로모션하여 '대중적인 알림'을 하는 것이 아니라 개인의 생활 맥락을 데이터로 분석하여 '개인적인 알람'을 주는 것이다. 제품을 중심으로 밀어 넣는 전략이 아닌 개인의 삶에 제품을 침투시키는 전략이다. 이를 구현하기 위해서는 고객의 이동 동선을 설계하는 것이 중요하다. 이때 퍼포먼스 마케팅을 통해 타깃을 찾고, 그들의 유입 채널을 탐색하고, 구매 전환을 일으키려고 성과 분석을 하는 행위가 바로 고객의 여정(consumer journey)을 만드는 일이라고 할 수 있다. 궁극적으로 옴니채널이 추구하는 방향도 이러한 고객 여정의 최적화 설계를 위해서이다. 그리고 이러한 최적화는 AI의 도움을 받아야 하는 자동화 마케팅의 영역에 속한다. 고객의 일상생활에 침투하는 전략은 기본적으로 '판매'를 주목적으로 하는 접근이다. 이는 세일즈형 플랫폼의 주된 작동원리이다.

둘째 전략은 '고객이 우리가 있는 곳으로 찾아오게 하는 것'이다. 이는 고객의 시선을 잡는 것을 목적으로 하는 전략이다. 어떻게 시선을 사로잡을 수 있을까? 가장 유용한 접근은 타깃의 재미를 충족시키는 방법이다. 사람들은 자신이 관심 갖는 것에 쉽게 흥미를 느끼고 재미를 느낀다. 이러한 재미를 끌게 하기 위해서 콘텐츠가 활용된다. 관심과 취향에 맞도록 콘텐츠를 기획해서 이를 통해 공감을 일으키고 관계를 형성하면서 이들을 우리의 팬으로 만드는 것이다. 일상의 모든 것들을 활용하여 콘텐츠의 소재로 삼을 수 있다. 개인의 취향이 반영되고, 그들이 살고 싶어 하는 라이프스타일에 맞는 콘텐츠를 제공하면 소비자들은 이러한 경험들을 찾아오게 되어있다. 이러한 접근은 플랫폼을 구매의 접점이 아닌 소비의 접점으로 바라본다. 따라서 제품의 차별점을 어필하는 것이 아니라, 개인 소비자의 세분화된 취향과 경험들을 제공하며 공감과 바이럴을 유발한다. 더불어 개인 소비자는 취향 중심으로 형성된 커뮤니티에서 공동의 관심사를 중심으로 더 큰 결속과 영향력을 행사한다. 이러한 움직임이 가능한 저변에는 콘텐츠와 브랜드가 존재한다. 여기에는 고객의 취향과 브랜드 콘셉트를 매칭하여 브랜드의 매력으로 사람들을 끌어들이는 유인 전략이 요구된다. 이는 커뮤니티형 플랫폼이 움직이는 원리이다.

플랫폼 비즈니스의 초창기에는 디지털상에서 소비자들이 움직이는 동선을 잘 파악하여 이들을 기업의 궁극적인 목적인 구매로 연결되게 판을 짜는 것이 주요 전략이었다. 따라서 플랫폼 위에 떨어지는 데이터를 분석해서 개개인의 소비자를 공략하는 기술과 시스템을 갖추는 것이 중요했다. 하지만 4차 산업혁명이 가져온 유기적 마케팅 생태계의 등장과 플랫폼의 핵심 구조인 고객 네트워크의 활성화가 점점 중요해지는 상황을 보면서, 구매 상황을 최적화하기 위한 개인화 마케팅과 더불어 취향을 중심으로 디지털 커뮤니티가 형성됨으로써 개인이 추구하는 라이프스타일을 실현하려는 소비 상황이 존재함을 깨닫게 된다. 따라서 마케팅이 고객을 레버리지하기 위해서는 개인 고객의 일상과 일생을 쭉 펼쳐, 라이프 타임(life time)에 맞게 고객 여정을 설계해 상품과 서비스를 제안하는 퍼포먼스 마케팅의 영역과, 개개인이 가지고 있는 취향의 네트워크를 가동시켜 생산자와 소비자의 상호작용으로 생기는 콘텐츠라는 결과물로 네트워크를 활성화시키는 브랜드 마케팅의 영역이 있다는 것을 이해하고 있어야 한다.

06 브랜드가 꿈꾸는
디지털 플랫폼의
세계

고객과 직접 소통하는 D2C 전략

연결이 가속화될수록 고객과의 협업은 필수가 되었다. 이러한 필요를 느낀 기업들은 고객 경험 강화를 위한 채널로써 D2C를 활용하기 시작했다. D2C는 'Direct to Customer'의 약자로 제조업체가 중간 유통상, 오프라인 매장, 온라인 플랫폼 등을 거치지 않고 바로 소비자에게 직접 제품을 판매하는 방식이다. 과거와는 달리 지금은 중간 유통 없이도 고객들을 만날 수 있는 채널들이 많아졌다. 굳이 비싼 유통 마진을 물어가면서까지 백화점 입점이나 오프라인 매장에 진입하는 것이 타당한 것인지에 대한 고민이 필요해진 것이다. 제조사들 사이에서 별도의

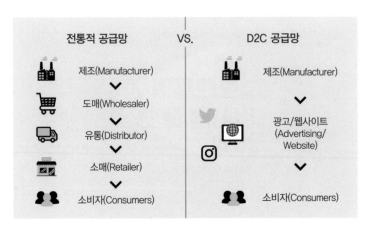

[그림 6-1] 전통 유통과 D2C 유통의 프로세스 비교

출처: FutureX.

자체 플랫폼을 구축하고 페이스북, 인스타그램, 유튜브 등 SNS 를 활용해 고객과의 관계를 직접 구축해 가는 움직임이 생기고 있다.

　이처럼 기업들이 고객과 점점 가까워지게 된 이유는 무엇일까? 일단, 채널의 변화를 들 수 있다. 코로나 19 이후 모바일로 제품을 구매하는 비중이 80% 가까이 늘어나다 보니, 시간과 공간의 제약에서 벗어난 유통은 점점 오프라인에서 온라인으로 옮겨가게 되었다. 이런 상황에서는 도소매 유통 체인에 대한 필요가 줄어들 수밖에 없다. 또 다른 이유는 제품 생산라인에 디지털 기술이 접목되면서 스마트 팩토리의 구현이 가능해졌다는 점이다. 공장 자동화가 가져온 결과는 온디맨드(on-demand) 생산이다. 고객의 니즈를 파악함과 동시에 바로 제작에 반영할 수 있는 시대적 흐름이 D2C를 촉발하는 계기가 되고 있다. 더불어 생산된 제품을 알리는 데 들이는 마케팅 비용도 훨씬 가벼워졌다. 이를 가능하게 한 것이 SNS이다. 다양한 SNS 채널을 활용하여 쉽게 제품 소개를 할 수 있고, 브랜드 활동과 알짜배기 정보들도 수시로 발신할 수 있게 되었다. 적은 시간과 돈으로도 고객과의 커뮤니케이션이 가능하게 된 것이다. 마지막으로 이러한 변화의 저변에는 고객의 변화가 있다. 소비의 주축으로 떠오르고 있는 MZ세대는 기존과 다른 소비패턴과 라이프스타일로 그들의 취향과 관심을 구매하고 이를 기업들과 적극적으로 소통하는 데 익숙한 세대이다. 이들에게는 고객과 직접 소통이 가능한 D2C가 기업의 호흡을 느끼기에 더 유용할 수 있다.

D2C는 기업에게 다음과 같은 세 가지의 혜택을 안겨 준다. 첫째, 비용 절감을 통한 가격 경쟁력의 확보이다. D2C는 중간 도소매를 거치지 않고 고객과 직접적으로 거래하는 구조이므로 수수료 비용을 절감하여 저렴한 가격에 제품을 판매하여 매출 증대 효과를 노릴 수 있다. 둘째, 고객 데이터의 확보를 통한 제품 개발이다. D2C 모델은 고객들과 직접 소통하는 과정에서 생기는 구매 여정에 관한 모든 데이터를 손쉽게 확보하게 해 준다. 고객의 방문 이력 데이터, 사이트 안에서 보이는 반응 데이터, 구매 데이터 등 다양한 고객 행동 데이터를 통해 개개인의 맞춤형 마케팅을 수행할 수 있을 뿐만 아니라 고객 니

즈에 맞는 신제품 기획 및 출시를 빠르게 진행할 수도 있다. 자체 온라인몰에서 제품을 출시하면 직접 소비자 반응을 살펴서 제품을 보완하거나 구매를 독려하는 효과적인 마케팅을 수행할 수 있기 때문에 실질적인 매출 성장에도 유리하다. 셋째, 브랜드 관리를 통한 고객 관계 구축이다. 백화점이나 오픈마켓에 입점하여 상품을 판매하는 경우에는 상품 배치, 디자인 구성, 운영 관리, 고객 커뮤니케이션 등에서 매장의 규정을 따라야 한다. 따라서 제조사의 브랜드를 소개하거나 체험을 강화하여 브랜드 메시지를 강력하게 전달하는 데 한계가 있다. 하지만 D2C는 고객이 브랜드의 메시지에 충분히 공감하고 경험할 수 있도록 스토리텔링에 기반한 마케팅 활동을 다채롭게 펼칠 수 있다는 장점이 있다. 또한 고객의 상품 구매 및 사용에 관한 문제해결에 적극적으로 대응하여 고객과의 관계를 끈끈하게 만들어나갈 수도 있다.

이러한 장점들은 새로운 비즈니스 활로를 찾는 기업들에게 좋은 기회가 된다. 현재 디지털 트랜스포메이션을 추진하는 많은 제조사가 D2C 도입을 고려하고 있다. 특히 유통 마진을 개선하여 가격 경쟁력을 확보해야 하거나, 배송 속도를 단축하여 고객의 불편을 감소해야 하는 식품 분야에서 D2C 활용이 활발히 일어나고 있다. 코로나 19로 인해 가정간편식(HMR)의 수요가 급증하면서 CJ제일제당은 자사몰인 'CJ더마켓'을 오픈하였고, 대상 역시 '정원e샵'을 통해 직접 판매를 진행하고 있

06 브랜드가 꿈꾸는 디지털 플랫폼의 세계

다. 두 업체 모두 전년 대비 20~50%에 가까운 매출 상승을 보였다.

D2C 바람은 제조사의 자사몰 구축뿐 아니라, 역으로 유통 채널의 PB 상품 개발이란 새로운 트렌드를 낳았다. 자사 이커머스 플랫폼을 통해서 확보한 고객 데이터를 통해 직접 상품을 개발할 경우, 고객 니즈에 맞는 상품 개발, 가격 경쟁력 확보, 안정적인 유통망을 통한 수익구조 개선이라는 세 마리 토끼를 동시에 잡을 수 있기 때문이다. 자사몰 위에서 마케팅의 전 과정을 통합하게 되면 사업 비용이 줄어들기 때문에 기업도 이익이고, 고객에게도 이익이 된다. 이것이 플랫폼의 존재 이유이자, 커머스 사이트에서 자사몰로 옮겨가게 되는 이유이다. 이미 쿠팡은 '곰곰' '탐사' '코멧' 등 12개의 자사 브랜드를 통해 1,700여 개에 달하는 상품을 판매하고 있으며, 마켓컬리는 '컬

[그림 6-2] 쿠팡 PB 브랜드(좌), 마켓컬리 PB 브랜드 '컬리스'(우)
출처: 비즈니스워치.

리스'라는 PB 브랜드를 통해 브랜드 가치를 펼쳐나가는 동시에 상품 경쟁력을 강화하고 있다. 온라인 패션 플랫폼인 무신사 역시 '무신사 스탠다드'를 론칭하여 베이직한 상품 라인을 가지고 라이프웨어(Lifewear)를 표방하는 유니클로를 공략하고 있다. 커뮤니티 기반 패션 플랫폼인 스타일쉐어 역시 유저와 함께 만드는 PB인 '어스(US)'를 전개하는 중이다. 국내 배달앱 1위인 배달의민족 역시 'B상식'이라는 브랜드를 충원하여 생활용품 전반을 대상으로 하는 PB 사업에 진출하였다. D2C로 인해 누가 제조사이고 누가 유통사인지의 경계가 허물어지고 있다. 디지털 트랜스포메이션이 지향하는 미래 시장의 모습이다.

최근에는 D2C에서 한 단계 더 발전하여 C2M(Customer-to-Manufacturer)이 새로운 화두로 등장하고 있다. D2C는 브랜드와 소비자를 직접 연결하여 유통 단계를 없애서 가격을 최대한 절감하겠다는 구조이다. 즉, C2M는 브랜드가 아닌 생산자, 즉 '제조 공장'이 직접 고객과 컨택하며 소비자의 입맛대로 공장이 직접 제작, 판매하는 것을 말한다. D2M이 전개되면 상품 개발에서 유통으로 진행되는 밸류 체인(value chain)이 뒤바뀌게 된다. 원래의 B2C 모델에서는 브랜드에서 상품을 기획해서→ 공장의 제조과정을 거쳐→ 유통으로 전달된 후에→ 소비자에게 도달되는 것인데, D2M 모델에서는 소비자가 제품에 대한 의견을 유통 플랫폼에 남기면→ 유통 플랫폼에서 이 반응들을 수집한 후에→ 공장으로 전달해서 이를 반영해 제품을 만들게 하

06 브랜드가 꿈꾸는 디지털 플랫폼의 세계

는 방식으로 바뀌게 된다. 따라서 D2M 모델에서는 상품 기획 단계가 축소된다. 마케터의 기획에 의해 만들어진 상품보다 더 강력한 것은 소비자들이 원하는 상품이다.

C2M의 장점은 기업의 손실을 줄이는 방향에서 나타난다. 일단 소비자의 반응 데이터에 기반해서 그들이 원하는 상품을 만들기 때문에 잘 팔린다. 상품이 잘 팔리면 과잉 생산이나 재고 비용 등의 자원 낭비를 막을 수 있다. 또한 구매가격, 구매전환율, 장바구니 수량, 재구매 시점, 상품 리뷰 등 각종 소비자 데이터를 종합하기 때문에 적절한 가격대와 판매 시기까지 비교적 정확한 예측이 가능하므로 생산라인도 효율적으로 운영할 수 있다. 최근에는 'C2M 커머스'를 표방하는 플랫폼도 생겨나고 있다. '핫트'는 SNS 인플루언서 기반의 커머스 플랫폼인데, 소비자 리뷰와 반응을 데이터화하여 소비자가 선호하는 상품만 입점시키는 구조로 운영된다. 그리고 입점된 상품들 중에서 핫트에서 활동하는 인플루언서 8,600명의 사용 검증을 거친 상품에 대해서만 판매가 가능하다. 철저히 고객의 니즈를 반영하고, 인플루언서의 검증을 거친 신뢰도 높은 상품만 판매되는 것이다.

점점 소비자가 기업 비즈니스의 곳곳으로 스며들고 있다. 이제 소비자를 떼어 놓고서는 비즈니스를 성공시키기가 어렵다고 할 수 있다. D2C 모델의 성공은 고객을 얼마만큼 깊이 이해하는지에 달려 있다. "고객을 레버리지하라." 4차 산업혁명의 시대, 뉴노멀 마케팅이 새겨야 할 필수 지침이다.

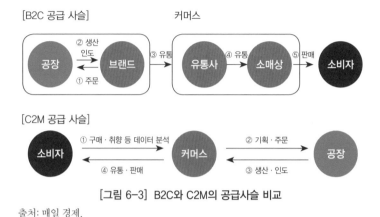

[그림 6-3] B2C와 C2M의 공급사슬 비교

출처: 매일 경제.

자사몰을 등에 업고 성장하는 스몰 브랜드들

디지털은 기업에게 많은 기회를 가져다주었다. 가장 큰 기회
는 디지털에 손쉽게 매장을 구축할 수 있게 해 준 것이다. 온라
인 창업을 하려는 1인 기업부터 섬세하고 세련된 취향으로 고
객의 입맛을 저격하는 스몰 브랜드까지, 시공간의 제약이 없고
초기 투자비용이 크지 않은 자사몰 구축에 많은 관심을 두고
있다. 실제로 '스타일난다' '무신사' '블랭크' 같은 스타트업들은
한 사람이 조그맣게 시작해서 지금은 수천억의 매출을 올리는
기업으로 성장했다. 지금은 카페24, 메이크샵, 고도몰 등 쇼핑
몰 호스팅 업체를 따르면 쉽게 자사몰을 구축하고 제품을 판매
할 수 있다.

06 브랜드가 꿈꾸는 디지털 플랫폼의 세계

이제 기업은 유통 전략을 구축하는 데 자사몰을 구축할 것인지 커머스 플랫폼을 이용할 것인지를 결정해야 한다. 이때 중요하게 고려해야 할 점은 '브랜딩'이다. 디지털에서의 브랜딩은 TV를 중심으로 강력한 메시지를 내보내던 과거의 브랜딩이 아니다. 디지털은 로그온(log-on)을 하지 않으면 존재하지 않는 세상이다. 따라서 플랫폼이 작동하기 위해서는 플랫폼으로 찾아 들어올 자발적인 이용 동기가 있어야 한다. 특히 자사몰은 검색이나 소통, 커머스 플랫폼과는 달리 브랜드 로열티가 없으면 방문이 쉽지 않은 플랫폼이다. 따라서 디지털상에서는 사람들을 유입시키고 유지시키는 매력으로서의 브랜딩이 필요하다. 자사몰은 판매 채널이 되기도 하지만, 브랜딩을 맘껏 해 볼 수 있는 소비자와의 한판 놀이터가 되기도 한다. 이제 브랜딩은 큰 기업만이 할 수 있고, 큰 기업만이 해야 하는 마케팅 테마가 아니다. 작은 브랜드들도 자사 플랫폼을 활용하여 브랜딩을 통해 소비자와 소통할 수 있는 시대가 되었다. 자사몰을 통해 브랜딩에 성공한 스몰 브랜드 사례들을 살펴보면서 디지털 시대의 브랜딩 진화 방향에 대해 알아보자.

첫 번째 브랜드는 안경 스타트업인 '와비파커(Warby Parker)'이다. 와비파커는 2010년 와튼스쿨 동기들이 의기투합해서 만든 안경 브랜드이다. 와비파커는 백화점이나 오픈마켓 같은 유통 채널의 힘을 빌리지 않고 직접 자사 사이트를 통한 판매를 실시하여 유통 마진을 없애는 대신, 합리적인 가격에 안경을 구입할 수 있도록 안경 가격을 50% 이상 낮췄다는 점에서 성공의 기회를 얻었다. 또한 온라인에서 안경을 구입할 때는 착용 테스트를 할 수 없기 때문에 본인에게 어울리는 안경을 고르기 어렵다는 불안이 있다는 것을 포착하여, 고객에게 5개의 안경 테를 보내주고 본인의 얼굴형과 스타일에 맞는 안경을 자유롭게 고를 수 있도록 상품 옵션을 제공하여 고객에게 큰 호응을 얻었다. 이처럼 와비파커는 고객의 니즈를 가까이에서 빨리 파악할 수 있도록 자사 사이트를 활용하고 있다.

[그림 6-4] 와비파커 D2C 전략

출처: 네이버 블로그.

두 번째 브랜드는 코니바이에린이다. 코니바이에린은 육아를 더욱 편하고 아름답게 만드는 육아 라이프스타일 브랜드를 표방하는 기업이다. 천 아기띠, 아기띠 워머, 맘스웨어 등 실제로 육아를 해 봤던 엄마라면 필요한 제품을 직접 제작하여 독보적인 디자인과 뛰어난 퀄리티로 전 세계 50개국 부모들의 사랑을 받고 있다.

코니바이에린은 전직 이커머스 대표와 마케터 부부의 공동

06 브랜드가 꿈꾸는 디지털 플랫폼의 세계

[그림 6-5] 코니바이에린 아기띠 장착 모습

출처: 코니바이에린.

육아 중에 좀 더 가볍고 육아에 수월하고 스타일리시한 제품을 만들어 보자는 실질적인 필요에 의해 탄생되었다. 사업 초기 이들의 주요 고민은 판매 채널을 자사몰로 할 것인지 마켓 플레이스로 할 것인지 채널 선정의 문제였다. 논의 끝에 이들은 이 제품을 지속 가능한 브랜드로 키우자는 기업 비전을 세우고 자사몰을 구축하기로 결정했다. 이들은 자신들의 제품을 브랜드로 만들기 위해 그들이 전하고 싶은 메시지를 그들만의 다양한 방식으로 담아낼 수 있는 커뮤니케이션 채널이 필요하다고 생각했다. 그들은 코니바이에린만의 독특한 고객 경험이 꾸준하게 유지되어야 한다는 목적의식을 가지고 브랜드 채널이자 판매 채널 용도로 자사몰을 설계하였다. 자사몰은 마진 비용을 줄여 주기 때문에 나머지는 브랜드 마케팅을 위한 활동에 쓸 수 있는 기회를 준다. 이들은 자사몰을 통해 얻은 마진 확보를 다음과 같은 고객가치에 집중하며 지속 가능한 브랜드를 만들어갔다.

첫째는 품질이다. '품질만큼은 코니'라는 인식을 만들기 위해 사용자 입장에서 불편을 줄여나가는 데 모든 정성을 다했다. 둘째는 고객 체험이다. 아기용품은 선물용으로 많이 구매되는 상품이다. 따라서 육아를 고대하던 엄마에게 설레임을 함께 주기 위해 보기만 해도 기분이 좋아지는 패키지로 언박싱 체험을 담았다. 세 번째는 배송 퀄리티다. 온라인 비즈니스에서 고객이 가장 불편을 겪는 부분이 구매에서 배송까지 걸리는 시간이므로 최대한 배송 시간을 최소화하는 방안으로 물류를 제공했다. 넷째는 반품률을 최소화하기 위해 고객 데이터를 활용한 점이다. 반품 데이터를 기반으로 사이즈를 추천해 주고, 고객의 사용성을 최적화하는 방식으로 판매를 도왔다. 다섯째는 철저히 소비자의 리뷰를 바탕으로 제품 개발을 진행했다는 점이다. 이들은 애플워치를 통해 전 세계 고객들의 리뷰를 실시간 확인하면서 고객이 만족을 느끼는 부분과 불만족을 느끼는 부분 등 고객의 목소리를 면밀하게 살펴서 이를 제품 개발의 아이디어 원천으로 삼았다.

코니바이에린은 자사몰과 함께 아마존과 라쿠텐에 입점해 있는데, 2020년에는 전체 매출 중 74%가 자사몰에서 나올 정도로 자사몰 전략을 잘 구축해서 운영하고 있다. 코니바이에린이 자사몰에 대한 각별한 생각을 가지고 있다는 것은 임이랑 대표의 인터뷰를 보면 알 수 있다. "개선의 기회는 모든 곳에서

06 브랜드가 꿈꾸는 디지털 플랫폼의 세계

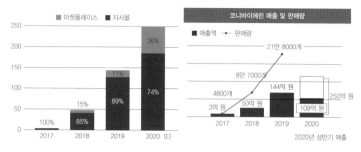

[그림 6-6] 코니바이에린 매출 현황

출처: 동아비즈니스리뷰.

나옵니다. 고객들이 코니바이에린을 처음 알게 되고, 저희 사이트에 들어와 보고, 저희 콘텐츠를 학습하고, 필요한 경우 상담하고, 구매하고, 배송받고, 사용해 보고, 리뷰를 남기는 등 모든 고객 접점에서부터 비롯됩니다. 결국 성공적인 D2C 방식이란 브랜드의 경험을 처음부터 끝까지 만족스럽게 유지할 수 있는 전략이라고 생각합니다." 즉, 코니바이에린이 보는 D2C 전략의 핵심은 '고객 접점의 극대화를 통한 고객 경험의 제공'이라고 할 수 있다.

세 번째 브랜드는 전동칫솔 브랜드인 '퀍(Quip)'이다. 퀍은 2014년 뉴욕 브루클린에서 일하던 두 디자이너가 만든 브랜드이다. 이들은 얼마나 많은 사람이 올바른 치아 관리 수칙을 지키지 않는지를 깨닫고, 올바른 습관 형성에 도움을 주는 제품을 만들고자 스타트업 비즈니스를 시작하였다. 사람들이 전동칫솔을 사용하다 보면 칫솔모를 교체해야 하는 시기를 잊는 경우가 많은데, 이들은 이러한 유저들의 행동에서 비즈니스의 아이디어를 얻었다. 이들은 고객이 전동칫솔 핸들과 교체 가능한 칫솔모가 담긴 스타터 키트(starter kit)를 만들었는데, 이것은 석달에 한 번씩 정기적으로 새로운 칫솔모를 받아 볼 수 있는 구독 서비스였다.

이들의 성공 요인에는 단순히 구독 서비스만 존재한 것이 아니었다. 이들은 고객들은 전동칫솔의 기능 중에서 본인들이 쓰는 기능만 쓰는 경향이 있음을 파악하였다. 고객들이 실제 원하는 것은 과한 기능을 가진 값비싼 최첨단의 전동칫솔이 아니었다. 따라서 이들은 소비자의 양치질에 부합하는 제품 개발에 착수했다. 퀍은 시중의 많은 전동칫솔이 모션 트래킹(motion tracking), 스마트폰 연동 등 고도화된 기술을 강화한 것과는 달리, 유저에게 꼭 필요한 핵심기능만 남겨서 군더더기 없는 깔끔한 디자인과 사용 편리성이 강조된 제품을 탄생시켰다. 기존

[그림 6-7] 퀍 전동칫솔

출처: 퍼블리.

06 브랜드가 꿈꾸는 디지털 플랫폼의 세계

의 전동칫솔들은 5만 원 이상의 고가 제품이었는데, 큅은 핵심 기능만 제공하다 보니 합리적인 가격대로 제품을 생산할 수 있었다. 더불어 이들은 자사몰 판매를 통해 유통 마진을 줄이는 방법을 택해서, 품질 향상과 디자인 개발에 많은 비용을 투입하고도 저렴한 가격으로 판매해 전동칫솔을 쉽사리 구입하지 못하는 중가 가격대의 고객들을 공략할 수 있었다.

큅의 자사몰에는 12,000개가 넘는 고객들의 리뷰가 별점과 함께 남겨져 있다. 또한 본인이 자주 방문하는 치과의사의 이름과 이메일을 등록하게 하여 이들 플랫폼에서 치과의사와 유저를 연동시켜 준다. 이러한 과정 중에 남겨진 유저의 치과 방문 이력 데이터는 고스란히 제품의 구독 서비스에 반영된다. 큅 유저들은 플랫폼에 가입함으로써 정기적으로 개인화된 치위생 관리 팁을 받을 수 있다. 또한 큅은 고객들의 적극적인 참여를 독려하기 위해 자사몰에 정보를 등록한 유저에게는 5달러의 스토어 크레딧을 제공해 주고, 플랫폼에서 제공하는 치과 정기방문을 수락한 고객에게는 의사로부터 칫솔모 리필 팩을 선물 받을 수 있도록 지원해 준다. 큅은 자사몰을 통해 제품을 판매하는 채널이 될 뿐 아니라 유저와 치과의사를 매개해 주는 치위생 플랫폼으로도 기능하는 것이다.

큅 플랫폼에서 치과의사는 훌륭한 인플루언서의 역할을 하게 되는데, 이로써 큅은 유저, 치과의사, 큅 플랫폼 간의 윈윈(win-win) 관계를 구축하게 된다. 이러한 플랫폼은 유저와 치과의사에게 모두 혜택을 제공한다. 쿱 플랫폼에서 유저는 리필 팩과 치과 방문 일정, 치위생 정보 등을 지속적으로 제공받으면서 계속 쿱을 사용하여 치아 관리 습관을 형성할 수 있게 된다. 한편 치과의사는 쿱 플랫폼을 통해 환자들의 정기적인 방문을 보장받을 수 있다. 더불어, 쿱 플랫폼은 이 과정에서 제품 홍보도 진행하면서 고객 로열티를 관리하기도 한다. 이러한 쿱

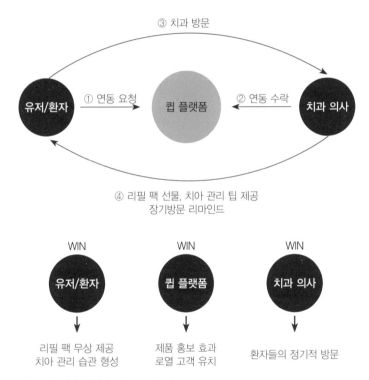

[그림 6-8] 쿱의 D2C 전략

출처: 퍼블리.

의 비즈니스 모델은 본인들의 제품을 매개로 하여 '치과의사가 환자들이 병원을 떠난 후에도 지속적으로 케어할 수 있도록 하는 플랫폼'을 만드는 것이다.

디지털 플랫폼의 도입으로 이제 제품과 소비자 간의 거래는 점점 좁아지고 있다. 와비파커, 코니바이에린, 큅뿐 아니라 양모와 사탕수수로 만드는 친환경 신발 '올버즈', 밀레니얼이 열광하는 뷰티 브랜드 '글로시에' 등 고객과 밀착하여 제품을 개발하고 판매하는 기업들은 시간이 갈수록 큰 성과를 보이고 있다. D2C 전략은 강력한 브랜드 파워로 시장을 장악하고 있는 글로벌 브랜드 사이에서 고군분투하는 스몰 브랜드에게 새로운 역전의 기회를 제공하고 있다.

빅 브랜드도 플랫폼이 될 수 있을까

스타트업으로 출발한 스몰 브랜드는 D2C 모델을 적용하여 디지털상에서 자신들만의 성역을 만들어가고 있다. 그렇다면 이미 강력한 브랜드를 가지고 있는 빅 브랜드들의 상황은 어떠한가? 많은 제조사가 유통 마진을 축소하거나 절감하여 가격 경쟁력을 높이려는 시도를 많이 해 왔지만 얼마 전까지만 해도 고객과의 직접 접점을 확보하기 어려워서 이를 실현하기가 참 힘들었다. 당시 이들은 10~30% 정도 되는 비싼 유통 마진을 내고 유통 채널을 거쳐야만 고객을 만날 수 있었다. 지금은 빅 브랜드도 자사몰을 구축하여 직접 고객들과의 접점을 늘려가려는 시도를 하고 있지만, 이러한 상황에서 기존 유통 채널과 어떻게 관계를 설정할 것인지는 빅 브랜드가 갖는 큰 고민이다. 이미 좋은 관계를 맺고 있는 유통사와의 관계가 악화될 경우 유통사가 제품의 매입을 중단시킬 수도 있기 때문에 어떤 유통 전략을 쓸 것인지는 기업 입장에서 대단히 중요한 의사결정 이슈이다. 그렇다면 최근 성공적인 D2C 전략을 도입한 '나이키(Nike)'의 사례를 통해 빅 브랜드가 펼칠 수 있는 D2C 전략을 엿보기로 하자.

최근 나이키는 코로나 19로 소비가 얼어붙은 상황에서도 1조 9,700억 원가량의 분기 영업이익을 거뒀다. 이러한 실적은 2016년부터 아디다스의 호조로 인해 지속적으로 성장률이 부진해 왔던 상황을 반등시킨 것이었다. 나이키의 성공 요인은 남보다 앞선 디지털 트랜스포메이션에 있었다. 이때 나이키가 집중한 것이 바로 D2C 전략이다. 이들은 자사몰을 통한 직접 판매를 시작하며 글로벌화와 커뮤니티 강화를 목표로 하였다. 이를 위해 2017년부터 뉴욕, 런던, 상하이 등 세계 12개 거점도시에 초대형 직영점을 내며 현지 유통업체 의존도를 줄이기 시작했고, 급기야 2019년에는 아마존에 '납품 중단'을 선언했다. 나이키는 빠르게 변화하는 디지털 시대에 고객 중심의 혁신을 이끌기 위해서는 소비자와 직접 관계를 맺고 고객 경험을 향상시키는 D2C 전략이 필요하다고 판단했다. 이들의 D2C 채널은 소비자의 홈트레이닝을 도와줄 수 있는 NTC(Nike Training Club) 프리미엄 앱을 통해 구현됐다. NTC는 한 달 구독료로 14.99달러를 내면 다양한 실내 운동 프로그램을 제공받을 수 있는 라이프스타일 앱이다. 나이키는 이 앱을 통해 고객들이 원하는 신제품을 개발하면서도 소비자 데이터를 활용하여 제품 생산 주기를 절반으로 단축시킬 수 있었다. 또한 고객의 개인화 마케팅을 구현할 수 있도록 나이키 플러스 멤버십 프로그램을 개선하고, 이를 나이키닷컴(Nike.com)의 온라인 채널과 오프라인 채널을 유기적으로 연동하여 고객에게 통합된 경험을 제공하고 있다. 나이키의 현재 자사몰 판매 비중은 35%까지 증가하였는데, 이들은 빠른 시일 내에 자사몰의 비중을 50% 이상으로 끌어올리는 것을 목표로 하고 있다.

나이키 사례를 통해서도 알 수 있지만 빅 브랜드 역시 디지

[그림 6-9] 나이키 NTC 앱 이미지

출처: 브런치.

털 트랜스포메이션을 위해 D2C 전략을 시발점으로 삼고 있다. D2C 전략이 가진 장점은 다양하다. 일단 유통 마진을 축소해서 가격 구조를 개선시킬 수 있고, 이러한 혜택을 고스란히 소비자에게 돌려줄 수 있다. 그리고 자사몰을 통해 얻는 고객 데이터를 통해 제품 개발에 대한 투자비를 줄일 수 있을 뿐 아니라, 시의적절하고 빠른 시장 대응을 가능하게 해 준다. 또한 자사몰을 갖고 있으면 유통 채널에서 요구하는 상품 디자인 및 운영 방식에 대한 규격에 맞춰 제한된 마케팅을 할 필요가 없다. 오히려 자사 플랫폼에 가입된 고객들을 대상으로 그들의 관심사와 취향에 맞는 개인화 마케팅을 펼칠 수 있다. 더불어 자체 플랫폼에서 마케팅 캠페인을 진행하면서 고객과의 면밀한 커뮤니케이션을 하는 동시에 끈끈한 관계를 유지해 나갈 수도 있다. 자사몰을 통해 펼칠 수 있는 브랜딩과 마케팅 방식은 기획하기에 따라 무궁무진해진다. 브랜드의 독무대가 되는 것이다.

자사몰을 통해 D2C 마케팅을 펼치게 되면 기존의 마케팅 환경에서는 생각해 보지도 못했던 기회를 얻을 수 있다. 하지만 이러한 기회들을 갖기 위해서는 일단 자사몰로 고객을 유입시켜서 플랫폼으로서의 자격부터 확보해야 한다. 플랫폼으로 기능하기 위해서는 고객의 유입이 우선이다. 따라서 D2C가 플랫폼 전략으로 연결되기 위해서는 플랫폼 구축과 운영을 위한 마케팅 전략이 필요하다. 즉, 자사 채널로 고객 트래픽을 유도할

06 브랜드가 꿈꾸는 디지털 플랫폼의 세계

수 있도록 킬링 콘텐츠가 확보되어야 하며, 이 모든 활동이 브랜드를 구심점으로 하여 고객을 끌어당길 수 있어야 한다.

D2C 전략은 자사몰을 통해 얻은 고객 데이터를 가지고 단기간에 매출을 극대화하는 전략이 아니다. D2C 모델은 고객 데이터를 바탕으로 고객이 진짜 원하는 방향을 쉽고 빠르게 캐치하여 고객의 필요에 빠르게 대응하는 단기적 전략을 위해서도, 자사 브랜드가 추구하는 차별화된 상품과 고객 경험으로 직접 고객들과 관계를 쌓아나가는 장기적 전략을 위해서도 도입이 필요시 되는 브랜드 뉴노멀 전략이다. D2C는 매출이 아니라 브랜드의 관점으로 진행할 때 의미가 있으며 성공에 이르는 길이 된다. 결국 디지털 생태계에서 오래 살아남는 브랜드가 되기 위해서 D2C로의 전환은 반드시 필요하다.

브랜드를 중심으로 한 라이프스타일 플랫폼 설계

우리는 지금까지 디지털상에 다양한 플랫폼이 존재함을 살펴봤다. 그리고 플랫폼의 운영 목적에 따라 플랫폼 선정이나 운영 방식이 달라져야 함을 목도했고, 장기적인 관점에서 플랫폼 비즈니스로 만들기 위해서는 D2C 전략이 발판이 되어야 한다는 점도 파악했다. 앞서 플랫폼 유형에서도 언급했지만 플랫폼의 존재가치상 플랫폼이 지향해야 할 방향은 '관계 형성'이다. 그렇기 때문에 플랫폼의 운영은 '브랜딩'으로 귀결되는 것이다. 경쟁이 치열한 이커머스 시장에서 선택받기 위해서는 결국 브랜드 정체성을 바로 세워서 고객을 끌어당기는 힘을 발휘해야 한다. 오픈마켓이 세일즈를 지향한다면 자사몰은 브랜딩을 지향해야 한다. D2C 전략은 자사몰 하나를 오픈하는 문제가 아니다. 디지털 생태계에서 브랜딩의 원천을 다지는 길이다. 이는 디지털 트랜스포메이션 시대에 브랜딩을 위한 새로운 출발이다.

요즘 핫한 마케팅 솔루션으로 각광받고 있는 미디어 커머스 대표 이야기를 들어 보자. 데일리앤코는 미디어 커머스 초창기에 제품을 소개하는 신박한 동영상 콘텐츠를 통해 SNS상에서 화제를 일으키며 미디어 커머스의 기반을 다졌던 회사이다. 당시 미디어 커머스는 제품에 관련된 콘텐츠를 통해 제품을 구매로 연결시키는 그야말로 신(新)개념 유통이었다. 하지만 데일리앤코의 공성아 대표는 점차 제품 판매에 집중하기보다 브랜드에 초점을 두는 것이 미디어 커머스 회사가 나아가야 할 길이란 점을 깨닫는다. 그는 "데일리앤코는 요즘 핫하다는 미디어 커머스로 불리기보다는 '나이키'같이 소비자에게 오랜 시간 사랑받는 브랜드를 보유한 최고의 마케팅 회사가 되는 것이 목표"라고 이야기한다. 이들이 벤치마킹의 대상으로 삼는 브랜드는 나이키이다. 실제로 직접 제조 없이 OEM 방식으로 제품을 기획하고, 판매하고, 마케팅하는 비즈니스 구조를 살펴보면 나

06 브랜드가 꿈꾸는 디지털 플랫폼의 세계

이키와 데일리앤코는 그 모습이 닮아 있다.

이제 D2C 전략을 통해 대기업도 중소기업도 모두 브랜드를 구축할 수 있는 시대를 맞이했다. 이제 플랫폼 위에서 새롭게 브랜딩을 할 수 있는 전략적 토대를 만들어야 한다. 브랜드의 아버지인 데이비드 아커(David Aaker)와 케빈 켈러(Kevin Keller)가 세웠던 브랜드 법칙들을 플랫폼 구조 위에서 다시 리뉴얼해야 한다. 그리고 새로운 브랜드 법칙을 세우는 데 철저히 고객 데이터를 기반으로 고객의 라이프스타일을 설계할 수 있는 시각으로 접근해야 한다. D2C가 뜰수록 플랫폼 시장은 개인의 취향 중심으로 더 세분화될 것이다. 이미 나이키는 자사 앱을 통해 스포츠 라이프스타일 기업으로 비전을 옮겨가고 있다. 기업들은 디지털이란 초연결의 도구를 활용해서 고객을 중심에 둔 가치를 창출해야 하며, 이러한 가치에 구매 시점이 아닌 고객의 일상을 담아야 한다. 제품을 파는 것이 아닌 경험을 파는 것으로 비즈니스를 전환해야 한다. 그것이 마케팅의 디지털 트랜스포메이션 지향점이자 브랜딩 뉴노멀이다.

지금 당장 해야 할 것은 디지털 세상에 브랜드 생태계를 구축하는 일이다. 그리고 생태계 구축을 위해 브랜드 플랫폼을 가동시켜야 한다. 이제 마케터들은 새로운 생태계를 움직일 뉴노멀의 원칙을 세워야 한다. 어떻게 디지털에서 브랜드 플랫폼을 만들고, 이를 작동시키고, 지속 성장시켜 나갈 것인지에 대한 가이드를 준비해야 한다. 필자가 이야기하는 '브랜드 유니버스(Brand Universe)'는 브랜드의 라이프스타일 플랫폼에 관한 이야기다. 일 방향 오프라인 시대의 브랜딩에서 벗어나 쌍방향 디지털 시대의 브랜딩에 관한 이야기이다. 브랜드 유니버스는 디지털 생태계에서 강력한 존재감을 발휘할 수 있는 우리만의 고객 경험을 설계하고 작동시켜 나가는 방법에 대한 이야기, 즉 우리만의 디지털 생태계에 관한 이야기이다.

06 브랜드가 꿈꾸는 디지털 플랫폼의 세계

브랜드 유니버스
플랫폼 전략

제**3**부
브랜드 유니버스의
설계

07 브랜드 유니버스 설계도
08 고객가치 창조(value creation)
09 플랫폼 창조(platform creation)
10 콘텐츠 창조(content creation)
11 커뮤니티 창조(community creation)
12 브랜드 유니버스 생태계의 완성

"브랜드 유니버스는 네 단계의 창조 과정을 거쳐서 탄생된다. 우리 브랜드가 제공하고자 하는 '고객가치 창조'를 중심으로, 이를 구현할 수 있는 '플랫폼 창조' 그리고 플랫폼이란 디지털 공간을 채울 수 있는 '콘텐츠 창조'를 거치며, 고객 경험을 실체화한다. 그리고 이렇게 설계된 브랜드 플랫폼을 지속 가능하게 운영하기 위해 '커뮤니티 창조'를 기획하면서 브랜드 유니버스는 항해의 준비를 마친다."

07
브랜드 유니버스
설계도

디지털로 인해 마케팅 환경이 많이 바뀌었다. 가장 큰 차이라고 한다면 마케팅이 소비자와 함께 만드는 무형의 생물체처럼 움직인다는 점이다. 경쟁 카테고리에 대한 경계가 허물어진 이곳에서는 '자기'를 중심으로 스스로 작동하는 생태계를 만드는 것이 새로운 마케팅의 법칙이 된다. 마치 태양이 많은 행성에 둘러싸여 태양계를 이루듯이, 우리 브랜드를 둘러싼 많은 플랫폼이 각자의 주기로 순환하는 생태계를 만드는 것과 같다. 더 강한 인력을 가지고 있는 행성이 약한 행성을 끌어당기듯이 브랜드 매력이 클수록 더 강하게 생태계의 중심에 자리 잡게 된다. 한마디로 플랫폼들이 존재하는 우주 공간이라 할 수 있다. 많은 플랫폼이 끊임없이 생기는 디지털 생태계에서 살아가기 위해서는 브랜드 플랫폼을 중심으로 다른 플랫폼들과 관계 맺기를 하면서 브랜드의 유기적인 생태계를 구축해야 한다.

필자는 이 새로운 브랜드의 생태계를 '브랜드 유니버스(Brand Universe)'라 명명하고자 한다. 브랜드 유니버스는 디지털 플랫폼 위에 구축하는 브랜드 뉴노멀 전략이다. 지금까지는 브랜딩을 하기 위해 소비자 머릿속에 브랜드 개념에 대한 구조물을 세우는 데 집중해 왔지만, 이제는 플랫폼이라는 디지털 생태계에서 자신의 이야기를 풀어나가면서도 외부 플랫폼과 연계해서 생태계를 확장시켜 나가는 브랜드 전략으로 재정립되어야 한다. 브랜드 유니버스를 설계하기 위해서는 기본적으로 다음과 같은 구성 요소가 필요하다. 고객가치(customer value), 플랫폼(platform), 콘텐츠(content), 커뮤니티(community). 따라서 브랜드 유니버스를 구축하기 위해서는 다음과 같은 전략적 프레임을 갖는 것이 도움이 된다.

라이프스타일 플랫폼을 구축하기 위해서는 먼저 플랫폼을 통해 고객이 얻을 수 있는 〈고객가치〉가 정의되어야 한다. 이때의 고객가치는 플랫폼이라는 시장에서 진행되는 '거래의 본질'을 의미한다. 고객가치를 통해 플랫폼이 존재하는 이유가 명확해지면 〈플랫폼〉 설계를 통해 '거래의 장'을 만들어야 한다. 이는 플랫폼 생태계에서 브랜드가 고객과 만나는 접점을 의미하며, 브랜드와 고객이 잘 매칭될 수 있는 정교함을 가질수록 성공하게 된다. 거래의 장이 설계되었으면 다음으로는

07 브랜드 유니버스 설계도

〈콘텐츠〉를 만들어야 한다. 이때의 콘텐츠는 '거래의 실체'를 의미하며 상품, 서비스, 콘텐츠 등 다양한 것들을 교환의 대상으로 설정할 수 있다. 콘텐츠는 기본적으로 고객의 생활에 필요해야 하고, 고객의 흥미를 돋울 수 있어야 한다. 고객가치에 따라 콘테이너와 콘텐츠가 모두 기획되었다면 마지막으로는 플랫폼을 지속 가능하도록 운영해야 한다. 이때 필요한 것이 〈커뮤니티〉의 형성이다. 즉, 커뮤니티는 '거래의 활성화'를 의미하며 브랜드가 지향하는 철학이 커뮤니티 운영에 드러나게 된다. 고객가치 창조→플랫폼 창조→콘텐츠 창조→커뮤니티 창조를 통해 완성된 브랜드 유니버스는 초연결 네트워크 위에서 성장과 발전을 거듭하면서 브랜드만의 생태계를 완성시켜 나간다. 이러한 과정을 하나의 프레임으로 구조화한 것이 [그

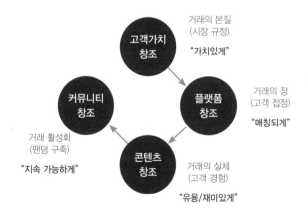

[그림 7-1] 브랜드 유니버스 생태계 설계

림 7-1]이다. 기업들은 브랜드 유니버스를 통해 소비자 개인별 맞춤 상품·서비스로 고객을 락인(lock-in)시키고, 온·오프라인 고객 경험 접점에서 꾸준한 커뮤니케이션으로 고객의 인게이지먼트(engagement)를 높이게 되며, 소비자 경험의 증폭으로 팬덤을 확대하면서 수익을 키워나갈 수 있다.

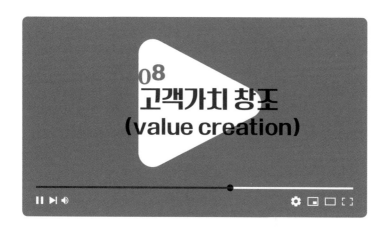

연결을 통한 가치 창조

디지털이 세상을 연결하고 있다. 연결은 오프라인이 주를 이뤘던 시대에는 쉽게 느끼지 못했던 경험이다. 이제 마케팅과 브랜딩은 연결이 주는 새로운 가치를 찾아야 한다. 디지털 생태계인 플랫폼 역시 결국 기존에 없었던 새로운 비즈니스 모델을 만드는 것이자, 그 안에 새로운 고객가치를 담는 일이다. 성공하는 비즈니스 모델을 설계하기 위해서는 기존 비즈니스에서 해결해 주지 못하는 고객가치가 있지는 않은지부터 탐색해 봐야한다. 고객이 우리 제품을 구매하거나 사용하는 단계에서 개선이 필요한 부분이 없는지, 혹은 기회가 된다고 생각되는 부분은 없는지 탐색하는 작업이 필요하다. 에어비앤비가 호텔 하나 없이도 플랫폼 기업으로 성공할 수 있었던 것은 고객 입장에서 호텔의 소유와 사용을 분리했기 때문이다. 에어비앤비는 굳이 프로방스 지방의 호텔을 소유하지 않아도 고객에게 아름다운 곳에서의 편안한 휴식을 제공해 줄 수 있음에 주목했던 것이다. 이렇듯 플랫폼 비즈니스를 통한 경험의 혁신은 철저히 고객의 궁극적인 가치(end value)에서 출발해야 한다.

그렇다면 어떻게 상품을 파는 기업들이 고객가치를 출발점으로 삼을 수 있을까? 고객가치는 고객이 상품을 구매하는 궁극적인 이유에 해당한다. 고객은 상품을 왜 구매할까? 일단 '필요'에 의해 산다. 아침에 화장하고 출근하기 위해 립스틱을 사고, 넘쳐나는 책들을 꽂기 위해 책장을 사며, 덮던 이불이 낡은 것 같아서 새 이불을 구입한다. 조금 더 들어가 보자. 필요가 전부인가? 립스틱을 사는 것은 화장이란 필요를 넘어 화사하고 산뜻한 분위기를 연출하고 싶어서이고, 책장을 사는 것은 책꽂이란 필요를 넘어 거실 공간을 지적이고 차분한 분위기로 채우기 위함이며, 이불을 사는 것은 새것으로의 교체라는 필요를 넘어 좀 더 포근하고 편안한 잠자리를 기대하기 때문이다. 소비자들이 상품을 구매하는 이유에는 속성(attribute)이나 기능(function)을 넘는 편익(benefit)과 가치(value)가 존재한다. 화장품을 파는 것이 아니라 아름다움을 팔아야 하고, 책장을 파는 것이 아니라 지적인 자존감을 팔아야 하며, 이불을 파는 것이 아니라 아늑하고 평온한 휴식을 팔아야 한다. 고객가치는 상품을 파는 데 있는 것이 아니라 그 이상의 감정, 자존감, 휴식, 행복 등의 가치를 파는 데서 나온다.

고객의 궁극적인 가치를 탐색하다 보면 자연스럽게 상품의 본질에 대한 고민이 시작된다. 우리 상품과 서비스가 과연 고객이 원하는 궁극적인 가치를 충족시켜 줄 수 있는 것인가? 고객의 궁극적인 가치를 충족하기보다 수단적인 목표 달성에만 그치고 있는 것은 아닌가? 고객이 원하는 가치를 충족시키기 위해서 우리는 어떤 상품과 서비스가 되어야 하는가? 고객가치에서부터 출발한 이런 고민들은 종국에는 업(業)의 개념을 돌아보게 만든다. 따라서 업의 개념을 정의할 때 마케팅 측면에서 우선 고려해야 할 점은 '우리는 고객에게 무엇인가?'라는 고객가치의 문제이다. 디즈니가 '테마파크' 기업인가, '영상 콘텐츠(VOD)' 기업인가? 현대백화점은 다양한 고급 상품들을 판매하는 '프리미엄 종합 쇼핑몰'인가, 새로운 패션 트렌드를 경험하고 자신만의 스타일을 찾을 수 있도록 지원하는 '라이프스타일 제안자'인가? 현대백화점이 시대에 부합하는 답을 찾기 위해서는 소비자들이 백화점이라는 공간에서 어떤 가치를 원하고 있는지를 살피고, 개발하고, 새로운 규정을 만들어야 한다. 백화점은 쇼핑몰 임대업이 아니라 라이프스타일의 트렌드를 서비스하는 곳으로 모든 기업의 제안을 바꾸어야 한다. 이렇게 업의 규정이 새롭게 내려지면, 상품의 기획, 유통, 마케팅, 판매하는 방식이 모두 바뀌게 된다.

　다시 돌아와 기존 비즈니스와는 다른 플랫폼이 주는 고객가치가 어디서 나오는지 생각해 보자. 플랫폼은 고객이 모이는 공간이다. 이 문제를 풀기 위해서는 고객이 왜 플랫폼으로 모이는지부터 생각해 봐야 한다. 어떤 거래 가치를 얻길 원하는지부터 고민해 보아야 한다. '오늘의집'이 처음부터 상품을 판매했던 것은 아니다. 내 방을 세련되고 고급진 공간으로 바꿔보고 싶은 이들에게 다양한 인테리어 정보와 팁들은 솔루션이 된다. 이것은 제품 정보가 아니라 생활 정보이다. 내 삶에서 필요하거나 불편하거나, 충족하길 바라는 것들이 플랫폼이 제공해야 하는 고객가치이다. 따라서 플랫폼 비즈니스를 하려는 기업들은 고객에게 어떤 삶의 가치를 제공해 줄 것인지, 그 가치에 대한 대가를 어떻게 책정하고 상호 교환이 일어나게 할 것인지, 이를 어떻게 지속적으로 유지할 것인지를 고민해야 한다. 파이프라인 기업들은 제품을 제공해서 가치를 창출하지만, 플랫폼 기업들이 만들어내는 가치는 연결성에 기반을 둔 거래 안에서 의미를 갖는다. 모든 플랫폼은 핵심 거래를 가지고 있다. 에어비앤비는 휴식공간을 제공하고 소비자는 쉴 공간을 찾는다. 더불어 에어비앤비가 만든 디지털 시장으로 공급자와 수요자가 몰리고, 좋은 고객 후기들은 입소문이 되어 고객들을 더욱 불러 모은다. 이처럼 플랫폼에서의 거래는 네트워크 위에서 무한 확장되는 성질을 갖기 때문에, 플랫폼 기업은 고객들의 참여로 이루어지는 무한 네트워크를 기반으로 가치의 연결을 설계할 수 있어야 한다. 단순히 제품이나 서비스를 제공하는 문제가 아니다. 플랫폼 안에서 연결된 고객 경험들이 고객들에게 가치 있게 돌아가는 구조를 만들어야 한다. 따라서 플랫폼 기획은 연결이라는 맥락에서 '업의 가치를 재조정'하는 일이라고 할 수 있다.

업의 가치를 규정하는 데 있어 로레알이 2019년 칸 라이언즈에서 했던 언급은 참고할 만한 지침이 된다. 당시는 빅데이터 시스템 구축이 주요 화두여서 많은 기업이 데이터 구축에 사활을 걸기 시작한 때였다. "사소한 일에 목숨 걸지 마십시오. 우리는 빅데이터를 수집하는 회사가 아닙니다. 동요하지 마십시오. 플랫폼으로 내는 수익에 연연하지 마십시오. 본질에 집중하십시오. 브랜드 자체를 플랫폼이라 여기고, 디지털 기술과 환경을 이용해서, 고객이 적극적으로 참여하고 즐기고 공유할 수 있는 최고의 경험을 제공하십시오. 소비자들이 자신의 삶에서 최고의 아티스트로 살 수 있게 도와주는 것이 우리가 할 일입니다." 로레알이 주는 교훈은 서비스의 본질에 대한 것이었다.

불편 해소와 욕구 충족

업의 본질을 재규정하는 데 있어 가장 유용한 접근은 소비자의 관점에서 출발하는 것이다. 디지털 네이티브 브랜드의 대가인 와튼 비즈니스 스쿨의 데이비드 벨(David Bell) 교수는 디지털 네이티브 브랜드의 성공 요인으로 기존 제품·서비스가 해결하지 못하는 문제를 해결해 줄 수 있는 '가치 제공'을 중요하게 언급했다. 디지털 생태계에서 업을 규정하고 새로운 제품을 개발하는 데 있어서도 동일한 접근이 필요하다. 디지털이라는 신세계로 이주하기 위해서는 그동안 소비자들이 기존 제품을 사용하면서 느꼈던 불편을 어떻게 해소해 줄지, 소비자들이 원하는 욕구를 어떻게 충족해 줄지를 통해 새로운 고객가치를 규정해야 한다. 그리고 기업의 입장이 아닌 소비자의 입장에서 제품의 소재부터, 기능, 구성, 활용 등 모든 것을 새롭게 재정의해야 한다.

소비자의 관점에서 비즈니스를 혁신하기 위해서는 보통 '불편(unmet needs)'과 '욕구(needs)'를 잘 다룰 수 있어야 한다. 소비자의 불편과 욕구를 다루는 방법은 크게 네 가지가 있다. 첫째는 불편을 제거하는 것이다. 말 그대로 소비자가 불편함을 느끼는 상황 자체를 없애는 것이다. 둘째는 불편을 대체하는 것이다. 불편 자체를 없애기는 어렵지만, 불편을 최소화하기 위해 다른 대안으로 불편의 크기를 줄이는 것이다. 셋째는 욕구를 충족시켜 주는 것이다. 욕구를 충족시켜 주기 위해서는 소비자가 무엇을 원하고 있는지를 파악하는 것이 중요하다. 그리고 마지막으로 욕구를 결합하는 것이다. 이는 하나의 욕구

08 고객가치 창조(value creation)

[그림 8-1] 고객 니즈를 통해 비즈니스를 혁신하는 방법

충족에 그치는 것이 아니라 여러 개의 욕구를 결합하여 한 번에 해결해 주는 것을 말한다.

몇 가지 브랜드를 통해 각 접근에 대해 좀 더 살펴보기로 하자. 먼저 '불편을 제거'해서 스타트업 기업에서 마켓의 리더로 등극한 브랜드 사례이다. 국내의 대표적인 스타트업인 '마켓컬리'는 새벽 배송으로 소위 대박 난 기업이다. 유통 시장의 상품 배송을 시간 싸움으로 만든 룰 메이커(rule maker)의 등장이었다. 마켓컬리가 새로운 서비스를 가지고 나타나기 전까지 배송 문제는 '누구나 당연하게 여기는 불편'이었다. 그전까지 많은 유통사는 온라인과 오프라인 할 것 없이 대부분 제조사 마인드로 업무가 진행되었다. 소비자가 원하는 상품을 원하는 방식으로 판매한다기보다 공급자 관점에서 컨트롤하기 쉬운 방식으로 상품기획, 진열, 가격 책정, 판매 프로모션이 진행되는 상황이었다. 그래서 생기는 불편은 고스란히 소비자가 감당해야 할 몫이었다. 배송도 그런 문제들 중에 하나였다. 온라인에서 제품을 구입해서 실제 수령까지 기다림은 소비자가 감수해야 하는 당연한 불편이었다. 하지만 마켓컬리의 김슬아 대표는 특히 식품의 경우 정기배송의 문제가 풀리지 않으면 온라인 유통 시장이 커지기 어렵다는 점을 유심히 살폈다. 식품에 있어서 정기배송 시스템은 재고관리 편의성이란 공급자 마인드에서부터 비롯된 것이기 때문에 고객 입장에서는 해결해야 될 문제일 수 있다. 그녀는 고객의 문제에서 비즈니스의 기회를 찾았다. 그리고 저온유통체계(콜드체인)와 물류창고까지 온디맨드(on-demand) 방식의 '신선식품 유통업'을 창업 아이템으로 잡고 2년여 만에 시장 경쟁의 판을 바꾸었다. 마켓컬리 덕분에 그동안 죽어있던 '자정에서 새벽까지의 시간'이 기회로 전환된 것이다. 마켓컬리의 성공은 철저히 고객 입장에서 출발했기 때문에 가능한 것이었다.

다음은 '불편을 대체'한 사례이다. '당근마켓'은 중고거래 시장을 단숨에 장악한 동네 커뮤니티 기반 중고 직거래 플랫폼이다. 사실 중고거래 플랫폼은 이전에도 존재하고 있었다. 하지만 사기거래가 잦아 신뢰도가 떨어진다는 문제가 있었다. 또한 지역 기반 카페를 통해 거래하려는 가입자 입장에서는 까다로운 등업 조건을 충족시켜야 하는 불편이 있었다. 중고거래 시장의 특성상 제품의 배송이나 반품 등에 대한 문제는 대부분 고객이 부담하는 구조였다. 부피가 크고 무거운 제품의 경우는 운송료도 비싸고 파손의 위험이 있기 때문에 가까운 지역민들과 직거래하는 방식이 선호되고 있었다. 당근마켓은 중고거래

08 고객가치 창조(value creation)

가 가진 이런 불편들을 최소화하기 위해 거래 반경을 동네 기반으로 제한한 중고거래 장터를 만들었다. 그리고 손쉬운 커뮤니티 가입을 통해 기존에 존재했던 지역 기반 카페의 높은 진입장벽을 제거했다. 고객의 불편을 최소화하기 위해 대안을 찾은 결과, 소비자들은 중고 제품이 갖는 거래 가치에 눈을 뜨게 되었다. 중고거래에 대한 불편을 대체시켜주니 판매자와 구매자 사이에서 당근마켓에 자주 방문하는 습관이 형성되기 시작했다. 비즈니스가 궤도에 올라서자 당근마켓은 단순한 중고거래 브랜드를 넘어, 동네 이웃 간의 연결을 도와 따뜻하고 활발한 교류가 있는 지역사회를 만드는 지역 기반 커뮤니티로 본격적인 사업을 펼치고 있다. 현재 당근마켓은 동네 구인 구직과 과외, 부동산, 중고차, 세탁 O2O 서비스 등으로 지역 생활 연계를 통해 계속해서 앱을 사용할 이유를 제공하고 있다. 당근마켓의 궁극적인 지향점은 상품 거래에서 지역 정보의 교류와 커뮤니티의 공간이다. 불편을 대체하는 아이디어에서 새로운 시장을 창출하는 아이디어로 당근마켓은 그들의 비즈니스를 확장하는 중이다.

다음은 '욕구의 충족'이다. '오늘의집'은 2016년 처음 론칭하여 현재 다운로드 수 1천만 건(2020.04 기준), 가입자 수 810만 명(2020.05 기준)을 돌파하며 성공 가도를 달리고 있는 홈 인테리어 앱이다. 이 브랜드는 저렴한 가구로도 집을 예쁘게 꾸밀 수 있다는 이케아 브랜드에서 영감을 얻어 착안되었다. 오늘의집의 가파른 성장에는 코로나 19가 큰 몫을 했다. 팬데믹으로 인해 집에 머무는 시간이 많아지면서 본인과 가족이 머무는 집을 안락하고 예쁘게 꾸미고 싶다는 욕구가 커졌다. 그리고 이런 새로운 욕구는 홈 인테리어 앱의 성장을 견인했다. 오늘의집은 쉽고 트렌디하게 인테리어를 하고 싶어하는 소비자의 니즈를 파악하여, 전문 에디터가 아닌 일반 유저들의 콘텐츠를 통해 일상 속의 온라인 집들이를 구현했다. 오늘의집 가입자들은 인테리어 전·후의 자신의 집을 사진으로 촬영하여 공유하면서, 다양한 인테리어 노하우들을 업로드하며 실질적으로 도움이 되는 집 꾸미기 팁을 얻고 있다. 오늘의집에 올라오는 인테리어 사진에는 태그 버튼이 달려 있는데, 이 태그를 누르게 되면 제품에 대한 자세한 정보를 제공해 줄 뿐 아니라 해당 제품을 구매할 수 있는 사이트로 바로 연결된다. 오늘의집은 정보 앱으로 시작하였지만 유저들이 많이 몰리면서 인테리어 구경부터, 정보 탐색, 제품 구매, 인테리어 시공까지 원스톱으로 해결할 수 있는 라이프스타일 쇼핑 플랫폼으로 거듭나고 있다. 오늘의집이 성공할 수 있었던 제1 요인은 이 앱에 올라오는 대부분의 사진들이 유저들의 자발적인 참여로 만들어진 콘텐츠라서 광고처럼 보이지 않고 정보로 활용된다는 점이다. 실제로 앱 구성을 보면 다른 이커머스 사이트와는 달리, 제품 정보나 가격에 대한 노출을 전면에 세우기보다, 실제 사용자의 리뷰를 우선 노출하며 사용자의 인테리어 욕구를 자극하는 방식으로 다가간다. 보통의 이커머스는 제품 검색 후 비교 검색을 통해 구매 버튼을 누르는 이성적 정보처리 방식을 취한다. 이와는 달리, 오늘의집은 인테리어 욕구를 충족시켜 주는 다양한 콘텐츠들을 통해 구매로 연결하는 감성적 정보처리 방식을 취하며 고객의 경험을 최우선에 둔다.

마지막은 '욕구의 결합'이다. 오늘날의 소비자는 상당히 세분화되어 있고 복합적인 욕구들을 가지고 산다. 이러한 욕구는 고스란히 소비자의 진화된 라이프스타일에 반영된다. 글로벌 에슬레저 브랜드 '안다르'는 이러한 복합적 욕구에 잘 대응하고 있는 브랜드이다. 안다르는 2015년 요가 강사 출신 대표가 평소 요가복에 불편을 느끼고 직접 옷을 만들어 론칭한 브랜드이다. 안다르의 브랜드 콘셉트는 '매일 입고 싶은 액티브웨어'인데, 요가라는 한정된 상황에서 벗어나 보다 폭넓은 라이프스타일의 영역인 에슬레저로 카테고리를 새롭게 규정하고 있다. 에슬레저(athleisure)는 운동(athletic)과 레저(leisure)를 합친 개념으로 운동과 일상복을 병행할 수 있는 스포츠웨어를 말한다. 최근 젊은 여성들을 중심으로 건강하고 아름다운 삶에 대한 관심이 높아지면서 요가, 필라테스, 피트니스 등의 일상 운동이 라이프스타일 영역으로 자리를 옮기는 중이다. 요가는 더 이상 정신수련의 영역에 머무르지 않고 에슬레저룩과 함께 패션과 라이프를 표현하는 스타일의 영역으로 들어오고 있다. 안다르는 이러한 욕구의 결합을 트렌드로 풀어 가며 새로운 고객가치

[그림 8-2] 시계방향으로 마켓컬리, 당근마켓, 안다르, 오늘의집
출처: 유튜브, 구글.

를 창출하고 있다.

　지금도 대부분의 소비자들은 생활 속에서 많은 불편을 스스로 부담하고 자신들의 욕구가 충족되길 희망하며 살아간다. 고객의 불편과 욕구들을 가치로 전환시키는 것이 기업이 할 일이다. 고객이 어느 부분에서 비용을 부담하고 있는지 정확히 알 수 있으면 비즈니스는 오히려 쉬워진다. 비즈니스와 마케팅이 창출하는 혁신은 언제나 고객에서 나온다는 점을 잊지 말자.

고객 관계 관리(CRM)에서
고객 경험 관리(CEM)로

고객에서 출발하는 가치 창출을 위해서는 반드시 고객의 소리에 귀를 기울여야 한다. 그동안 고객의 소리를 듣는 일은 VOC(Voice of Consumer)가 담당해 왔다. 최근에는 빅데이터의 힘을 빌려 고객이 말하지 않는 불만까지 찾아내고 생각지도 못한 니즈를 읽어 내는 시도가 활발히 진행되고 있다. 그러다 보니, 기업에서도 내부에 보유한 CRM 데이터, 인터넷상에 생성되는 온라인 버즈를 모아 고객의 니즈를 탐지하고 새로운 수요를 발굴하는 데 에너지를 모으는 중이다. 그러면서 고객 관계를 관리하기 위한 VOC 데이터가 점차 제품 개발과 비즈니스 혁신을 위한 소스로 사용되기 시작했다. 빅데이터의 등장으로 인해 CRM(Customer Relationship Management)에서 CEM(Customer Experience Management)로 이동이 본격화되는 중이다. 과거에 고객 관계 관리라고 불리는 CRM이 유행처럼 도입되던 때가 있었다. 그때는 고객의 구매 이력에 대한 데이터베이스 분석을 통해 고객의 브랜드 충성도(brand loyalty)를 관리했다. 하지만 빅데이터 시대에 이르러서는 고객의 충성도를 관리하는 한정적인 접근에서 벗어나, 고객이 제품을 탐색하는 과정에서부터 구매, 사용 단계에 이르기까지 모든 고객의 경험을 체계적으로 관리하는 CEM이 각광받고 있다. 고객이 접하는 전 과정에 대한 분석을 통한 긍정적인 고객 경험의 창출, 이것이 고객의 구매 이력만을 가지고 분석 결과를 활용하는 CRM과는 다른 점이다.

고객 경험은 '재화나 서비스의 정보 탐색부터 구매 후 평가 단계에 이르기까지, 고객이 기업의 브랜드와 직접 및 간접적으로 접촉하면서 생기는 경험(감정 혹은 기억)'을 말한다. 디지털 트랜스포메이션 시대의 고객 경험의 창출은 고객이 브랜드를 만나는 모든 접점 관리에서 비롯된다. 고객이 브랜드를 만나는 모든 접점을 '진실의 순간(Moment of Truth: MOT)'이라고 이른다. 이는 고객이 만족 또는 불만족을 경험하는 지점이라고 할 수 있다. 따라서 MOT는 고객에 대한 소중한 정보를 획득하는 기회이자, 기업이 상품 및 서비스를 제공할 수 있는 순간이 된다.

일상의 MOT를 연결하면 고객 구매 여정(Consumer Decision Journey: CDJ)에 대한 밑그림이 나온다. 고객은 상품이나 서비스를 선택하고 구매하기까지 몇 가지 단계를 거치는데, 이를 일목요연하게 정리한 것이 고객 여정이다. 2009년 맥킨지 컨설팅(McKinsey Consulting)이 제시한 고객 여정은 [그림 8-3]과 같이 한번 소비하고 끝나는 선형 구조가 아니라 구매 의사에 끊임없이 영향을 주는 순환 구조로 설명된다. 시작은 상품의 존재를 알고 이를 구매 고려군(initial consideration set)에 포함시키는 과정부터이다. 어느 정도 대안들이 모이면 구매를 위해

적극 비교(active evaluation) 단계로 들어간다. 그리고 나면 구
매의 순간(moment of purchase)이다. 이때 중요한 단계는 구매
후 경험(post purchase experience)으로 나타난다. 이 단계에서
는 고객들이 적극적으로 구매와 소비 경험들을 리뷰와 후기로

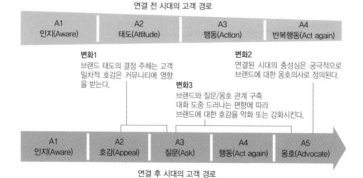

[그림 8-3] 맥킨지의 고객 구매 여정(상), 코틀러의 고객 구매 여정(하)

디지털 공간에서 함께 공유한다. 필립 코틀러 역시 고객 여정에 대해 5A 모델을 제시한 바 있다(2017). 5A 모델은 연결 후 시대에서 보이는 고객 경로를 인지 → 호감 → 질문 → 행동 → 옹호의 5단계로 설명하는 고객 여정 모델로, 개인들의 가지고 있는 네트워크를 통해 이루어지는 공유와 확산의 과정을 중요시하고 있다. 최근에는 이커머스 사이트가 인공지능 기술을 활용하여 자동 추천 시스템을 도입하는 덕분으로 과거에 비해 비교 검색 과정이 점점 축소되는 경향을 보인다. 또한 MZ세대는 대안들을 적극적으로 비교 검색하는 행위를 보인다기보다 오히려 챗봇을 통해 상품에 대해 즉각적으로 질문을 하거나, 라이브 커머스를 통해 현장에서 사용성을 바로바로 검증하려는 요구가 크다. 이들에게 중요한 것은 실시간 체감되는 사용자의 찐 후기이기 때문이다.

고객 경험의 창출은 모든 기업들이 지향하는 전략의 종착점이 되었다. 고객 경험을 구체화하기 위해 '고객 경험 지도(Consumer experience map)'가 활용된다. 고객 경험 지도는 고객이 상품이나 서비스를 경험하게 되는 초기 접점에서부터 끝나는 순간까지의 모든 접점 과정을 그림이나 사진 도표 등으로 시각화한 것이다. 고객 경험 지도에는 고객 여정의 단계, 터치 포인트(touch point), 타임라인, 마케팅 이벤트, 정성적 반응, 정량적 정보, 판단 및 평가 기준, 불편 사항(pain point) 등의 인사이트가 포함된다. 따라서 고객 경험 지도를 가지고 있으면 고

08 고객가치 창조(value creation)

객이 서비스를 어떻게 받아들이고 사용하는지 고객 관점에서 파악할 수 있고, 문제점을 미리 찾아낼 수 있으며, 그동안 몰랐던 기회를 발견할 수도 있다.

고객 경험 지도를 작성하는 절차는 다음과 같다. 일단 기업의 상품 또는 서비스의 목표를 점검한다. 그리고 다양한 조사 자료를 통해 기업 목표를 달성하는 데 있어서 고객들을 만나는 모든 접점, 즉 진실의 순간(MOT)을 리스트업한다. 각 접점을 단계별로 구조화한 뒤에 단계별로 고객의 현황을 감정과 함께 구체화한다. 다음은 브레인스토밍을 통해 단계별 문제를 심화한다. 문제가 정의되었으면 다양한 자료를 종합하고 아이디어 회의를 거쳐 문제해결 방법을 제시한다. 그리고 앞 단계에서 논의된 내용을 일목요연하게 정리하여 고객 경험 지도를 그린다. 고객 경험 지도에는 MOT 단계들과 고객의 현황, 감정, 문제, 해결책 등이 포함된다. 마지막으로 이를 전 구성원이 이해할 수 있도록 공유하고 체화한다. 이렇게 작성된 고객 경험 지도는 기업의 비즈니스 방향에 맞게 고객 경험을 혁신하는 토대로 활용된다.

이제 고객 경험 설계는 기업에 있어서도 마케터에 있어서도 새로운 전략이 되고 있다. 하지만 경험이라는 것 자체가 형식적인 모듈로 만들기 어려운 무형의 것이라, 구체적인 솔루션은 전체적인 절차를 숙지한 상태에서 개별 브랜드에 맞게 찾아 나가는 것이 좋다. 왜냐하면 특정 기업에서 설계하려고 하

[그림 8-4] 고객 경험 관리를 설계하기 위한 분석 프로세스

는 고객 경험은 업종의 특성, 회사의 비즈니스 구조, 고객의 라이프스타일과 소통 방식에 따라 모두 달라지기 때문이다. 이처럼 고객 경험 혁신은 라이프스타일 설계라는 관점에서 상당히 창의적인 과정을 동반한다. 이러한 절차를 구체화하기 위해서는 디자인씽킹(Design thinking)의 도움을 받는 것이 유용하다. 디자인씽킹은 인간 중심의 공감을 통해 숨어 있는 진짜 문제를 찾아 해석하고 창의적인 혁신을 촉진하는 마인드셋을 말한다. 디자인씽킹 프로세스는 소비자에서 출발한 고객 경험 혁신을 위해서 반드시 도입해 볼 필요가 있다.

다시 브랜드가 필요하다

고객 경험을 설계하는 데 있어서 가장 중요한 것은 차별화된 핵심 가치를 뽑는 것이다. 이러한 가치는 본원적으로 소비자의 욕망에서 출발한다. 원래 고객이 원하는 니즈는 궁극적으로 행복함, 따뜻함, 자부심, 배려 등으로 인간이 느끼는 본연의 감정에서 비롯된다. 사회·문화·기술 환경이 달라지면 고객의 니즈를 충족하는 양태 역시 변하는데, 이 때문에 마케팅에서는 고객의 1차적 욕구를 니즈(needs), 2차적 욕구를 원츠(wants)로 구분한다. 예를 들어, 배고픈 고객이 있다면 이때는 '배부르게 해 주는 음식'을 먹고 싶다는 니즈가 생긴다. 이러한 니즈를 충족하기 위해 비빔밥을 먹을지, 파스타를 먹을지, 치킨을 먹을지의 고민에서 '비빔밥을 먹고 싶다'는 생각이 든다면 이것은 원츠에 해당하는 영역이다. 즉, 니즈는 필요에 대한 욕구이고,

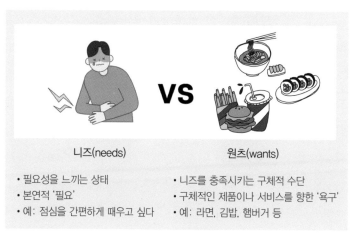

[그림 8-5] 니즈와 원츠

출처: 브런치 재구성.

원츠는 특정 제품이나 서비스를 향한 욕구이다. 보통 니즈는 고객이 일반적으로 느끼는 욕구이지만, 원츠는 고객이 상상하지 못했던 무수한 가치로 제안될 수 있다. 고객의 원츠에 기반을 두고 제품이 개발된 사례로는 딤채, 아이폰, 하이브리드 자동차 같은 것이 있다. 혁신적이고 차별화된 고객 경험을 설계하기 위해서는 일단 고객의 니즈를 잘 파악한 뒤에 이를 확실히 충족시켜 줄 다양한 원츠를 개발하는 과정이 필요하다.

보통 니즈에서 원츠를 구체화하는 과정에서 브랜드가 탄생된다. 이렇게 탄생한 브랜드의 차별적 존재가치는 그 브랜드만의 고유한 핵심 역량이 내재되어 있다. 핵심 역량이 확실하면 무수한 경쟁 속에서도 빛나는 존재감을 밝힐 수 있다. 그리고 시장을 자기 주도적으로 이끌 수 있는 근원적인 에너지를 얻을 수 있다. 사람들이 자동차 카테고리에서 원하는 니즈는 '이동'이지만, 볼보(Volvo)는 이를 '안전'으로, 폭스바겐(Volkswagen)은 '즐거움'으로 이동의 원츠로 풀어내는 것처럼 말이다. 브랜드에 내재된 존재가치로서의 원츠는 '이 브랜드의 소비를 통해 어떤 목적을 달성하고 싶은가'의 문제를 다룬다. 그리고 핵심 역량이 명확한 브랜드는 이를 고객을 위한 가치로 승화하여 브랜드 아이덴티티에 담는다.

일반적으로 고객가치는 고객이 느끼는 '편익(benefit)'과 그들이 지불하는 '비용(cost)'의 함수로 결정된다. 즉, 편익이 크고 비용이 작을수록 고객이 느끼는 가치는 커지게 된다. 이처럼 우리가 제안하는 가치는 결국 고객의 돈과 바꾸는 문제이다. 이 상품과 서비스가 그들의 돈과 바꿀 만한 가치가 있는가? 왜 다른 것이 아니라 우리 것을 선택해야 하는가? 이 답을 찾는 과정이 바로 브랜드 아이덴티티(brand identity)를 완성하는 길이다. 브랜드 아이덴티티는 우리가 이 브랜드를 왜 만들었으며, 이 브랜드가 나아갈 방향이 무엇인지, 그것을 만든 우리는 누구인지를 구체적으로 표현한 개념이다. 즉, 존재의 이유, 자기다움과 정체성을 의미한다. "시장에 이미 유사한 플레이어들이 있는데 왜 내가 이 일을 해야 하는가? 기존과 똑같은 제품, 똑같은 서비스라면 굳이 내가 이 일을 시작할 이유가 있는가? 그들과 다른 나만의 개성과 경쟁력이 있다면 무엇인가?..." 이런 질문들에 답을 찾다 보면 브랜드 아이덴티티를 구체화하는 길을 찾을 수 있다.

디지털 트랜스포메이션 시대를 이끌고 있는 다양한 플랫폼 기업들은 경쟁자가 제공해 줄 수 없는 우리만의 가치를 찾고, 만들고, 제공하면서 그 존재 이유를 명확히 했기 때문에 모두 성공했다. 카카오톡이 리드하고 있는 메신저 시장에 진입하고 싶다면 적어도 카카오톡이 제공하는 소통 그 이상의 가치를 제공해야 플랫폼을 사용할 이유를 확보할 수 있다. 만일 대국민 커뮤니케이션 툴인 카카오톡을 뛰어넘을 자신이 없다면, 커뮤니케이션 시장을 타깃이나 상황으로 세분화하여 커뮤니티 특성을 부각하거나, 영상이나 이미지 등으로 새로운 소통 방식을 개발하여 다른 종류의 시장을 만들어 존재감을 부각해야 한다. 즉, 플랫폼을 만들기 위해서는 다른 플랫폼에서 제공해 주지 않는 우리만의 차별화 요인, 모든 비즈니스 활동의 근간이 되는 브랜드 결정체인 '자기다움'을 견고히 갖추고 있어야 한다.

미국 출신의 전략 커뮤니케이션 전문가인 사이먼 사이넥(Simon Sinek)은 『나는 왜 이 일을 하는가(Start with Why)』라는 저서에서 자기다움을 갖추기 위한 방법으로 '골든 서클(Golden circle)'이란 개념을 제시하였다. 사이먼 사이넥은 모든 문제에 접근할 때 'why'로부터 근본적인 목적을 설정해야 한다고 주장한다. 일할 때 'what'의 질문으로 시작하게 되면 대부분 문제해결을 위한 '솔루션'부터 찾게 되지만, 'why'의 질문으로 시작하게 되면 무엇이 문제인지 문제의 근원부터 살펴 궁극적인 솔루

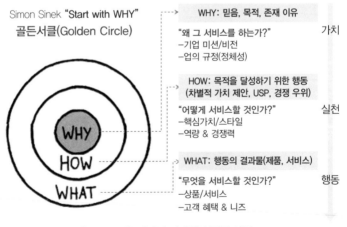

[그림 8-6] 사이먼 사이넥의 골든 서클

선에 닿게 된다는 논리이다. 고객을 움직이는 작동법도 같은 논리가 적용된다. 디지털 생태계에서의 핵심은 플랫폼으로 고객을 모으는 것이다. 따라서 고객이 우리 플랫폼을 찾을 수 있게 하는 명확한 선택의 이유를 주어야 한다. 즉, '그 상품, 그 서비스가 누구에게 왜 필요한가?' '왜 다른 것이 아니라 그것을 선택해야 하는가?'에 대한 명확한 답을 가지고 있어야 한다. why를 통한 존재 이유의 탐색. 그것이 브랜드 전략이자 사업 전략이 된다. 나이키가 왜 스포츠웨어를 팔면서 '몸을 움직이는 것'의 가치에 대해 이야기하는지, 애플은 세계 최고의 디지털 디바이스를 팔면서 성능이 아니라 '다르게 생각하라'는 신념을 먼저 이야기하는지 되새겨 보아야 한다.

다시 마켓컬리 사례로 돌아가 보자. 김슬아 대표의 인터뷰를 들어 보면 고객이 마켓컬리를 이용하는 이유가 명확해진다. "사실 상품, 가격, 배송이라는 게 효용성의 측면이에요. 온라인에서 쇼핑하는 사람들은 항상 더 싸거나 빠르거나에 집착하는데 저는 그런 서비스를 만들고 싶지 않았어요. 저에게는 식품이 언제나 즐거움이고 경험이고 누구랑 같이 먹는 기쁨이거든요. 이걸 어떻게 고객에게 전달해 줄까. 그저 빠르니까 산다, 싸니까 산다가 아니라 너무 좋고, 안 사도 들어와 보고 싶고, 같이 향유하고 즐기는 사이트를 만들고 싶었어요." 이처럼 영감을 제공하는 브랜드는 다르다. 그리고 이런 차이를 고객들은 기가 막히게 알아차린다. 영감을 제공하는 브랜드가 목숨을 걸고 사수하는 것은 브랜드의 철학이자 가치관이다. 사이먼 사이넥이 전했던 이야기에도 이러한 철칙이 담겨 있다. "사람들은 당신이 하는 일(임무)을 구입하지 않습니다. 당신이 하는 이유(신념)를 구입합니다."

제품이 아닌 라이프스타일로 브랜드를 재정비하라

플랫폼을 통해 자기만의 디지털 생태계를 구축하기 위해서는 고객에게 출발하여 가치를 혁신하고 이를 자신의 개성과 남다른 라이프스타일로 구현해 낼 수 있는 '브랜드'라는 혼(魂)이 필요하다. 그리고 철학과 가치관이 있는 브랜드를 플랫폼의 구심점으로 삼아, 취향이 맞는 소비자들을 모으고 그들과 함께 브랜드가 추구하는 라이프스타일 경험의 생태계를 만들어야 한다. 최근 라이프스타일 브랜드로 각광 받고 있는 룰루레몬(Lululemon)을 보자. 룰루레몬은 '요가복계의 샤넬'이라고 불리는 스포츠웨어 브랜드이다. 룰루레몬은 브랜드가 추구하는 라이프스타일을 '스웻 라이프(the sweatlife)'로 명명하고, 어떻게 스웻 라이프를 고객들과 나눌 것인지를 고민한다. 이들이 파는 것은 요가복이 아니다. 이들은 고객에게 영감을 줄 수 있는 소중한 경험, 즉 '스웻 라이프를 느낄 수 있는 삶의 기회들'을 제공한다. 제품은 수단이다. 이들이 파는 것은 플랫폼에서 함께 성

08 고객가치 창조(value creation)

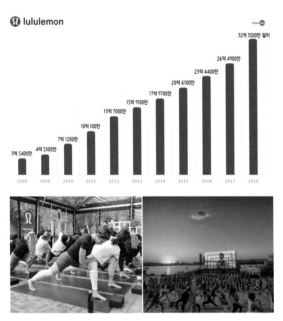

[그림 8-7] 룰루레몬 매출 추이 및 다양한 요가 활동

출처: 인터비즈.

장해 가는 고객의 건강하고 긍정적인 라이프스타일이다. 룰루레몬은 그들이 표방하는 스웻 라이프에 땀 흘리는 행위, 관계, 성장의 가치를 중요한 테마로 심어 놓았다. 룰루레몬이 다른 요가복과 다른 이유는 그들이 '개인의 무한한 잠재력을 깨워 세상을 변화'시키는 일을 하기 때문이다.

디지털 이니셔티브 그룹 김형택 대표는 많은 디지털 트랜스포메이션 컨설팅을 진행하면서 기업들이 처한 현실의 문제점을 이렇게 짚었다. 디지털 트랜스포메이션에 대한 기업들의 수

요가 높지만 이에 비해 '기업들의 디지털 마인드는 아직 형성되어 있지 않다'는 것이다. 그의 이야기를 한번 들어 보자. "디지털은 테크(기술)가 아니라 그냥 라이프(일상)가 되어 가고 있는데, 기업들은 온라인 조직과 오프라인 조직을 따로 두고 있어요. 고객들은 온라인과 오프라인을 군이 구별하지 않기 때문에 디지털화된 고객에 어떻게 실시간 대응하고 참여할 수 있게 하는지가 중요한데 말이죠. 그렇기 때문에 이런 고객 상황에 맞춰 온·오프의 전체 여정을 아우르는 고객 경험을 설계하는 것이 필요해요."

디지털 트랜스포메이션 시대에 마케팅도 브랜딩도 갈 길을 찾고 있다. 디지털 마케팅이 강력한 솔루션으로 인식되고 있지만, 디지털 마케팅의 본질은 아직 자리를 잡고 있지 못하는 느낌이다. 디지털 마케팅은 디지털 채널을 도입하는 일이 아니다. 디지털 콘텐츠를 만드는 일도 아니다. 디지털 마케팅은 사람들을 끌어들일 수 있는 자기다움으로 디지털 생태계, 즉 라이프스타일 플랫폼을 만들고 운영하고 확장하는 일이다. 이를 위해 고객의 불편을 해소하고 욕구를 충족할 수 있는 지점에서 신(新) 고객가치를 발굴하고, 고객가치와 맞닿은 지점에서 브랜드 아이덴티티를 설정하여, 이를 플랫폼 생태계 안에서 고객 경험으로 구현해 낼 수 있어야 한다. 그리고 이러한 경험은 고객과 함께 성장하고 발전하고 확장해 가는 구조로 지속되어야 한다. 이제 경쟁 관점에서의 차별화 전략이 아닌 고객의 삶

08 고객가치 창조(value creation)

에서 라이프스타일을 제안하는 전략으로 마케팅의 방향을 바꾸어야 한다. 자사가 추구하는 핵심 가치를 중심으로 저마다에 맞는 브랜딩 솔루션을 찾아야만 한다. '자기다움'에 모든 에너지를 모으고 디지털 공간에 이를 던져 자신만의 유니버스를 구축하는 것. 이것이 디지털 트랜스포메이션 시대의 새로운 브랜드 전략이다.

09
플랫폼 창조
(platform creation)

플랫폼이 일하는 법

이 책의 서두부터 4차 산업혁명 시대에 플랫폼이 비즈니스의 새로운 근간이 된다는 이야기를 여러 번 강조했다. 그럼 이번에는 성공적인 플랫폼 사례를 통해 플랫폼으로서 작동하기 위한 기본 조건들을 알아보도록 하자. 최근 유튜브에서 재미있게 본 동영상이 있다. '비즈니스워치'란 채널에서 네이버 쇼핑이란 주제로 IT 전문기자와 유통 전문기자가 난상토론을 벌이는 동영상(2020. 8. 18)이다. 논의의 주제는 네이버를 '검색 플랫폼'으로 봐야 할지, '이커머스'로 봐야 할지에 대한 것이었다. 플랫폼이 작동하는 방법을 알아보기 위해 우리나라 No 1. 플랫폼인 네이버의 히스토리를 따라가 보자.

네이버는 원래 검색 포털이었다. 1990년대 후반 네이버는 야후, 다음 등의 포털 사이트 전쟁에서 '검색'이라는 소비자 행동을 유의 있게 보고, '지식 검색'을 표방하여 포털 시장을 장악하였다. 그러던 네이버가 언제부터인가 이커머스의 최강자로 올라서고 있다. 코로나 19 이후로 집에 머무르는 시간이 많아지면서 온라인 쇼핑으로 반강제 이동한 소비자들이 가장 먼저 그리고 쉽게 찾는 사이트가 바로 네이버였다. '모르면 네이버에 물어봐'라는 말이 나올 정도로 네이버는 국민 검색 포털로 절대 독점의 지위를 가지고 있다. 네이버가 온라인 쇼핑에서 강자로 떠오를 수 있었던 가장 큰 이유는 바로 검색 기반 알고리즘 때문이다. 온라인 쇼핑에 있어서 다양한 상품을 골라낼 수 있는 안목은 '대안의 검색'과 '비교 검증'에서 나온다. 네이버 검색창에 키워드만 입력하면 다양한 쇼핑몰에 흩어져 있는 상품 정보를 한눈에 보기 쉽게 제공하면서 가장 저렴하게 구입할 수 있는 쇼핑환경이 제공된다. 이러한 배경으로 인해 네이버에서의 쇼핑은 상품 검색에서 상당히 유리한 고지를 점할 수 있었다. 그렇기에 네이버는 온라인 쇼핑의 본원적 가치(fundamental value)에서 강력한 경쟁력을 확보하면서 후발주자임에도 불구하고 단기간에 시장 리더로 올라서는 무서운 성장세를 보일 수 있었다.

네이버의 성공 신화에서 확인할 수 있는 플랫폼의 첫 번째 조건은 바로 '독보적 자원(originality)'이다. 플랫폼 자체 특성이 있어야 한다는 것이다. 그리고 이러한 특성이 시장의 결정적 요인(critical factor)으로 작용하게 되면 파급력은 더욱 커진다. 최근에는 이커머스 시장을 누가 리드할지를 두고 IT 플랫폼 기업과 유통 기업 간의 몸집 불리기 경쟁이 심화되고 있다. 플랫폼 구조상 적용되는 승자 독식의 룰 때문이다. 하지만, 몸집만 불린다고 다 되는 것은 아니다. 최근 계열사 통합과 기업 인수를 통해 공격적으로 이커머스로 진입하려고 하는 '롯데온'의 사례를 타산지석으로 삼아 보자. 아무리 사이즈를 키우고 다양한 혜택을 붙여 준다 한들 소비자 머릿속에 강하게 남는 한방이 없으면 승기를 가져오기는 어려운 상황이다. '오늘의집' '당근마켓' '마켓컬리' '무신사' 등과 같은 스타트업은 작은 기업이긴 하나 그 플랫폼을 찾아갈 이유는 분명하다. 오늘의집은 '인테리어', 당근마켓은 '동네 기반 중고거래 장터', 마켓컬리는 '신선식품 새벽 배송', 무신사는 '스트리트 패션 웹진' 등의 전문몰로서 명확한 오리지널리티를 가지고 플랫폼의 코어 에너지를 확보한 것이다. 이처럼 플랫폼 비즈니스라고 해도 단순히 크기와 시장 장악력은 정비례하지 않음을 알 수 있다.

또 다른 특성은 거래에서 나온다. 네이버는 기본적으로 많은 사람이 들고 나는 플랫폼이다. 그러다 보니 네이버에 트래픽이 많이 생기게 하기 위해서는 정보든, 콘텐츠든, 상품이든 좋은 거래가 많이 일어날 수 있는 환경이 조성되어야 한다. 네이버는 거래 활성화를 위해 네이버 안에 소상공인들이 비즈니스를 할 수 있는 판로를 만들어 주었다. 네이버가 야심 차게 밀고 있는 전략은 '스마트스토어'이다. 스마트스토어는 네이버의 쇼핑몰 서비스이다. 네이버의 쇼핑은 2012년 샵N으로 시작해서, 2014년 네이버 스토어팜으로의 진화를 거쳐, 2018년 스마트스토어에 이르렀다. 이를 기반으로 네이버는 2019년에 온라인 쇼핑 결제액 1위로 이커머스 시장을 선도하고 있고, 2020년 기준으로는 35만 개의 스마트스토어가 월평균 3만 5천 개의 속도로 신설되고 있다.

네이버 스마트스토어가 지향하는 것은 소상공인과 개인 창작자의 성장을 돕는 오픈 플랫폼이다. 소상공인이 일반 오픈마켓에 입점하게 되면 입점료와 함께 8~12%의 비싼 수수료를 지불해야 한다. 오픈마켓에 입점하기 위해서는 판매 건당 수수료를 지불해야 하다 보니 수익이 커지더라도 그만큼의 성과를 돌려받기 어려운 구조이다. 또한 결제 시스템 이용료에 프로모션 분담금까지 있어서 유통 채널로서 개척해 나가기가 어렵고 부담스러운 상황이었다. 하지만 네이버 스마트스토어는 약 5% 미만의 수수료로 소상공인들의 문턱을 낮추면서 복잡하고 어려운 유통 채널에 쉽게 입점해서 판매를 시작할 수 있도록 돕고 있다. 네이버에서는 판매자뿐만 아니라 스마트스토어를 찾는 고객들에게도 이점이 돌아간다. 이들은 스마트스토어에서 상품을 결제할 때뿐만 아니라 리뷰를 남길 때도 포인트

09 플랫폼 창조(platform creation)

를 지급받는다. 심지어는 구매 직전이 아닌 제품 사용 한 달 후에 리뷰를 남기더라도 추가로 포인트를 받게 된다. 최근 출시한 네이버 플러스에서는 최대 4배까지 적립이 가능하도록 혜택의 수준을 높이고 있다. 이렇게 얻은 포인트는 상품 구매, 웹툰 구독, 음악 이용권 구매 등 네이버에서 제공하는 다양한 서비스 영역에서 사용될 수 있다. 고객들은 포인트를 얻어 혜택이고, 다른 고객들은 실제 사용에 기반한 유용한 후기들을 많이 볼 수 있어 구매 결정에 도움을 받는다. 이러한 사항에서 알 수 있듯이 플랫폼의 두 번째 조건은 '거래 이점(advantage)'임을 알 수 있다. 따라서 플랫폼이 되려면 확실한 거래 이점을 제공해서 높은 트래픽 확보할 수 있어야 한다.

네이버를 통해 확인할 수 있는 세 번째 특징은 플랫폼에서의 거래 활동이 다시 자기 자산으로 되돌아오게끔 생태계를 구축하는 '자산화(assetization)'에 있다. 일단 네이버는 국내 최대의 데이터 창고이다. 오죽하면 한성숙 대표가 정부의 데이터 댐 정책에 맞게 20년간 쌓은 막대한 데이터를 오픈하여 디지털 경제 강국 건설에 힘을 보태겠다고 선언했을까. 네이버가 가장 강력한 마켓 리더로 각광받을 수 있었던 저변에는 바로 데이터라는 4차 산업혁명의 원료가 존재했기 때문이다. 네이버가 보유한 데이터는 회원 프로파일뿐 아니라 검색 정보와 구매 정보까지 모두 개인을 중심으로 구축할 수 있기 때문에 개인화 마케팅을 위한 미래 자산으로 인정받는 것이다. 네이버는 스마트스토어에 입점해 있는 판매자들이 브랜드 판매 현황을 분석하고 마케팅 활동에 도움을 받을 수 있도록 편리한 인터페이스의 데이터 분석 서비스를 제공한다. 이러한 편의성은 많은 판매자가 네이버를 찾게 하는 원동력으로 작용한다. 거래가 많이 일어날수록 데이터는 무수히 쌓이게 되고, 이는 다시 비즈니스의 귀중한 원천이 된다. 이런 자산화 작업을 통해 플랫폼의 거래는 선순환을 띠면서 활성화되는 것이다.

네이버를 통해 알아본 플랫폼의 마지막 조건은 '확장성(extendability)'이다. 제품과 서비스의 기획이 소비자 중심, 특히 고객의 라이프스타일 중심으로 재편되다 보니 특정 영역이라도 소비자의 생활반경을 점유해야 한다. 넓은 생활 반경을 점유할수록 기업에게 더 많은 기회가 돌아가고, 더 많은 거래가 일어나고, 더 큰 데이터 자산이 확보되므로, 더 큰 시장으로 성장할 수 있는 발판이 된다. 따라서 오픈 콜라보레이션을 통한 비즈니스 확장성은 성공하는 플랫폼의 마지막 조건이 된다.

이상으로 성공 가도를 달리고 있는 네이버 스마트스토어를 통해 플랫폼의 작동원리를 '독보적 자원' '거래 이점' '자산화' '확장성'의 네 가지 요인으로 뽑아 보았다. 그럼 각각의 요인들이 플랫폼의 위상을 만들어가는 데 있어서 어떤 역할을 하는지 다른 브랜드들의 사례를 통해 좀 더 살펴보기로 하자.

플랫폼의 조건

① 독보적 자원(originality)

플랫폼이 갖춰야 할 '독보적 자원' 하면 가장 먼저 넷플릭스가 떠오른다. 넷플릭스는 원래 '비디오 유통 플랫폼'으로 출발한 기업인데, 이러한 넷플릭스를 OTT 시장의 강자로 등극시켜 준 것이 바로 '오리지널 콘텐츠'이다. 넷플릭스의 초기 오리지널은 〈릴리해머〉이지만, 넷플릭스를 오늘날의 오리지널 콘텐츠 왕국으로 만든 장본인은 2013년에 제작된 〈하우스오브카드〉이다. 당시 회당 제작비 40억 원, 시즌 1 제작에만 약 1,200억 원을 들여 만든 이 완성도 높은 콘텐츠는 전 세계적으로 선풍적인 인기를 끌었다. 이 콘텐츠의 인기는 넷플릭스 유료 가입자를 전년 대비 36.5% 급증시킨 결과로도 알 수 있다. 오리지널 콘텐츠의 저력이 발휘되는 순간이다. 이후부터 넷플릭스는 오리지널 콘텐츠 전략을 강화하여 구독형 OTT의 입지를 강화해 나갔다. 한편, 그동안 넷플릭스에 콘텐츠를 제공했던 많은 콘텐츠 제작업체 역시 오리지널 콘텐츠가 가장 강력한 경쟁 무기가 된다는 점을 깨닫고 하나둘씩 넷플릭스에 콘텐츠 납품을 중단하기 시작했다. 그리고 오리지널 콘텐츠를 제작할 수 있는 생산자라는 이점을 가지고 스스로 콘텐츠 유통업체로 전향하는 길을 선택하고 있다.

이러한 일은 동영상 콘텐츠를 제공하는 미디어 플랫폼에서만 나타나는 현상이 아니다. 음악, 게임, 만화 등 다양한 콘텐츠 사업 영역에서 양질의 콘텐츠를 독자적으로 제공하는 '나만의 콘텐츠'에 집중하고 있다. 콘텐츠 산업에서 시작된 오리지널리티 경쟁은 점차 다양한 산업군으로 퍼져 가는 중이다. 최근에는 소셜미디어, 자동차, 금융, 스마트홈 사업에 이르기까지 남들이 가지고 있지 않은 '나만이 제공할 수 있는 콘텐츠'를 어떻게 플랫폼에 실어 나를 지로 고민이 심화되고 있다. 최근에는 카카오도 자체 브랜드(Private Brand: PB)를 선보이며 오리지널 콘텐츠 전략으로 이커머스 시장에 진입하는 중이다. 카카오 커머스는 콜라, 스파클링, 참치, 햄, 에너지바, 치약 등의 제품군을 앞세워 자체 브랜드 '톡별'을 론칭하며 이커머스 시장의 지각변동을 꾀하고 있다. 카카오의 PB 상품은 좋은 품질의 제

[그림 9-1] 톡별 깨끗한 참치(좌), 톡별 깨끗한 햄(우)

출처: 빅클매거진.

09 플랫폼 창조(platform creation)

품을 상대적으로 저렴하게 구입할 수 있다는 점에서 소비자 만족도가 높고, 특정 업체에서만 독점 판매하는 제품이기 때문에 충성 고객 확보에서도 유리하다는 평가를 받고 있다.

독점적 자원의 수혜를 보고 있는 기업이 또 있다. 스타일쉐어(StyleShare)는 스타일과 관련된 콘텐츠를 제공하고 이와 관련된 상품을 판매하는 패션 & 뷰티 라이프스타일 플랫폼인데, 특히 10대들이 가장 많이 이용하는 트렌드 앱으로 유명하다. 스타일쉐어가 사랑받는 차별적 강점, 즉 이들만의 독점적 자원은 무엇일까? 스타일쉐어에서 제공되는 콘텐츠는 다른 패션 쇼핑몰과는 달리 철저히 유저 지향적인 성격을 띤다. 『창업가의 브랜딩』이란 저서에서 스타일쉐어의 윤자영 대표는 자신들이 특별한 이유에 대해서 이렇게 이야기한다. "소비자들은 일상적으로 공감하기 쉬운 콘텐츠를 좋아하고 매일 보고 싶어 하고 실제 구매하고 있는데, 왜 기업들은 다른 곳에 돈을 쓸까? 저는 이것을 궁금해하면서 아이디어를 구상하기 시작했습니다. 우리는 '유저들이 뭐라고 할까? 어떻게 생각할까?' 저는 늘상 유저 입장에서 생각하고 질문하며 해답을 찾습니다. 우리가 특별한 이유는 유저들이 만들어가는 공간이기 때문입니다."

스타일쉐어가 추구하는 고객가치가 통했다는 것은 이들이 오프라인 행사를 열 때마다 새벽부터 많은 사람이 줄을 서서 기다린다는 팩트에서 확인된다. 이는 사용자들이 보다 가깝게 느끼고 공감할 수 있는 콘텐츠로 플랫폼을 채웠기 때문에 가능한 일이었다. 보통 패션업계는 패션 리더나 전문가들이 시장을 끌고 나가는데 스타일쉐어가 취한 방식은 기존 패션 미디어나 쇼핑몰과는 완전히 다른 접근이었다. 일례로 스타일쉐어 플랫폼에서는 'ㅈㅂㅈㅇ'라는 댓글이 자주 눈에 뜬다. '정보좀요'의 의미를 담고 있는 이 신조어는 스타일쉐어의 사용자들이 적극적으로 제품에 대한 정보를 탐색하고 서로 공유하는 문화가 형

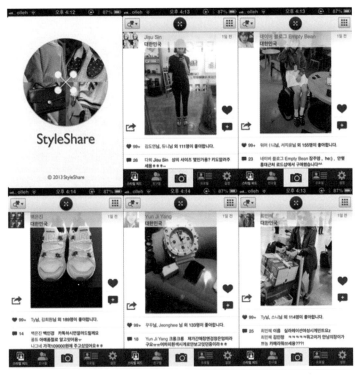

[그림 9-2] 스타일쉐어 애플리케이션

출처: 오마이뉴스.

09 플랫폼 창조(platform creation)

성되어 있었기에 가능한 소비자의 자발적 반응이다. 스타일쉐어에서는 스타일에 관한 한 누구나 자유롭게 묻고 답할 수 있다. 인스타그램에는 예쁜 이미지와 짧은 해시태그로 패션 정보를 올리지만, 스타일쉐어에는 어떤 옷과 코디하면 좋을지, 옷의 색 조합은 어떤지, 트렌드에 맞는지, 어떤 포인트를 줬는지 등의 스타일 꿀팁을 자세하게 기록한다. 이렇듯 스타일쉐어에서는 방문자들이 댓글로 소통하는 즐거움을 맛보게 된다. 소비자의 자발적 반응은 스타일쉐어를 이용하는 고객들에게 '같은 관심사를 공유하는 사람들 사이의 연대감'을 일으킨다. 따라서 일반적인 패션 쇼핑몰에서는 기대하기 어려운 커뮤니티의 성격이 나타난다. 이렇게 고객들이 직접 채운 플랫폼 공간이 이들이 스타일쉐어를 사용하는 차별적인 이유라 할 수 있다.

오리지널 전략은 소위 '여기에만 있다'의 전략이다. 이는 무수한 경쟁 속에서 존재가치를 빛내야 했던 많은 브랜드가 고민했던 주제이다. 이런 관점에서 보면 플랫폼은 마치 브랜드와 같다. 독자성에 의한 존재의 가치가 명확해야 시시각각 새롭게 생성되는 신생 플랫폼들과 기존 플랫폼들 사이에서 사라지지 않고 빛을 발산할 수 있다. 따라서 플랫폼의 제1 조건은 '거래의 차별화'를 만들 수 있는 독보적 자원이라고 할 수 있다.

② 거래 이점(advantage)

독보적 자원을 통해 사람들의 이목을 끌 수 있었다면 다음은

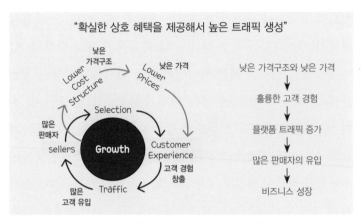

[그림 9-3] 아마존의 비즈니스 플라이휠

출처: 브런치 재구성.

방문한 사람들에게 실질적인 거래 이점을 제공해야 한다. 무엇을 주고받게 할 것인가? 어떤 것이 플랫폼의 생명을 더욱 강력하고 오래 지속될 수 있게 할 것인가? 이런 문제에 대한 답을 찾기 위해서는 디지털 생태계에서 어떤 식으로 거래가 이루어지는지를 살펴볼 필요가 있다.

디지털 플랫폼에서 거래를 일으키려면 일단 트래픽부터 생성해야 한다. 따라서 트래픽이 생성되는 과정을 살펴보면 어떤 지점에서 거래 이점이 형성되는지 알 수 있다. 확실한 상호 혜택을 제공해서 높은 트래픽을 만들어 내는 구조는 일찍이 아마존에서 비즈니스 플라이휠(Flywheel)로 설명한 바 있다. 플라이휠은 제프 베조스(Jeff Bezos)가 20년 전에 냅킨에 그렸던 아마존의 경영 철학인데, 이 구조는 전방위 디지털 고객 경험 혁신을 위한 선순환 루프를 명쾌하게 보여 준다. 아마존은 저가 정책을 썼던 유통 기업이기 때문에 낮은 가격(low price)이라는 가치를 제공하며 아마존을 찾는 소비자에게 훌륭한 고객 경험을 제공한다. 고객 경험이 좋다 보니 많은 소비자가 아마존으로 몰리게 되고, 플랫폼 트래픽이 증가하다 보니 판매자들이 찾아오는 플랫폼이 된다. 판매자와 소비자가 만났으니 비즈니스는 성장 가도를 달리게 된다. 판매자가 많아지니 경쟁으로 인해 고객 경험의 질은 한층 더 향상될 수밖에 없다. 이는 다시 훌륭한 고객 경험으로 연결된다. 이러한 순환 고리가 반복되며 플랫폼은 계속 성장을 이어나가게 된다. 여기서 거래 이점에 대한 팁을 얻을 수 있다. 바로 '브랜드가 지향하는 고객가치를 담은 훌륭한 고객 경험'이다. 거래 이점은 훌륭한 고객 경험을 중심으로 소비자에게도 혜택이 가고 판매자에게도 혜택이 가는 구조를 만드는 데서 나온다. 이런 차원에서 거래 이점을 확실하고 있는 3개의 기업 사례를 살펴보면서 거래 이점을 형성해 가는 노하우를 얻어 보자.

첫 번째는 '잼페이스(Zamface)'라고 하는 Z세대를 위한 뷰티 영상 큐레이션 앱이다. 잼페이스가 군이 Z세대만을 위한 한정된 서비스겠냐마는, 이 브랜드는 일단 화장에 관심이 많고 많은 시간과 노력을 들이는 Z세대에게 도움을 주기 위한 서비스로 출발했다. 잼페이스의 윤정하 대표는 Z세대가 화장을 잘하기 위해서 보통 유튜브상의 화장법 동영상을 주로 찾아보는데,

생각보다 유튜브 검색이 불편하다는 점에서 시장 기회를 발견했다. 실제로 화장이라고 하는 것이 눈썹, 눈, 볼, 입술, 피부 등 다양한 얼굴 부위를 커버해야 하고 다양한 아이템의 화장품을 다뤄야 하는 일이기 때문에 유튜브 동영상에 내가 원하는 부위와 내가 원하는 스타일의 메이크업 노하우를 배우고 익히기에 기능적인 불편함이 많았다. 당시만 해도 영상 중심의 뷰티 전문 서비스가 시장에 부재한 상태였다. 따라서 윤 대표는 유튜브 상의 화장법 동영상 검색 편의를 돕기 위해 인공지능을 통해 취향별 화장법을 쉽고 빠르게 제공해 주는 뷰티 라이프스타일 플랫폼으로 잼페이스를 만들었다. 잼페이스는 화장에 대한 노하우와 화장품에 대한 정보를 찾고 뷰티 찐친과 공유하고 즐기는 곳으로 기획된 공간이다. 그래서 잼페이스가 표방하는 서비스 가치는 '즐거운 뷰티 놀이터'이다.

잼페이스에는 다양한 뷰티 영상 큐레이션 서비스를 제공한다. 20~30분의 긴 영상에서 보고 싶은 구간으로 순간 이동하는 '타임점프' 기능, 셀카 사진을 촬영한 후 AI 분석을 통해 나와 닮은 뷰튜버를 추천해 주는 '페이스 매칭' 기능, 뷰튜버가 영상에서 사용한 화장품 카테고리별 랭킹을 제공하는 '뷰튜버 화장품 랭킹' 기능 등 서비스 기획에 인공지능 기술을 적절히 접목하여 사용자의 불편을 단번에 해소시켜 주었다. 영상을 통한 메이크업 노하우 획득부터 맘에 드는 화장품 찜에서 구매까지 원스톱 서비스를 구현한 결과, "잼페이스를 쓰다 보니 유튜브

09 플랫폼 창조(platform creation)

에서 메이크업 영상을 볼 필요가 없어졌어요."라는 사용자 후기가 등장할 정도로 플랫폼의 성공이 점쳐졌다. 그 이후 잼페이스는 풍부한 유저 데이터를 기반으로 유사한 취향의 유저들을 매칭시켜, 뷰티 찐친과 소통하는 즐거운 뷰티 소셜 플랫폼으로 거듭나고 있다. 플랫폼으로서의 거래 이점이 명확하다 보니 지금은 많은 뷰티 제조사가 잼페이스와 협업하기 위해 잼페이스의 문을 두드리는 효과로 연결되고 있다. 잼페이스는 메이크업 정보를 주는 사용자 기반 플랫폼으로 출발했지만, 고객에게는 화장에 대한 편의와 즐거움을 제공하는 동시에, 화장품 제조사에게는 그들이 찾는 Z세대 고객들을 한 번에 만날 수 있는 미디어 커머스 채널의 역할을 제공하는, 쌍방이 필요로 하는 플랫폼으로 성장하고 있다.

두 번째는 라이프스타일 서비스 중개 플랫폼 '숨고'이다. 숨고는 이사, 청소, 과외, 운동 등 다양한 생활 노하우를 제공해

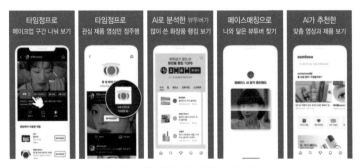

[그림 9-4] 잼페이스 애플리케이션

출처: 잼페이스.

줄 수 있는 숨은 고수를 매칭해 주는 플랫폼이다. 숨고의 김로빈 대표는 한국의 동네 생활 서비스 시장이 서양에 비해 훨씬 낙후된 것을 목격하고, 이를 개선하는 데서 시장 기회를 발견했다. 보통 가사도우미 아주머니를 고용하려면 인력 사무소에 전화해서 알선을 받아야 하고, 화장실 시공을 위해서는 아파트 관리소에 연락하거나 인터넷 사이트를 뒤져서 관련 업체를 찾아야 하는 불편이 존재한다. 동네 생활 서비스를 이용하려는 수요자와 제공하려는 공급자가 모두 흩어져 있는 상태에서 정보 탐색에 어려움이 있다는 것을 발견한 것이다. 특히 한국처럼 네이버나 카카오톡처럼 디지털에서 특정 카테고리를 장악할 경우, 높은 디지털 수용성으로 인해 큰 시장 장악력을 확보할 수 있을 것이라는 기대감도 작용했다. 따라서 숨고는 라이프스타일 서비스 거래 플랫폼을 선도하고자 하는 포부를 가지고 세상에 나왔다.

요즘은 유튜버를 중심으로 각자 전문성을 가진 개인 창작자들이 많이 양성되다 보니, 일반인도 다양한 생활 고수들로부터 기꺼이 가이드를 받으려는 추세를 보인다. 숨고에서는 음악, 랩, 댄스, 꽃꽂이, 펫시터, 도배, 골프 레슨, 취업 컨설팅 등 분야를 가리지 않는 다양한 테마들에서 숨은 고수들을 추천해 준다. 특히 펫시터는 론칭 초기와는 달리 점차 반려동물 돌봄 서비스에 대한 수요가 급증하면서 지금은 숨고에서 가장 인기 있는 서비스로 자리 잡았다. 수요자와 공급자가 늘면 자연히 시

09 플랫폼 창조(platform creation)

장이 형성되고 여기서 또 다른 새로운 서비스로 확대되면서 거래의 생태계가 형성된 것이다. 지금은 단순한 정보 제공을 넘어 이벤트 기획, 뷰티·건강 클리닉, 디자인·개발 솔루션, 비즈니스 컨설팅 등 다양한 유형으로 비즈니스가 분화되고 있다. 고객들도 이사 용역을 고용하다가 청소 서비스를 알게 되고, 아이 영어회화 레슨 선생님을 찾다가 본인의 취미 가이드를 줄 튜터를 찾는 등 한 고객의 서비스 이용 영역도 크로스셀링(cross-selling)으로 확대되는 가능성을 보이고 있다. 그야말로 라이프 플랫폼이 아닐 수 없다. 또한 숨고에는 760여 가지의 전문 서비스가 등록되어 있다 보니, 특정 영역의 고수라도 다른 영역의 고객이 될 수도 있고, 고객으로 이용해 본 사람들도 자신의 특화된 영역을 가진 고수로 활동할 수도 있다. 이처럼 숨고는 공급자와 수요자의 경계가 없는 무한확장이 가능한 플랫폼이라 할 수 있다.

세 번째 사례는 '케어닥'이라는 스타트업이다. 케어닥도 잼페이스와 같이 시작은 정보제공형 플랫폼이었다. 케어닥의 박

[그림 9-5] 숨고에서 활동 중인 숨은 고수들의 사진
출처: 브레이브모바일.

[그림 9-6] 케어닥 애플리케이션

출처: Platum.

재병 대표는 우리나라의 고령화 속도가 세계 최고임에도 불구하고 아직 이렇다 할 실버케어 서비스가 대중화되고 있지 못하다는 점에서 비즈니스 기회를 포착했다. 현재 보건 의료와 관련된 정보들은 병원, 간호사, 장기 요양 시설 등으로 파편화되고 불연속적으로 축적되어 있어서 고객 중심의 서비스를 제공받기 어려운 실정이다. 따라서 케어닥은 개인 기반으로 간병, 요양, 질환 관리 등의 다양한 실버케어를 받을 수 있는 융합형 실버케어 플랫폼으로 탄생하였다. 아직 초기 단계이긴 하나, 이러한 공로를 인정받아 2018 보건의료데이터 활용 공모전을 수상하고, 2019 공공데이터 활용 공모전 국무총리상을 수상한 바 있다. 케어닥 서비스도 잼페이스나 숨고와 유사한 성장 루트를 밟을 확률이 높다. 결국 플랫폼 안에서 수요자와 공급자를 강력하게 연결시킬 수 있는 거래 이점이 존재하는지가 관건이다.

09 플랫폼 창조(platform creation)

위의 사례들에서 살펴봤듯이, 가장 시장성이 큰 거래 이점은 라이프스타일 영역에서 나온다. 이는 플랫폼이 다양한 삶의 접점들을 연결하고 있기 때문이다. 그리고 일단 라이프스타일 플랫폼으로 자리를 잡게 되면 미디어가 되고, 다시 커머스가 되기까지의 과정은 생각보다 빠르게 진행된다. 라이프스타일 플랫폼은 고객들에게 발견을 위한 최적의 놀이터가 되고, 제품이나 서비스 공급자에게는 높은 관여도를 가진 찐 고객들을 만날 수 있는 시장이 된다. 따라서 디지털 플랫폼으로서 강력한 거래 이점을 확보하기 위해서는 '라이프스타일'이란 영역에 집중할 필요가 있다. 라이프스타일이 거래 가치가 되면 이러한 라이프스타일을 추구하는 고객들은 자연히 붐비게 되고, 이때부터 플랫폼은 안정적 성장세로 진입할 토대를 얻게 된다.

③ 자산화(assetization)

세 번째 조건은 자산화 가능성이다. '자산화'란 공급자와 수요자가 플랫폼 생태계에서 활동한 모든 이력들을 데이터 자산으로 확보하는 역량을 말한다. 데이터를 통한 자산화가 중요한 이유는 이것이 플랫폼의 지속 유지와 성장을 담보하기 때문이다. 성공하는 플랫폼은 많은 거래자를 유치하고 유지할 수 있는 역량, 즉 플랫폼을 방문하는 고객들의 거래 가치를 충족시켜주는 노하우를 가지고 있다. 따라서 플랫폼으로의 기능을 지속하기 위해서는 이들이 원하는 가치를 중심으로 수요자와 공급자를 매칭해 줄 수 있어야 한다. 앞서 플랫폼은 고객이 중심이 되는 시장이라고 했다. 플랫폼이 만드는 시장은 오프라인 시장과 양태가 조금 다르다. 오프라인 시장이 '제품 중심'으로 형성이 된다면 플랫폼의 시장은 철저히 '고객 중심'으로 구성이 된다. 경계 없는 플랫폼 생태계에서 만드는 고객 중심의 시장은 제품·서비스 사용을 둘러싼 라이프스타일의 제안이다. 따라서 자산화는 '플랫폼 안에서 이루어지는 거래의 결과 생성되는 데이터를 어떻게 활용해서 라이프스타일 플랫폼을 구축할 것인가'에 대한 이야기이다. 그렇다면 라이프스타일을 제안하기 위해 어떤 거래 이력들을 어떻게 활용하는 것이 좋을까?

라이프스타일 하면 다소 개념적인 접근처럼 느껴진다. 하지만 라이프스타일 플랫폼은 데이터를 기반으로 한 라이프스타일 시장의 구축을 의미한다. 결국 디지털 플랫폼은 데이터를 기반으로 한 개인화 마케팅의 장이기 때문이다. 따라서 플랫폼을 고도화시키려면 기본적으로 고객 데이터가 필요하고, 각자 비즈니스에 맞는 개인화된 라이프스타일 서비스에 대한 정의가 있어야 한다. 이때의 개인화란 개인의 시공간을 세분화 단위로 쪼개서 관리하는 초 개인화 마케팅(hyper-personalization marketing)을 말한다. 초 개인화 마케팅을 위해서는 시간(time)과 공간(place)과 상황(occasion)을 구체화할 수 있는 고객의 생활 맥락 정보가 필요하다. 이러한 초 개인화 마케팅을 위해 최근에는 개인화 변수로 고객 정황(semantic), 고객 접점

(channel), 고객 취향(preference)이 중요하게 부각되기 시작했다. 싱글 소스(single source)를 중심으로 데이터 플랫폼을 구축하고 고객의 구매 여정을 따라 하루 일상을 쫓아가다 보면 다양한 생활 속 모멘트(life moment)들을 확보할 수 있는 기회를 얻게 된다. 고객의 생활 순간들에 모두 침투하겠다는 것, 이것이 바로 초 개인화 마케팅의 개념이다. 결국 빅데이터는 고객의 생활로 침투할 수 있는 통로가 되는 것이다. 따라서 이러한 통로를 구축해 놓는다는 것은 장기적인 수익 창출을 위한 자산이 된다.

플랫폼을 활성화시키기 위해 고객의 맥락정보를 잘 활용하고 있는 사례를 살펴보자. 첫 번째 브랜드는 '왓챠피디아(Watchapedia)'이다. 왓챠피디아는 넷플릭스에 대항하는 국내산 콘텐츠 평가·추천 서비스이다. 왓챠피디아는 최근 개인의 취향을 저격하는 영화 추천 알고리즘을 갖춘 것으로 부각이 되었는데, 여기에 이들만이 보유하고 있는 6억 개 이상의 콘텐츠별 평점과 리뷰가 활용되고 있다. 이들은 고객들이 어떤 영화를 구입해서 봤는지, 끝까지 다 봤는지, 특정 부분을 더 즐겨봤는지 등 영화 시청 행태 데이터만 가지고는 정확히 취향을 저격하기 어렵다는 점을 극복하고자, 영화 선호 태그, 선호 배우, 선호 감독, 영화 선호 국가, 영화 선호 장르, 총 영화 감상시간 등 영화 취향을 분별할 수 있는 고객 정보를 활용하여 추천 적중률을 높이고 있다.

[그림 9-7] 왓챠피디아 서비스

출처: 왓챠피디아 앱.

다른 사례는 B2C 여성 패션 마켓 플레이스이자 한국 10대
가 가장 많이 사용하는 쇼핑 앱인 '지그재그(zigzag)'이다. 지그
재그는 동대문 기반 여성 패션 쇼핑몰 모아보기 앱에서 출발한
브랜드다. 지그재그의 서비스가 여타의 서비스와 다른 점은 패
션 상품을 고객의 취향과 연결시켜 주는 개인화 추천 알고리즘
에 있다. 지그재그의 서정훈 대표는 "힙스터 스타일을 좋아하
는 고객과 러블리 스타일을 좋아하는 고객이 있다면 두 분 모
두에게 '지그재그에 들어오니 내가 좋아하는 스타일이 너무 많
네?'라는 경험을 주고 싶었다."고 이야기한다. 이를 위해 포털
쇼핑몰 3,700여 개의 데이터를 크롤링하고, 상품 클릭, 상품 찜
(상품 단위), 쇼핑몰 즐겨찾기(쇼핑몰 단위) 등의 고객 행태 데이
터를 활용하여 16개의 다이나믹 클러스터(사용자의 행동 패턴
에 맞춰서 실시간으로 그 형태가 달라지는 클러스터링 방식)를 통

09 플랫폼 창조(platform creation)

[그림 9-8] 지그재그의 데이터 드리븐 마케팅

출처: 바이라인네트워크 재구성.

해 '개인화 추천' 서비스를 제공한다. 결국 고객은 힙스터를 좋아하든 러블리를 좋아하든 모두 '여기가 내 스타일'이라는 고객경험을 하게 된다.

④ 확장성(extendability)

플랫폼은 기본적으로 디지털 네트워크 위에서 형성된다. 이때 네트워크가 형성되는 기준은 제품 카테고리의 유사성이 아니라 소비자의 생활반경을 기반으로 한다. 오프라인이 메인 비즈니스였던 시대에는 사업 영역의 확장을 '브랜드 확장(brand extention)'이란 주제로 연구했다. 브랜드 확장이 성공하기 위해서는 기본적으로 모 브랜드와 확장 브랜드 간의 유사성(similarity)이 1차 조건이었다. 두 카테고리가 유사해야 소비자 머릿속에서 자연스럽게 모 브랜드가 가진 자산이 확장 브랜드로 전이되면서 시너지를 일으킬 수 있다는 것이 전제였다. 하지만 플랫폼 생태계에서는 어떠한가? 이때는 소비자 인식상의 유사성보다 소비자 생활 속에서 연결될 수 있는 모든 산업군이 확장의 대상이 된다. 디지털상에서는 이종 업종 간 경계가 허물어지다 보니 디지털 트랜스포메이션의 중요한 방법론으로 오픈 콜라보레이션이 중요하게 다루어진다. 내부 역량만으로는 방대하게 확장되는 플랫폼 생태계에 대응하기 어려우니 외부 협업을 통해 소비자의 생활반경에 침투하려는 전략이다. 네이버의 수장인 한성숙 대표 역시 "빠르게 변화하는 환경 변화에 적응하려면 자체 도전뿐 아니라 필요한 역량 강화를 위해 외부 파트너들과의 협력이 점점 더 중요해지는 상황"임을 언급했다. 이러한 목표를 가지고 네이버는 최근에 CJ와 제휴를 맺으면서 쇼핑과 결제에서 물류로 이어지는 흐름에 완결성을 갖추고 콘텐츠 영향력까지 강화할 수 있는 원스탑 플랫폼을 구축하는 데 힘쓰고 있다. 지금도 플랫폼 생태계는 디지털이라는 연결 단자를 통해 거미줄처럼 복잡한 연결망으로 몸집을 키우고 있다. 이런 환경에서 플랫폼으로 자리를 잡기 위해서는 외부의 전문성을 갖춘 다른 기업들과 오픈 콜라보레이션을 하여 더 큰 플랫폼 생태계를 만들든가, 거대 플랫폼의 하부 조직으로서 큰 생태계 위에서 공생하든가의 전략적 판단이 필요하다.

라이프스타일 플랫폼으로 변모하는 방법

성공한 플랫폼들은 모두 다 고객 서비스를 지향하고 있다. 배달의민족, 오늘의집, 당근마켓 등과 같이 최근 주목받고 있는 플랫폼 기업들은 과거에는 없던 기술력으로 디지털 혁신을 꾀했다기보다, 과거에 충족하지 못했던 고객의 니즈를 어떻게 충족시켜서 더 나은 삶을 살게 할 것인가를 구현시켜 소위 대박을 터뜨렸다. 이들은 IT를 이용하여 삶의 편의를 개선하거나 새로운 라이프스타일을 제안하는 것을 목표로 비즈니스를 펼쳐 나가고 있다. 또한 이들이 구축한 플랫폼은 제품을 사고팔기 위한 유통의 장이라기보다 소비자에게 다양한 생활 정보를 제공하고 이들의 편의와 니즈를 충족시켜 주는 생활의 장으로서 비전을 가지고 있다는 점을 눈여겨보아야 한다. 일단 라이프스타일 앱이 플랫폼으로서의 위용을 갖추게 되면, 미디어로서의 역할과 커머스로서의 역할로 그 가능성이 확대되는 것은 시간문제이다.

이제 라이프스타일을 팔아야 하는 시대라고 이야기한다. 앞서 보았듯이 이러한 공식은 플랫폼 비즈니스에도 그대로 적용된다. 라이프스타일 플랫폼은 소비자의 생활을 중심으로 본인이 관심을 갖는 정보와 콘텐츠에 쉽고 편하게 접근해서, 보다 나은 삶을 설계할 수 있도록 고객의 삶을 리드하는 역할을 해

[그림 9-9] '오늘의집'의 라이프스타일 플랫폼 구조

야 한다. 따라서 모든 기업들은 이제 그들 비즈니스의 대상의 되는 고객의 생애 단계와 이에 맞는 개인의 라이프스타일에 관심을 가져야 한다. 그리고 생활 저변으로 확대한 서비스를 통해 소비자의 생활권에 대한 데이터를 확보하여 더욱 더 이들의 삶에 밀착한 서비스를 제공해 줄 수 있어야 한다.

지금은 사람들이 모바일폰을 가지고 그 안에서 어떤 앱에서 어떤 시간을 보내는지가 그 사람의 관심사를 정확히 보여 주는 시대라고 할 수 있다. 따라서 기업들은 고객이 어떤 모바일 앱을 사용해서 어떤 일상생활을 보내는지를 면밀히 살펴야 한다. 소비자들은 본인의 관심과 라이프스타일에 맞는 커뮤니티 앱을 다운로드하여 그 안에서 자신의 정보를 자발적으로 공유하며 스스로 콘텐츠가 되고 있다. 그리고 이런 활동은 고스란히 데이터 자산이 되어 기업 활동의 기반이 된다. 그렇기 때문에 소비자의 라이프 데이터에 대한 기업의 관심은 디지털 기업뿐만 아니라 일반 제조기업들도 모두 집중하고 있는 부분

09 플랫폼 창조(platform creation)

[그림 9-10] 언더아머의 '맵마이런' 서비스

출처: 매드타임스.

이다. 스포츠웨어 브랜드인 언더아머(Underarmour)가 소비자의 러닝을 트래킹하는 디지털 헬스케어 모바일 앱인 맵마이런(MapMyRun) 서비스를 통해 고객의 헬스 라이프스타일 데이터를 수집하는 것이나, 갤럭시 S21에서 투고(To Go) 서비스를 출시하여 갤럭시 라인의 제품들을 2박 3일 동안 일상에서 무료로 체험할 수 있는 기회를 제공하여 생활 전반의 데이터를 수집하는 것이 모두 이러한 노력에서 나온 결과로 볼 수 있다.

라이프스타일을 제안하는 방식은 무궁무진하다. 마치 다양한 패션 브랜드가 자신만의 스타일과 아이덴티티를 어필하면서 시장에 존재하는 것처럼 말이다. 이처럼 라이프스타일 플랫폼의 시작점 역시 브랜드에서 출발해야 한다. 강력하고 매력적인 브랜드 아이덴티티를 통해 그들이 제시할 수 있는 삶의 가

[그림 9-11] 삼성 갤럭시의 'To Go' 서비스

출처: 유튜브.

치와 스타일로 소비자들을 초대해야 한다. 그리고 소비자들이 자신의 개인화된 삶에서 이러한 라이프스타일을 실현하며 살 수 있도록 매력적이고 차별적인 브랜드 경험 서비스를 제공해 주어야 한다. 마케터는 자사의 브랜드가 추구하는 신념에 기반 하여 고객 경험의 시나리오를 기획하고 이를 개인화된 브랜드 체험으로 펼쳐나갈 수 있도록 플랫폼을 운영해야 한다.

이제 플랫폼과 데이터를 활용하여 소비자의 일상으로 들어 갈 수 있는 열쇠가 마케터의 손에 주어지고 있다. 마케터가 원 하는 대로, 마케터가 기획하는 대로 소비자의 접점에 다가갈 수 있는 길이 다채롭게 펼쳐지고 있다. 라이프스타일의 설계는 개념에서 끝나는 이야기가 아니다. 모바일 앱이라는 서비스의 실체와 고객과 커뮤니케이션의 결과로 실시간 떨어지는 다양 한 행동 데이터를 통해 고객의 라이프스타일을 개인 단위로 구 현할 수 있는 시대가 오고 있는 것이다. 라이프스타일 플랫폼 을 구축하려는 마케터는 브랜드라는 절대가치를 중심으로 하

09 플랫폼 창조(platform creation)

여 자사 플랫폼을 구축한 후에 브랜드의 취향과 스타일을 경험하고 싶은 타깃 소비자를 유입시키는 동시에, 행동 데이터에 기반한 초 개인화 추천으로 이들의 삶에 침투할 수 있는 유인과 유도의 전략을 잘 구현할 수 있어야 한다. 많은 제품과 콘텐츠를 늘어놓고 소비자가 찾아오기를 기다리는 가판대 같은 플랫폼은 점점 더 설 자리를 잃게 될 것이다. 구매와 소비를 넘어 고객이 살고 싶어 하는 삶을 제안해 주는 것, 그것이 브랜드 유니버스가 지향해야 할 플랫폼의 모습이다.

10
콘텐츠 창조
(content creation)

플랫폼에서 콘텐츠로 무게중심 이동

2020년 지식플랫폼 '폴인(fol:in)'에서 발행한 한 세미나 리포트의 제목은 "코로나 이후, 다음 유니콘은 콘텐츠 업계에서 나온다."였다. 가히 콘텐츠의 시대라고 불릴 만하다. 2010년대 초에는 많은 산업이 플랫폼에 촉각을 기울이고 있었다. 당시에는 다양한 IT 기술들이 새롭게 소개되면서 많은 산업군에서 디지털 생태계를 구축하는 것이 중요한 화두였다. 하지만 플랫폼은 그 자체만으로 기능하기는 어렵다. 왜냐하면 디지털 플랫폼은 원래 유기체적 성격을 띠고 있어서 계속 살아 숨쉬기 위해서는 생명을 불어넣는 콘텐츠를 필요로 하기 때문이다. 결국 플랫폼 생태계를 작동시키기 위해 콘텐츠가 각광받을 것임은 예견된 일이었다. 실제로 플랫폼 경쟁이 심화될수록 플랫폼에서 콘텐츠로 무게중심이 이동하고 있다. 콘텐츠는 플랫폼에서 수요자를 불러들이고, 공급자와 수요자를 연결시키는 역할을 하면서 플랫폼 생태계를 움직이는 주축이다. 플랫폼에서 거래를 촉진시키는 것은 상품과 서비스 이상으로 재미와 편리와 공감을 담은 콘텐츠이기 때문에 플랫폼과 콘텐츠는 공생해야 하는 운명 공동체라고 할 수 있다. 플랫폼은 수많은 콘텐츠 사업자와 함께해야 하고, 콘텐츠 사업자는 의미 있는 플랫폼과 연합해서 사용자를 만나야 한다.

마케팅에서 콘텐츠가 주목을 받았던 것은 지금이 처음이 아니다. 과거에도 콘텐츠가 크게 주목받던 때가 있었다. 바로 브랜디드 콘텐츠(branded contents)다. 2000년대 이후에 등장한 브랜디드 콘텐츠는 콘텐츠 안에 브랜드 메시지를 녹여 소비자가 자발적으로 광고를 보게끔 광고와 엔터테인먼트 콘텐츠를 결합한 것을 말한다. 그 당시만 하더라도 광고 포맷에 콘텐츠가 흡수되는 양상이었다. 하지만 디지털 플랫폼이라는 새로운 마케팅 환경에서는 광고와 콘텐츠 간의 주객이 전도되는 모습을 보인다. 광고를 위해 존재하는 콘텐츠가 아닌 콘텐츠를 위해 존재하는 광고처럼 느껴진다. 지금은 콘텐츠 역할이 단순한 시청에 그치는 것이 아니라 구매 유도까지 그 영역이 확대되고 있다. 광고에서 콘텐츠로 위상이 옮겨가는 것은 '제품'에서 '소비자'로 마케팅의 관점이 이동하는 것과 유사한 맥락으로 해석될 수 있다. 광고는 제품 중심이고 콘텐츠는 소비자 중심이다. 마케터는 제품을 팔기 위해 콘텐츠를 이용하지만, 소비자는 그들의 필요에 의해 콘텐츠를 소비한다. 따라서 광고에서 콘텐츠로 시장 중심이 이동하는 현상은 상당히 중요한 전략적 인사이트를 제공한다. 이는 마케터에게 플랫폼 비즈니스의 코어로 등장한 콘텐츠가 어떠해야 하는가에 대한 지침을 준다. 즉, 오프라인 시대 광고의 궁극적인 목적이 '판매 촉진'이라고 한다면, 디지털 시대 콘텐츠의 궁극적인 목적은 '관계 형성'임을 일깨운다.

디지털 마케팅에서 콘텐츠가 갖는 의미에 대해 미국 SNS 마케팅 전문가인 마리 스미스(Marie Smith)는 이런 이야기를 했다. "콘텐츠는 왕이다. 그러나 (이로 인해 형성되는) 관계는 여왕이다. 그리고 집을 지배하는 건 여왕이다(Content is King, but engagement is Queen and she rules the house)." 그는 이미 플랫폼 비즈니스의 성패를 가르는 것이 콘텐츠임을 알고 있었던 것 같다. 이처럼 콘텐츠는 콘텐츠 자체의 소비에 머물지 말고 고객과의 관계를 형성하는 것으로 작동되어야 한다. 더 이상 소비자들은 마케터의 의도대로 움직이지 않는다. 따라서 마케터 역시 제품의 판매를 위한 의도에서 벗어나서, 콘텐츠를 통해 소비자를 내 편으로 만드는 일로 전략을 바꿔야 한다. 이제 마케터들은 어떻게 하면 더 많은 이가 공감하게 할 것인지, 어떻게 우리 제품과 브랜드의 경험들을 널리 퍼뜨리게 할 것인지, 어떻게 이들을 팬이 되게 만들 것인지를 고민하면서 콘텐츠를 가지고 소비자와 소통하기에 나서야 한다. 관계를 담보할 수 있어야 진정한 디지털 콘텐츠로 기능하는 것이다.

콘텐츠의 작동 방식: 유인과 유도

그렇다면 이제 플랫폼에서 콘텐츠가 어디서 어떻게 작동하는지를 살펴보도록 하자. 이를 위해서는 먼저 콘텐츠가 어떻게 분화되고 있는지 그 흐름을 아는 것이 필요하다. 1990년대부터 마케팅 전략의 큰 축을 차지했던 브랜드 마케팅은 2000년대 이후 디지털 시대를 맞이하며 행동 기반의 퍼포먼스 마케팅이란 새로운 기류의 등장으로 잠시 무대에서 밀려나 있었다. 하지만 퍼포먼스만으로 모든 것을 해결할 수 없다는 것을 깨닫게 되면서 점차 브랜드와 퍼포먼스를 결합하려는 움직임이 생겨나게 되었다. 이러한 마케팅 기조의 변화와 마찬가지로 콘텐츠 시장도 브랜드 콘텐츠와 커머스 콘텐츠로 그 양상이 분화되고 있다. 원체 콘텐츠는 플랫폼 안에서 소통의 도구로 쓰여지다 보니 사람들을 모으기도 하고 구매를 독려하기도 하는 것이다.

이런 관점에서 플랫폼상의 콘텐츠는 두 가지 역할을 수행한다. 첫째는 '관계의 형성'이다. 플랫폼 도입 시기에는 플랫폼을

10 콘텐츠 창조(content creation)

형성하는 것만으로도 고객이 쉽게 모였다. 새로운 서비스로 고객들이 알아서 찾아왔기 때문이다. 하지만 유사한 플랫폼이 하나둘씩 생겨나고 심지어는 더 나은 서비스를 제공하는 플랫폼들까지 경쟁에 가세하면서 플랫폼들은 이제 고객을 유치하기 위한 전쟁을 치루게 되었다. 이때 콘텐츠는 강력하고 차별적인 플랫폼의 독보적 자원이 된다. 따라서 플랫폼 경쟁이 치열해질수록 콘텐츠가 중요한 이슈로 부각될 수밖에 없다. 플랫폼 비즈니스에서 콘텐츠는 브랜드를 중심으로 차별화를 시도하고, 브랜드 경험들로 소통을 시도하며, 브랜드의 가치를 알아봐 주는 고객과 팬덤을 만들기 위한 강력한 무기로 쓰인다.

둘째는 '판매를 촉진'하는 것이다. 플랫폼을 견인하는 콘텐츠들은 기본적으로 거래를 유도하기 위한 목적성을 가지고 있다. 하지만 이때의 거래 유도는 단순히 판매를 독려하는 것만을 의미하지 않는다. 플랫폼에서의 콘텐츠는 궁극적으로 관계성을 내포하기 때문에 소비자의 '무엇'을 건드리게 된다. 이때의 무엇은 필요가 될 수도 있고, 즐거움이 될 수도 있다. 중요한 것은 소비자에게 공감을 유발했느냐이다. 따라서 콘텐츠의 두 번째 역할은 공감을 통한 판매 촉진이라고 할 수 있다. 블랭크 코퍼레이션의 안영모 프로는 한 인터뷰에서 이런 이야기를 전했다. "잘 만들어진 영상만 좋은 콘텐츠가 아니다. 혹여 영상 품질이 떨어지더라도 많은 사람이 공감한다면 좋은 콘텐츠다. 요컨대 콘텐츠 품질은 중요하지 않다. 목적을 만드는, 공감을 만드는 콘텐츠가 좋은 콘텐츠다. 공감이 판매를 만든다." 과거에는 '좋아요'나 '공유'같이 관계성에 기반을 둔 콘텐츠의 효과에 주의를 기울였다. 자사 SNS에 콘텐츠를 올리고 얼마나 많은 사람들이 '좋아요'를 누르고 공유를 하는지로 디지털 마케팅팀의 성과를 책정했다. 하지만 최근에는 플랫폼 안에서 놀고 구매하고가 동시에 일어나는 일이 비일비재하므로, 공감을 일으키면서도 판매를 유도할 수 있는 쇼퍼블 콘텐츠(shoppable contents) 제작에 힘을 기울이고 있는 추세이다.

쇼퍼블 콘텐츠를 만들기 위해서는 플랫폼에서 쇼핑이 어떻게 이루어지는지 알아야 한다. 앞서 플랫폼에서 제품이 팔리는 방식은 '검색'과 '발견'으로 이루어져 있다고 언급했다. 먼저, 검색은 제품 구매 이전에 정보를 탐색하는 과정에 나타나기 때문에, 필요에 의한 목적형 쇼핑에 해당한다. 목적형 쇼핑은 보통 제품 비교나 가격 비교가 주를 이루기 때문에 다양한 상품 대안들을 살펴보는 것이 관건이다. 이 지점에서 콘텐츠 기획의 첫 번째 전략이 나온다. 바로 '유도 전략'이다. 플랫폼에서 고객을 구매로 유도하기 위해서는 고객 행동 데이터를 활용한 추천 알고리즘이 많이 활용된다. 최근에는 개인의 일상을 시간 단위로 쪼개서 상황에 맞는 메시지와 콘텐츠를 제시하는 초 개인화 방식으로 개발되는 중이다. 이런 초 개인화 마케팅을 진행하기 위해서는 단순히 제품을 푸시하는 것이 아니라, 소비자가 우리 사이트에 진입하여 구매까지 가는 고객 여정을 설계하여 고객의

플랫폼에서
제품이
팔리는 방식

| 검색 | 〈필요〉에 의한 목적형 쇼핑 | • 제품 구매 이전에 정보 탐색하는 과정
• 제품/가격 비교를 통한 대안 검토 | **[유도 전략]** 검색 단계에서 고객의 여정을 끌고 갈 수 있는 콘텐츠 기획 (개인 큐레이션 콘텐츠) |
| 발견 | 〈놀이〉를 통한 유희형 쇼핑 | • 디스커버리 커머스로 구매 발생
• 놀다가 우연히 관심이 가는 제품 구입 | **[유인 전략]** 관심과 공감 포인트로 체류 시간 늘려 주는 콘텐츠 기획 (공감 바이럴 콘텐츠) |

[그림 10-1] 검색과 발견에 쇼퍼블 콘텐츠가 쓰이는 법

맥락에 밀어 넣는 '푸시 전략'을 적용해야 한다. 따라서 검색 단계에서 고객의 여정을 끌고 갈 수 있는 콘텐츠 기획이 중요해진다. 즉, 개인의 취향과 상황에 맞는 제품을 매칭해 줄 수 있는 방향으로 콘텐츠가 개발되어야 한다. 이제는 커머스 상황에서 조차 취향을 저격하기 위한 콘텐츠 큐레이션 역량이 요구된다. 소비자가 제품을 찾는 방식이 아닌 제품이 소비자를 찾아가는 방식으로 콘텐츠를 활용해서 고객 여정을 설계해야 한다.

한편, 발견은 플랫폼 안으로 유입시키고 체류를 늘리는 '유인 전략'에 해당한다. 체류 시간이 판매율에 영향을 주는 사실은 대형마트에서 몰링(malling)으로 유통이 진화한 것을 보면 알 수 있다. 오프라인뿐만 아니라 온라인에서도 마찬가지이다. 사람들은 정보나 재미를 찾아 플랫폼에 들어와서 이것저것 살펴보고 놀다가 우연히 관심이 가는 제품을 구입하곤 한다. 페이스북에서는 이를 '디스커버리 커머스(Discovery Commerce)'

라고 부른다. 실제로 온라인으로 브랜드를 발견하는 경우의 52%가 소셜 피드에서 발생한다는 조사 결과도 있다. 이때 플랫폼의 체류 시간을 늘려주는 것은 콘텐츠의 힘이다. 플랫폼이 존재의 의미를 찾으려면 일단 사람들이 많이 모여야 한다. 사람들을 모으고 오래 머물게 하기 위한 '풀 전략'으로 콘텐츠가 기획되어야 하는데, 이때는 제품의 장점보다 소비자의 관심과 공감 포인트가 콘텐츠의 중요한 전략이 된다. 발견 단계에서는 제품을 팔지 말고 고객이 스스로 우리 제품을 찾아오게끔 유인하는 것이 전략의 핵심이다.

다양한 콘텐츠 유형

플랫폼에서 목적에 맞는 콘텐츠를 작동시키기 위해서는 어떤 콘텐츠 유형들이 존재하는지 파악하는 것이 필요하다. 이 책에서는 최근 디지털 상에서 소비자의 시선을 사로잡으면서 인기를 끌었던 다양한 콘텐츠 사례를 분석하여, 플랫폼상에서 구현할 수 있는 컨텐츠 유형을 다음과 같이 세분화하였다. 앞서 언급한 쇼퍼블 콘텐츠를 기획하기 위해서는 취향을 저격하든, 관심과 공감을 끌든 고객에게 혜택을 주든가, 감정을 건드리든가, 가치를 제공할 수 있어야 한다. 이처럼 콘텐츠가 담고 있는 내용에 근거해 봤을 때, 콘텐츠는 기본적으로 그 초점이

'제품'에 있는지, '소비자'에 있는지에 따라 크게 두 영역으로 양분될 수 있다. 그리고 '본질 요소'를 이야기하는지 '경험 요소'를 이야기하는지에 따라 '자기다움'과 '체험/경험'의 관점으로도 구분될 수 있다. 따라서 제품-소비자, 본질-경험의 차원을 기준으로 했을 때, 최근 인기를 끌었던 디지털 콘텐츠는 다음과 같이 여섯 가지 영역으로 분류하였다.

• 제품 차원: 제품 자기다움(진정성), 기능적 체험(필요), 감성적 체험(재미)

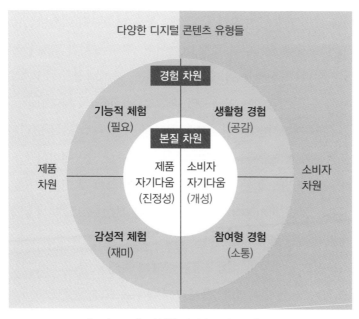

[그림 10-2] 다양한 디지털 콘텐츠 유형들

- 소비자 차원: 소비자 자기다움(개성), 생활형 경험(공감), 참여형 경험(소통)

① 기능적 체험(필요)

제품 관점에서 이야기할 수 있는 콘텐츠의 가장 기본적인 소재는 '필요'이다. 필요는 소비자가 겪는 현재의 불편을 해결해 주는 데서 충족될 수 있다. 미디어 커머스 전문업체인 블랭크 코퍼레이션은 결핍을 해소하는 상품을 만들고 이를 극적으로 보여 주는 콘텐츠 제작에 일가견이 있는 기업이다. 블랭크가 출시한 '퓨어썸 샤워기'는 샤워할 때 쓰는 물이 깨끗할지언정 수도관이 깨끗하지 않다면 깨끗한 물로 샤워하기 어렵다는 소비자의 결핍에 초점을 맞춰 만들어진, 정수 필터가 가미된 샤워기이다. 블랭크는 이 제품이 제안하는 문제해결을 극적으로 보여 주기 위해 비포앤애프터(before and after)의 재미있는 실험 영상 제작하였다. 한강물을 퓨어썸 샤워기로 끌어올렸더니 불순물이 제거됐다는 이 영상은 많은 유튜브 크리에이터에 의해 재연될 정도로 큰 인기를 끌었다. 이 영상이 큰 인기를 얻은 이유는 제품의 기능적 체험이 눈에 쉽게 보이도록 고객의 필요를 이야기한 화법 덕분이다.

블랭크가 기능적 체험이라는 콘텐츠 화법을 잘 쓰고 있다는 또 하나의 사례가 있다. 블랭크의 라이프스타일 브랜드 바디럽에서 출시한 '마약 베개'이다. 블랭크는 제품 론칭 초기, 마약

[그림 10-3] 마약 베개 달걀 실험(좌), 퓨어썸 샤워기 한강물 실험(우)
출처: 약빨 실험실.

베개의 효능을 극적으로 알리기 위해 제품 사이에 날계란을 끼운 뒤 사람들에게 직접 밟아보도록 하는 실험을 감행했다. 이 베개의 소구점은 베개가 얼마나 머리를 잘 감싸주고, 충격을 흡수해 주며 무게를 잘 분산시키는지를 알리는 것이었다. 이를 직관적으로 잘 보여 주면서 소비자를 설득할 수 있는 콘텐츠를 만들기 위해, 세상에서 제일 약한 물질인 계란이 활용되었다. 이 홍보 영상은 단번에 SNS에서 큰 파장을 일으켰다. 블랭크의 성공 캠페인들은 소비자들이 디지털의 정보도 체험으로 받아들이고 싶어 함을 반증해 주었다.

② 감성적 체험(재미)

제품을 체험시키는 방법으로 기능적 소구 외에 감성적 소구도 존재한다. 감성적 체험을 위한 콘텐츠는 궁극적으로 제품을 재미있게 느끼게 해 주는 것을 지향한다. 최근에는 여러 디지털 기술과 채널들에서 제품의 감성적 체험을 구현하기 위한 방법들이 다양하게 개발되고 있다. 이 책에서는 최근 눈에 띄는 사례들을 중심으로 총 일곱 개의 감성적 체험 방식을 제시하고자 한다. 일곱 개의 감성적 체험은 게이미피케이션, 제품 소환, 스토리텔링, B급 감성, 브랜드 세계관, 콜라보레이션, 굿즈 마케팅으로 분류된다.

게이미피케이션(gamification) 게이미피케이션은 사용자가 거부감 없이 서비스에 접근할 수 있도록 게임 요소를 통해 제품을 체험하게 하는 방법이다. 지루하고 재미없던 제품 소개가 게임처럼 재미있고 매력적인 것으로 바뀌기 때문에, 사용자에게 즐거움과 몰입감을 주고 적극적인 참여를 유도할 수도 있다. 최근에는 인터랙티브 영화 콘셉트를 활용한 게이미피케이션이 마케팅에 많이 활용되고 있다. 눈에 띄는 사례는 오비맥주 '카스'의 국내 최초 인터랙티브 유튜브 영화 〈아오르비(AORB)〉다. 카스는 '당신의 순간을 응원한다, 야쓰(YAASS)' 마케팅을 진행하고 있었는데, 이러한 메시지를 재미있게 전달하기 위해 영화인지 광고인지 모를 콘텐츠를 제작하였다. 아오르비(AORB)는 A 또는 B를 선택하라는 'A or B'의 밀레니얼 세대 어법인데, 영화의 제목처럼 주인공의 운명과 스토리가 시청자의 선택에 따라 달라지게 된다. 시청자가 직접 스토리를 선택할 수 있기 때문에 타깃 맞춤형 콘텐츠를 통해 고객 참여를 독려할 수 있다는 장점이 있다. 또 다른 사례는 웹툰을 원작으로

10 콘텐츠 창조(content creation)

[그림 10-4] 〈카스×아오르비〉 유튜브 인터랙티브 홍보 동영상(상),
넷플릭스 K-몬스터 장르 드라마 〈스위트홈〉 홍보 동영상(하)

출처: 뉴데일리경제, YTN star.

넷플릭스에서 스트리밍된 K-몬스터 장르 드라마인 〈스위트
홈〉이다. 마치 1인칭 게임처럼 선택지를 눌러 드라마 속 스위
트홈을 돌아다닐 수 있게 구성한 점이 흥미롭다. 마치 성격 테
스트와 같은 실문을 따라가면서 자신과 비슷한 유형의 드라마
속 인물로 빙의되는 경험을 느낄 수 있다.

제조업체도 게이미피케이션을 재미있게 활용할 수 있다.
2019년 이케아(IKEA)는 이케아 가구들이 고급진 공간에 어울

[그림 10-5] IKEA in the Museum

출처: 네이버 블로그.

리지 않는다는 선입견을 제거하기 위해, 이케아 가구들을 스페인 마드리드에 위치한 낭만주의 박물관에 몰래 배치하고 방문객들에게 이를 찾아보게 하는 'IKEA in the Museum'이라는 '숨은그림찾기' 캠페인을 진행하였다. 이 캠페인에서는 오프라인뿐만 아니라 박물관에 직접 오지 못하는 사람들을 위해 페이스북 360도 사진과 인스타그램 스토리를 활용하여 '이케아 가구 찾아보기' 체험에 참여할 수 있는 디지털 경험도 함께 제공하였다. 이케아는 이 캠페인을 통해 2019년 칸 국제 광고제와 클리오 광고제에서 수상하였다.

제품 소환　오늘날의 소비자들은 제품을 다채롭게 체험하는 것도 즐겁게 받아들인다. 이제 제품은 사용 상황에만 머물지 않고 소비자의 놀이 소재로도 기꺼이 활용되고 있다. 넷플릭스 판타지 드라마 〈보건교사 안은영〉의 홍보팀은 드라마 소재로

[그림 10-6] 〈보건교사 안은영〉의 젤리 먹방 ASMR

쓰이는 젤리를 소환하여 소비자에게 색다른 체험을 제공하면
서 눈길을 끌었다.

제품과 서비스를 소환하는 방법은 다양하게 기획해 볼 수 있
다. 최근 민음사 TV에서 문보영 시인과 함께 진행한 '콜링포엠'
이벤트도 유사한 사례이다. 이들이 준비한 밤을 위한 작은 이
벤트는 밤 10시에 독자들에게 전화를 걸어 신작 시를 들려주는
무료 목소리 시 서비스이다. 단순히 시집을 사서 읽는 것이 아
니라 목소리라는 새로운 감각을 활용해서 시를 느껴볼 수 있도

[그림 10-7] 민음사 TV의 '콜링포엠' 이벤트

다양한 콘텐츠 유형

록 해 주는 제품의 감성 체험 콘텐츠라고 할 수 있다.

스토리텔링　사람들은 서사를 좋아한다. 기승전결의 스토리 구조는 뭔지 모를 기대감을 유발하고 흥미를 돋우기에 충분하다. 마케팅 콘텐츠라 하더라도 서사를 입게 되면 쉽게 소비자의 몰입을 유도하며 자연스러운 설득의 길로 이끌게 된다. 최근 MZ세대의 눈에 띈 콘텐츠는 네이버 시리즈의 드라마타이즈형 바이럴 광고이다. 배우의 독백 연기와 빠르고 간결한 편집으로 시청자의 호기심을 불러일으키며 네이버 시리즈 광고의 성공작으로 평가받고 있다.

[그림 10-8] 네이버 시리즈 광고

출처: 톱스타 뉴스.

영화 형식의 동영상 광고는 많은 기업이 차용하고 있는 포맷이다. '배달의민족'의 류승룡 광고, '신한은행 쏠'의 곽도원 광고, '브롤스타즈'의 이병헌 광고까지 동영상을 보는 내내 짧은 영화를 관람하는 느낌을 준다. 영화와 제품 사용의 접점을 잘 접목한 브랜디드 콘텐츠는 여전히 유효하다.

　　　　　　　　　　10 콘텐츠 창조(content creation)

[그림 10-9] 영화 포맷의 브랜디드 콘텐츠

출처: 네이버 블로그.

B급 감성　　B급 감성은 재미를 공략하는 디지털 콘텐츠의 바이블이라고 할 수 있다. 상식을 깨는 유머 코드는 소비자의 눈길과 흥미를 사로잡기에 무엇보다 효과적이다. B급 감성 마케팅의 선두주자를 꼽자면 배달의민족을 빼놓을 수 없다. 배달의민족은 최근 대한민국 소울푸드인 떡볶이를 상대로 '2020 배민 떡볶이 마스터즈 온라인'이라는 신박한 이벤트를 기획했다. 이 기상천외한 떡볶이 마스터즈는 떡볶이력을 측정하는 떡볶이 대회이다. 떡볶이 마스터즈 수험표, 우승기원 부적, 떡볶이 모의고사 등 떡볶이에 대한 지식과 경험들을 총동원할 수 있도록 철저히 준비되었다. 떡볶이 먹는 ASMR, 떡볶이 토핑을 맞추는 듣기평가, 신당동 떡볶이집의 역사, 떡볶이 고수들, 밀 키트 브

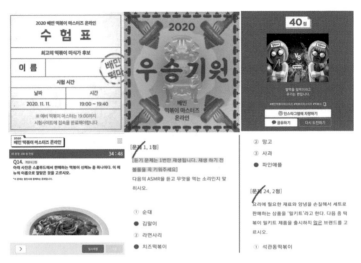

[그림 10-10] 2020 배민 떡볶이 마스터즈 온라인

출처: 더피알.

랜드 등 어떻게 이런 문제를 출제했을까 하는 생각이 들 정도
로 참신한 콘텐츠로 기획되었고, 그만큼 SNS상의 반응도 뜨거
웠다.

브랜드 세계관　　어느 순간부터 마케팅에 '세계관'이라는 키
워드가 등장하기 시작했다. 사실 세계관은 마블 영화나 게임
시나리오에나 나오는 개념이었다. 세계관이 히어로물이나 게
임의 영역을 넘어 디지털 마케팅의 세계에 진입하게 된 것은
나름의 이유가 있다. 마블 영화나 게임은 기본적으로 가상의
현실을 다룬다. 그렇기 때문에 가상의 세계를 구성하기 위해서

10 콘텐츠 창조(content creation)

는 시간적, 공간적, 서사적 배경이 필요하다. 이러한 배후 맥락이 있어야 그 위에 캐릭터와 스토리가 빛을 발할 수 있기 때문에 세계관은 가상 시나리오의 핵심 뼈대가 되는 것이다. 디지털 마케팅 역시 가상공간에서 펼쳐지기 때문에 사람들의 흥미를 유발하는 콘텐츠를 기획하기 위해서 세계관을 차용하기에 이른 것이다.

세계관 마케팅을 절묘하게 도입하고 있는 대표적인 기업은 '빙그레'이다. 빙그레는 최근 화제가 되고 있는 '도른자(돌은 자) 마케팅'의 효시가 되는 기업으로, 그들의 마케팅은 SNS에서 MZ세대에게 크게 찬사를 받고 있다. 빙그레는 기존의 올드한 이미지를 벗고 MZ세대와 적극적인 소통을 하기 위해, 빙그레 나라의 '빙그레우스 더 마시스'라는 왕자님 캐릭터를 전면에 내세우며 2개월 안에 10만 명이 넘는 인스타그램 팔로워 수를 달성하는 쾌거를 이루었다. 빙그레 나라를 세운 세계관에는 빙그레우스 왕자의 탄생 배경에서부터 그가 왜 팔로워를 늘려야 하는지, 빙그레 메이커가 되기 위한 빙그레우스의 도전 왕위 계승 전에 대한 스토리텔링이 촘촘히 설계되어 있다.

세계관 마케팅은 다른 기업들에게도 퍼져나가고 있다. 최근 신세계면세점은 조선 시대에서 타임슬립한 '심삿갓'이란 브랜드 페르소나를 선보였다. 심삿갓이란 이름은 신세계면세점의 초성(ㅅㅅㄱㅁㅅㅈ)을 활용해서 지은 것인데, 조선 시대 거상인 심삿갓이 우연히 타임슬립을 하게 된 뒤 신세계면세점의 홍보

[그림 10-11] 빙그레우스 더 마시스(좌/중), 신세계 심삿갖(우)
출처: 더피알, 이투데이.

담당자로 취직해서 SNS 계정을 운영하며 고객들의 행복한 삶을 도운다는 세계관에서 탄생되었다. 최근 브랜드 세계관을 적용하여 콘텐츠 제작을 넘어 굿즈 판매까지 성공한 눈에 띄는 사례가 있다. 유튜브 채널 '피식대학'을 운영하고 있는 샌드박스네트워크에서 만든 가상의 재벌 3세 캐릭터인 '이호창 본부장(개그맨 이창호)'은 '김갑생할머니김'으로 큰 기업으로 성공하게 되는데, 가상세계에만 있던 이 김은 실제로 신제품으로 출시되어 오프라인에서 완판 행진을 이어가는 중이다. '김갑생할머니김'은 '이호창 본부장'이라는 재벌 3세 캐릭터가 만든 세계관에 몰입해 탄생시킨 콘텐츠 기반의 굿즈라는 점에서 업계와 팬들의 이목을 끌고 있다. 이제 디지털이란 가상공간에서 다채로운 마케팅을 펼치기 위해서는 매력적인 캐릭터와 잘 짜인 서사가 필요한 시대가 되었다. 브랜드 페르소나라는 의인화를 통해 기업들은 그들의 메시지가 고객들에게 친숙하게 다가갈 수 있도록 소통을 시도하는 중이다.

10 콘텐츠 창조(content creation)

[그림 10-12] 이호창 본부장과 김갑생할머니김

출처: 브랜드브리프, 유튜브.

콜라보레이션　디지털 세계에는 볼거리가 넘쳐난다. 디지털
은 무수한 콘텐츠들이 실시간 생성되고 유통되는 공간이다 보
니 기업의 제품만으로 고객을 붙들기에는 역부족인 상황에 이
르렀다. 그래서 고안해 낸 것이 바로 콜라보레이션 전략이다.
초기의 콜라보레이션은 브랜드와 제품, 브랜드와 브랜드 간의
결합으로 진행되었는데, 콘텐츠의 경계가 사라지면서 브랜드
와 아티스트와의 콜라보레이션, 브랜드와 예능과의 콜라보레
이션 등으로 그 영역이 확장되고 있다. 콜라보레이션이 추구하
는 것은 낯선 결합이 주는 신선함이다. 이런 낯선 조합이 주는
신선함은 브랜드 이미지를 제고하고, 타깃층을 확장하며, 새로
운 분야로 진입할 수 있는 기회를 제공한다.

첫 번째 콜라보레이션 유형은 '브랜드와 제품 또는 브랜드와
브랜드 간의 결합'이다. 대표적인 사례가 곰표이다. 곰표는 밀
가루로 요리할 때의 즐거움과 음식을 먹을 때의 만족감을 전
달하기 위해 '즐거운 요리 동반자'를 브랜드 아이덴티티로 삼

[그림 10-13] 곰표 콜라보레이션(좌), 구찌×도라에몽(중/우)

출처: MBC 뉴스.

고 있는 브랜드이다. 최근 곰표는 이러한 정체성을 극대화할 수 있도록 위트와 재미를 담은 콜라보레이션을 기획했다. 그리고 곰표 패딩, 곰표 팝콘, 곰표 세정제, 곰표 밀맥주 등 다양하고 이색적인 곰표 콜라보레이션을 진행하며 푹신한 털을 가진 곰의 순하고 깨끗한 이미지를 잘 각인시켰다는 평가를 받았다. 구찌 역시 탄생 52주년을 맞이해 일본 국민 만화의 주인공 '도라에몽'과의 콜라보를 시도했다. 도라에몽과 구찌의 만남은 MZ세대에게 어린 시절의 향수를 불러일으키고 독특한 디자인에 대한 소유욕을 자극하면서 구찌를 힙한 명품 브랜드로 만들었다. 브랜드 간 이색 콜라보레이션이 선호되고 있는 이유는 MZ세대의 디지털 특성으로 설명이 된다. 이들은 취향을 대놓고 드러내는 것을 힙하다고 느끼며, 자기 취향을 거리낌 없이 드러내는 것이 자기표현의 멋이고 재미라고 느낀다. 이들은 독특한 패션일수록 레어템으로 보이기 때문에, 이들에게 참신함이란 뭘 좀 아는 트렌드 리더로서 사람들에게 주목받을 수 있는 기대감과 자부심을 의미한다.

10 콘텐츠 창조(content creation)

두 번째 콜라보레이션 유형은 '브랜드와 아티스트와의 결합'이다. 과거에도 LG전자에서 거장 화가들과 콜라보레이션을 진행한 적이 있었지만, 최근에는 전혀 어울리지 않을 것 같은 아티스트와의 콜라보레이션이 마케팅 트렌드가 되었다. 특히 MZ세대에게 크게 회자되었던 사례는 식품과 패션계의 조합에서 나타났다. 빙그레는 34년 된 오래된 브랜드 '꽃게랑'을 명품화하기 위해 '꼬뜨게랑'이라는 프랑스식 발음을 활용하여 새로운 패션 브랜드를 만들었다. 꼬뜨게랑은 꽃게랑의 모양을 로고화해 만든 콘셉트인데, 이를테면 꽃게랑의 부캐(부차적인 캐릭터)라 할 수 있다. 빙그레는 꼬뜨게랑에 명품 이미지를 입히기 위해 지코와 콜라보레이션을 시도하면서 인스타그램에서 폭발적인 반응을 이끌어냈다. 구찌도 젊은 아티스트이자 인플루언서인 고효주와 함께 콜라보레이션 영상을 제작하였다. 고효주는 직장인에서 세계를 여행하는 스케이트 보더로 변신을 꾀했던 개인적인 스토리를 가지고 있다. 고효주의 콜라보 영상은 현실에서 탈피하고 싶어 하는 젊은 직장인들 사이에서 큰 공감과 호응을 얻으며 수많은 지지를 받았을 뿐 아니라, 각종 패션 매거진을 통해 2차 확산 및 콘텐츠 재생산을 활발하게 이끌어내었다. 한국관광공사에서 진행했던 홍보 캠페인도 대박을 터뜨렸다. 한국관광공사는 이날치의 음악과 앰비규어스댄스컴퍼니의 춤을 콜라보한 영상을 통해 형식을 파괴하는 새로운 양식으로 힙한 코리아 컬쳐를 이끌어 가고 있다. 한국의 전통문

[그림 10-14] 꼬뜨게랑×지코(상), 구찌×고효주(좌하), 한국관광공사×이날치(우하)
출처: 디자인정글, 조선닷컴, 유튜브.

화가 21세기에 재창조되는 순간이었다. 이처럼 예상을 뛰어넘는 콜라보레이션의 매력은 낯선 것과 친숙한 것의 중간에서 나온다. 따라서 많은 전통 기업은 젊은 세대들에게 인기 있는 셀럽이나 유명 인플루언서의 패션 스타일을 차용하여 브랜드의 이미지를 쇄신하고 MZ세대와 소통하기 위한 방법으로 콜라보레이션을 적극 활용하고 있다.

10 콘텐츠 창조(content creation)

세 번째 콜라보레이션 유형은 '브랜드와 예능과의 만남'이
다. 최근에는 광고가 콘텐츠로 탈바꿈되어야 주목받는 숙명에
놓이다 보니 아예 예능과 합방하는 현상이 나타나고 있다. 기
존에는 브랜드가 드라마 속의 PPL(Product Placement) 형태로
콘텐츠의 등에 업혔지만, 지금은 단순히 프로그램에 제품은 없
는 PPL 방식을 넘어 프로그램 자체가 광고형 콘텐츠로 제작되
는 일이 잦아지고 있다. 최근에 신박한 PPL로 SNS에서 크게 화
제가 되었던 것은 JTBC 드라마 〈멜로가 체질〉에 대놓고 등장
한 안마의자 PPL이다. 극 중에서 주인공이 "맥락이 뭐가 중요
하니? 15초 노출이면 되는데⋯."라는 멘트를 할 정도로 앞 광고
의 정수를 보여 준다. 신박한 PPL를 넘어 광고 포맷을 완전히

[그림 10-15] 멜로가 체질 PPL(좌상), 네고왕(우상), 소비더머니(하)
출처: 유튜브.

바꾼 대표적인 사례는 달라스튜디오의 '네고왕'이다. 네고왕은 네고왕인 황광희가 각 기업의 왕(대표)들을 만나 소비자의 요구사항을 가지고 딜을 하면서 실제 계약까지 체결하는 과정을 다루는 웹 예능이다. 프로그램 내내 소비자의 제품 인식 수준, 제품의 만족·불만족점, 개선 포인트, 기업 분위기, 가격 네고와 프로모션 기획 등이 모두 다 보여지므로 소비자들을 자연스럽게 브랜드 홍보의 현장으로 끌어들이는 장점이 있다. MBC 유튜브에서도 예능 포맷의 마케팅 콘텐츠를 기획했다. MBC 유튜브 채널 〈소비더머니〉는 MBC 방송국 14층 사람들이 만드는 브랜드 콘텐츠이다. 삼성, LG, 구찌, 에르메스 등 국내외 굴지의 대기업들의 역사를 훑으며 브랜드에 대한 홍보를 다각적으로 진행한다. 이들은 모두 광고나 홍보 영상이 아니라 재미와 정보를 제공하는 예능 콘텐츠이다. 앞으로 기업과 예능의 콜라보레이션의 영역은 무궁무진하다고 하겠다.

굿즈 마케팅　　굿즈 마케팅은 MZ세대 특성과 인스타그램 같은 이미지 중심의 SNS 채널이 뜨면서 부각된 마케팅 툴이다. 굿즈 마케팅의 정석은 '예뻐야 한다'이다. 잡코리아와 알바몬이 밀레니얼 세대 2,128명을 대상으로 조사한 설문 결과(2020)에 따르면 굿즈를 선호하는 이유로 '한정판을 갖는다는 느낌이 좋아서'가 58.8%로 가장 높게 나타났다. 이는 MZ세대가 단순히 상품을 구매에서 그치는 것이 아니라 자신의 개성을 표출하

10 콘텐츠 창조(content creation)

기 위해 굿즈 아이템이 활용하는 것이며, 한정판이 주는 희소성에 기인하여 구하기 어려운 굿즈를 얻음으로써 과시욕을 충족시켜준다는 것으로 이해된다. 굿즈 대란을 이끌었던 스타벅스는 2020년 여름 시즌 한정 사은품으로 '서머 레디백'이라는 여행용 가방 증정 행사를 기획했다. 스타벅스는 매년 시즌별로 인기리에 굿즈 상품을 출시해 왔는데, 특히 레디백은 중고거래 사이트에서 웃돈을 주고 거래될 만큼 최고의 굿즈 마케팅으로 기억되고 있다. 최근에 굿즈 판매 대란을 일으켰던 또 하나의 기업이 있다. 국립중앙박물관문화재단이 운영하는 뮤지엄 샵이 선보인 고려청자 굿즈 에디션이다. 고루하고 트렌드와는 거리가 멀 것 같은 박물관의 인식과는 달리 이 굿즈는 MZ세대의 큰 사랑을 받았다. 이 굿즈가 성공할 수 있었던 요인은 예쁘고 고급스러운 디자인 퀄리티다. 이는 디테일에서 감동받는 MZ세대의 니즈와도 부합한다. 또한 작은 고려청자를 들고 다니는 것 같아 우리나라를 홍보하는 느낌이 든다는 의견도 있는데, 이는 굿즈 하나에도 의미를 담아 가치를 소중히 하는 미닝아웃(meaning out) 트렌드와도 맞닿아 있다.

특히 MZ세대가 지금 당장 쓸모 있는 물건이 아니더라도 기꺼이 굿즈를 구입하는 이유는 굿즈가 이들의 가심비를 충족시켜주는 아이템이기 때문이다. 이들은 한정판 아이템을 득템함으로써 무언가 달성했다는 성취감과 우월감을 느낄 뿐 아니라, 희귀템이 주는 독특한 매력으로 자기표현의 욕구를 충족한다.

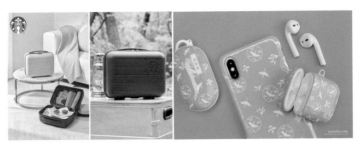

[그림 10-16] 스타벅스의 서머 레디백(좌/중),
국립중앙박물관의 고려청자 에디션(우)

출처: 세상살이뉴스, 네이버 블로그.

젊은 세대들에게는 명품을 소유하는 것보다 굿즈를 소유하는 것이 소확행을 느끼게 하는 지름길이다.

③ 제품 자기다움(진정성)

소비자들이 제품을 구입할 때, 판매자가 제품의 강점을 드러내 놓고 어필하게 되면 소비자들은 판매자의 메시지에서 자신들을 설득하려는 의도가 묻어있음을 파악하는 '설득 지식(persuation knowledge)'을 가동시키게 된다. 일단 설득 지식이 가동되면 판매자의 메시지에 대한 방어기제가 일어나기 때문에 설득이 잘 일어나지 않는다. 세일즈가 잘될 턱이 없다. 따라서 예전부터 마케터들은 기업의 의도를 드러내지 않으려고 하는 마케팅 기법에 관심이 많았다. 이 부분은 제품에 대한 콘텐츠를 기획할 때도 상당히 중요한 포인트가 된다. 기본적으로 진정성에 기반하여 제품의 이야기를 풀어야 메시지가 소비자의 수용 범위 내에 들어가기 때문이다. 이렇듯 제품의 '자기다움'을 진정성 있게 전달하는 방식은 디지털에서 특히 유용한 방식이다. 요즘 진정성 마케팅이 중요하게 다뤄지는 것도 디지털에서의 소비자는 스스로 정보를 찾고, 주변에 정보를 물으며 설득지식을 충분히 갖추기 좋은 환경에 놓여있기 때문이다.

그럼, 자기다움이란 무엇을 말하는 것인가? 자기다움은 원래 나의 이야기일 때 가치가 있다. 소비자의 눈높이는 점점 높아지고 품질 경쟁을 하는 것도 한계가 있다. 자기 스타일과 철학이 있어야 하고 그것을 고집스럽게 지켜가고자 하는 업의 정신이 있어야 자기다움이 전달된다. 일하는 사람으로 치자면 일의 능력이나 역량보다 일하는 자세, 가치관, 스타일 등이 자기다움에 가깝다고 볼 수 있다. 이를 제품에 대입해 보면 제품의 자기다움은 제품의 성능이나 장점보다 제품이 주고자 하는 본질적인 가치, 제품을 한결같이 서비스하려는 철학, 고객에게 한치의 불만족도 허용하지 않으려는 섬세한 배려 등을 포함한다. 그런 모습들이 전달될 때 소비자들은 진정성을 느끼게 된다. 따라서 디지털 마케터는 우리의 진정성을 잘 전달하기 위해 고객이 공감할 수 있는 스토리를 만들어 낼 수 있어야 한다. 진정성은 기업의 입장에서 이야기하는 경우도 있지만, 우리 브랜드의 서비스를 경험한 고객들의 입을 통해서도 전달될 수 있다.

진정성으로 공감을 이끌었던 좋은 광고들이 있다. 카카오는 창립 10주년을 기념하기 위해 '아직 카카오는'이란 타이틀로 기업 광고를 집행했다. 이 광고는 지난 10년간 카카오의 부진했던 부분을 되짚어 보며 카카오가 지향하는 가치를 조용히 전달하고 있다. 안다르 역시 여성을 바라보는 불편한 시선과 편견으로부터 일종의 해방감을 선사하기 위해 '모두의 레깅스' 캠페인을 집행하며, 안다르가 하고 싶은 브랜드 스토리를 공감 있는 소재로 풀어내었다. 안다르 광고가 여성들의 마음을 움직이게 만든 것은 운동을 통해 세상에 영향을 준 여성들의 매우 개인적인 이야기, 하지만 여성 모두에게 해당되는 이야기를 진솔하게 풀어냈기 때문이다.

제품의 진정성 있는 자기다움은 음식 장사를 하는 데 꼭 필요한 자질이기도 하다. 평양냉면 맛집으로 유명한 '우래옥'이

[그림 10-17] 카카오 광고(상), 안다르 광고(하)

출처: 유튜브.

10 콘텐츠 창조(content creation)

[그림 10-18] 고기리 막국수

출처: 환경일보.

나 곰탕으로 명성이 깊은 '하동관'처럼 기꺼이 줄 서서 먹는 음식점들은 그들의 맛을 진정성 있게 전달하는 화법을 알고 있는 곳이다. 들기름 막국수로 유명한 고기리 막국수는 단순히 '맛있는 집'이 아니라 '이곳에서 막국수를 먹을 때 굉장히 행복했어'라는 경험을 주기 위해, 음식부터, 메뉴판, 인테리어, 음악, 직원들 복장과 태도 등 고객의 손길과 눈길이 닿는 모든 곳을 그들의 진심으로 설계했다. 그 결과, 제품과 서비스에 대해 일일이 소개하지 않더라도 고기리는 '태풍이 와도 가는 집'으로 입소문이 나는 음식점이 되었다.

④ 소비자 자기다움(개성)

소비자의 '자기다움'은 제품 구매나 소비에 있어서 개인 각자가 가지고 있는 확고한 취향이나 신념, 개성 등을 조명해서 콘텐츠를 기획하는 방식이다. 이러한 접근은 4차 산업혁명으로 인해 '소품종 다량생산'의 규모의 경제에서 '다품종 소량생산'의 개인 경제의 시대로 진입하고 있음을 반증한다. 특히 소비자 자기다움은 빅데이터와 인공지능이라는 디지털 기술에 힘입어 취향에 기반한 개별화 솔루션으로 진화하고 있으며, 더 나아가 가상공간에서 다양한 부캐의 모습으로 자기를 드러내고 싶어하는 MZ세대의 욕망을 담을 수 있는 가능성이 무궁한 접근이다.

개인화 마케팅　　개인화 마케팅은 마케팅의 접근이 제품에서 소비자로 전환되는 패러다임에서 출발한 전략이다. 지금까지의 마케팅은 STP(Segmentation, Targeting, Positioning) 전략에 따라 시장을 유형별로 분류하고, 그중에서 목표 시장을 선정하여, 그들에게 어필하기 위한 차별화된 포지션을 구축하는 것을 목표로 하였다. 하지만 개인화 마케팅에서는 세분화된 시장이 아닌 개개인의 필요와 니즈를 충족시킬 수 있도록 맞춤 서비스를 제공하는 것을 목표로 한다. 그리고 이를 구현하기 위해 다양한 행동 데이터와 인공지능 분석 기술을 이용한다. 점차 개인의 취향과 개성이 중요해진 만큼 타깃 고객의 관심과 취향을 저격할 수 있는 콘텐츠 기획은 어느 때보다 중요해지고 있다.

　개인화 마케팅은 어렵지 않은 곳에서 시작되었다. 2011년 코카콜라는 '코카콜라를 나누세요(Share a Coke)' 캠페인의

10 콘텐츠 창조(content creation)

일환으로 코카콜라 캔과 병에 사람들의 이름(가장 인기 있는 이름 150개)을 새기는 '프로젝트 퍼스널라이제이션(Project Personalization)'을 기획하였다. 코카콜라는 브랜드 아이덴티티인 '행복'을 전달하기 위해 친구의 이름을 불러주는 개인적인 행위를 고안한 것이다. 캠페인에 소셜적 요소를 불어넣기 위해 소비자가 원하는 친구의 이름을 가상의 코크 캔에 프린트해 해당 친구에게 보낼 수 있도록 하는 일대일 마케팅의 시도였다. 코카콜라는 어려운 기술 없이 제품 패키지를 통해 나눔의 가치를 개인적인 관계 안에서 풀어내었다.

최근 많이 적용되고 있는 것이 개인화된 필터를 통한 제품 시연이다. 세포라(Sephora)는 최근 옴니채널 전략의 일환으로 가상 아티스트 앱을 출시하였는데, 이는 소비자들이 오프라인 매장에서 찾을 수 있는 메이크업 제품을 온라인에서도 시도할 수 있게 해 주는 메이크업 시뮬레이션 앱이다. 소비자가 자신의 얼굴을 촬영하고 여기에 다양한 색상의 메이크업 제품을 증강현실(AR) 기술을 이용하여 테스트해 볼 수 있으며, 개인 고객의 검색 결과, 과거 구매 브랜드, 개인 피부 정보 등 빅데이터를 활용한 개인화 추천 알고리즘으로 개인화 서비스를 제공하고 있다. 최근에는 뷰티뿐만 아니라 패션, 헬스, 금융, 교육 등 다양한 영역에서 인공지능을 활용한 개인화 마케팅이 진행되고 있다.

개인화 마케팅은 최근 MBTI라는 성격진단 툴을 만나서 MZ

[그림 10-19] 코카콜라 프로젝트 퍼스널라이제이션(상),
세포라 가상 아티스트 앱(하좌), 라이크핏(하우)

출처: 경향 비즈, 오픈애즈, BIZION.

세대에게 테스트 열풍을 불러일으켰다. MBTI는 행동에 기반한 개인화 마케팅이라기보다 취향에 근거한 개인화 마케팅의 소스를 제공해 주는데, 자기애와 개성이 강한 MZ세대가 '나'라는 사람의 독특함을 드러낼 수 있는 재미있는 콘텐츠로 활용되고 있다. 최근 '러쉬'는 사람마다 고유의 향기를 가지고 태어난다는 신념을 바탕으로 자신만의 고유한 향기를 찾아 준다는 취지의 심리테스트를 기획하여, 개인의 취향 존중을 중요하게 여기는 MZ세대에게 큰 호응을 얻은 바 있다.

10 콘텐츠 창조(content creation)

[그림 10-20] 러쉬의 향기 테스트 개인화 마케팅

출처: 네이버 블로그.

부캐 마케팅　　개인화 마케팅이 디지털 공간을 만나서 탄생한 또 하나의 전략은 부캐 마케팅이다. 부캐는 '부캐릭터'의 줄임말로 ID와 로그인으로 존재하는 디지털 세상의 특징을 잘 구현한 개념이다. 원래 부캐라는 말은 MBC 예능인 〈놀면 뭐하니?〉에서 유재석의 다양한 캐릭터 도전에서부터 나오기 시작했다. 유재석은 2019년 '유산슬'이란 트로트 가수 캐릭터로 MBC 신인상을 수상하였는데, 유산슬 외에도 '유고스타' '유르페우스' '유DJ뽕디스파뤼' '유두래곤' 등으로 다양한 캐릭터를 선보이며 인기를 끌었다. 개그우먼 김신영 역시 트로트 가수 '둘째이모 김다비'로 변신하며 '내 안의 또 다른 나'를 찾는 부캐의 릴레이가 이어졌다. MZ세대가 'n잡세대'라고 불리는 만큼 평생직장이라는 개념이 희미해짐과 더불어 개인의 정체성에 대한 고정관념도 사라지고 있다. 부캐 현상은 캐릭터에 부여하는 세계관의 개념으로 이해가 가능하다. 디지털은 이동이 자유

[그림 10-21] 제페토 아바타(좌), 싸이월드(우)

출처: 서울경제, 동아닷컴.

로운 가상의 공간이므로, 각자 여러 개의 공간을 넘나들며 다
른 객체로 활동하기 위해서 캐릭터에 의미부여 할 수 있는 세
계관이 활용된다. 최근에는 '제페토'라는 가상현실 세계에서 나
를 대신하는 여러 아바타를 만들어서 활동할 수 있게 되었고
곧 싸이월드도 부활할 예정이니, 이제 부캐의 시대는 본격적으
로 시작되었다고 할 수 있다.

⑤ 생활형 경험(공감)

브랜드 전략 전문가인 강민호 마케터는 『브랜드가 되어간다
는 것』이란 본인의 저서에서 체험과 경험을 명확히 구분 지어
이렇게 이야기한다. "체험은 고객에게 정보를 제공하지만, 경
험은 정서를 불러일으킨다." 고객 경험에 대한 화두가 뜨거운
이때, 마케터가 바라봐야 할 곳은 구매나 소비를 넘어선 소비
자의 생활이다. 소비자는 생활 속에서 많은 정서를 느끼고 있

10 콘텐츠 창조(content creation)

으며 이들은 모두 좋은 콘텐츠의 소스이기 때문이다.

일상 라이프스타일　　이제 마케팅에 고객의 일상이 들어오고 있다. 콘텐츠를 찾는 마케터들에게 우리의 일상의 모든 것은 콘텐츠의 소재가 된다. '아침식사 테이블에 올라온 오늘의 메뉴' '퇴근길에 친구와 만나 수다로 이어지는 저녁 만찬' '한가한 주말 집 앞 공원을 산책하며 바라본 석양' 같은 소소한 일상에서, '친구와 함께 떠난 20대 마지막 여행' 같은 인생 스토리까지…. 일상의 모든 것이 콘텐츠이다. 일상을 조망하게 되면 소비자가 주인공이 되고 제품은 조연이 된다. 조연이면 어떠한가? 소비자는 제품이 담긴 콘텐츠를 보며 그 안에서 충분히 공감을 얻는데 말이다.

　일상을 조망하면서 제품을 간접적으로 어필해서 소비자에게 긍정적인 반응을 이끌었던 마케팅 콘텐츠가 있다. 삼성 갤럭시 S20은 제품 활용 팁을 생활 속에서 알려주기 위해 '갤럭시 오픈 스튜디오'라는 갤럭시 체험 마케팅 영상을 선보였다. 유명한 사진작가 오중석 씨가 갤럭시 S20를 들고 인플루언서와 함께 전국 사진 맛집을 찾아 떠나는 콘셉트인데, 일상 속 다양한 장면들이 연출되어 있어 마치 여행을 다니는 기분으로 콘텐츠를 즐길 수 있다. 당연히 갤럭시 S20는 주인공이 아니다. 주인공은 풍경 속 일상이며 갤럭시 S20는 일상을 담는 수단으로 소비자의 시선에 놓인다. 하이트진로 역시 지코, 원더걸스, EXID,

[그림 10-22] 삼성 갤럭시 오픈 스튜디오(상), 이슬 라이브(하)

출처: 네이버 블로그, 소비자평가.

비투비 등 수많은 가수를 동원하여 친구들과 소주를 마시는 일상을 공유하며 자연스럽게 제품을 노출시키는 마케팅 영상 콘텐츠를 제작하였다. 기업 홍보 채널이 아닌 DINGO라는 음악관련 채널을 통해 유통시킴으로써, 일상적 공감을 이끌어 내며 소비자에게 친숙하고 자연스럽게 다가갔다.

사회적 책임 활동　　오늘날의 소비자는 더 이상 기업이 이익만 추구해서는 안 되며, 공정무역, 사회적 약자 보호, 동물보호, 환경보호, 기업 윤리의식 등과 같이 사회적 책임을 실천해야 한다는 의식을 갖추고 있다. 어느 때보다 기업의 사회적 책임이 중요한 테마로 떠오르고 있다. MZ세대는 정치·사회에 관심이 높으며 자신들의 신념을 행동을 통해 적극적으로 표출하는 경향이 있고, 일반 소비자 역시 사회에 긍정적인 영향을 주는 착한 기업들의 제품은 돈을 더 주고서라도 기꺼이 구매하는 것에 주저하지 않는다. 최근에는 코로나 19로 인해 기업들의 친환경, 사회적 가치, 투명성 등에 관심이 높아지며 ESG 경영이라는 키워드가 화두가 되고 있다. ESG란 환경보호(Environment)·사회공헌(Social)·윤리경영(Governance)의 약자로, 기업이 환경보호에 앞장서고, 사회적 약자에 대한 지원과 남녀 평등한 직장문화의 조성 등 사회공헌 활동을 하며, 법과 윤리를 철저히 준수하는 윤리경영을 말한다. 소비자의 사회적 의식이 높아진 만큼 시대와 소통하기 위해서는 사회적 책임을 고려한 브랜드 활동이 각광을 받는 것이다.

사회적 책임을 몸으로 실천하는 기업이 있다. 안다르는 대학생 서포터즈인 안다린과 함께 친환경 액티비티 '에코플로깅 챌린지'를 진행했는데, '플로깅'은 조깅을 하면서 쓰레기를 줍는 활동을 의미한다. 안다르는 에코플로깅 활동을 통해 고객의 건강한 애슬레저 라이프를 실천할 수 있는 생활 속 방안을 제시하였다. 빙그레 바나나맛우유 역시 소비자의 사회적 책임 활동을 지원하는 좋은 마케팅 사례들을 선보이고 있다. 바나나맛우유의 친환경 캠페인 '지구를 지켜 바나나'의 오프라인 활동인 '단지 세탁소'는 바나나맛우유 용기를 씻어서 버릴 수 있는 노란색 전용 세탁기이다. '단지 세탁소'는 용기가 내용물에 오염

[그림 10-23] 안다르 에코플로깅 챌린지(상),
바나나맛우유 단지 세탁 챌린지와 분바스틱(하)

출처: 시사위크, 소비자평가.

되어 있으면 재활용률이 떨어진다는 것에 착안하여 '씻어서 분리 배출하자'는 메시지를 전달하고 있다. 여기서 한 단계 더 나아가 빙그레는 환경보호 캠페인을 위한 특별한 펀딩을 진행했다. 빙그레에서 기획한 '분바스틱'은 페트병의 분리수거를 쉽게 도와줄 수 있는 분리배출 커터기이다. 분바스틱의 높은 가격에도 불구하고 소비자들은 환경보호를 위한 펀딩 활동에 적극적으로 동참해 주었다.

⑥ 참여형 경험(소통)

참여형 경험은 디지털의 쌍방향 커뮤니케이션이 극대화된 마케팅 방식이다. 디지털이 생기고 나서부터 소비자는 기업을

10 콘텐츠 창조(content creation)

대상으로 적극적으로 그들의 의사를 드러내기 시작하였다. 댓글로, 이벤트 참여로, 제품·콘텐츠 생산으로, 소비자가 기업 활동에 관여하는 깊이는 상황과 내용에 따라 다양하게 나타난다. 중요한 것은 이제 기업들은 고객의 목소리에 귀를 기울여 이에 반응하고, 고객의 참여를 적극적으로 유도해서 그들이 원하는 제품과 서비스를 제공해야 성공에 가까워진다는 점이다. 디지털이 소비자 참여를 유도하는 환경을 만들어 주는 만큼, 기업도 참여형 콘텐츠 개발을 통해 적극적으로 소비자의 참여를 독려함으로써 기업 활동의 결과를 좀 더 긍정적으로 만들어 갈 필요가 있다.

디지털상의 참여형 콘텐츠는 고객의 자기표현이라는 '개인적 행위'와 관계 형성이라는 '사회적 행위'를 함께 담고 있는 활동이다. 자기 관계성이 높아지는 만큼 소비자가 브랜드 활동에 참여하게 되면, 소비자와 브랜드의 인게이지먼트(engagement)는 저절로 높아진다. 이는 인지부조화(cognitive dissonance) 이론으로 설명이 가능하다. 사람들은 기본적으로 내적 일관성을 유지하고자 하는 동기가 있는데, 내적 요소인 인지, 감정, 행동 간에 불일치가 일어나면 불편한 심리가 생겨 이를 일치시키는 방향으로 불일치 요소를 바꾸게 된다. 따라서 소비자가 특정 브랜드 활동에 참여하게 되면, 이미 호의적인 행동을 했기 때문에 이에 부합하는 방향으로 브랜드 태도가 호의적으로 바뀌게 됨을 알 수 있다. 행동을 하게 하는 것은 무엇보다도 강력한 설득 기법이다. 참여형 마케팅으로 기대해 볼 수 있는 브랜드 인게이지먼트는 궁극적으로 고객과 친밀한 관계를 맺고, 고객의 손으로 브랜드 경험을 재창조하며, 고객의 로열티를 강화하는 것을 목표로 한다.

댓글리케이션 요즘은 콘텐츠보다 콘텐츠 아래 실시간 달리는 댓글들을 보는 재미가 더 쏠쏠하다. 콘텐츠는 소비자를 유인하는 미끼이고, 오히려 소비자들이 직접 단 댓글들이 브랜드에 대한 여론을 형성하면서 기업의 마케팅에 영향을 주고 있다. 최근 인기를 끌고 있는 달라스튜디오의 〈네고왕2〉에서도 고객의 댓글에 따라 네고할 상품이 선정되고, 추가 프로모션이 기획되며, 기업의 이미지와 판매에 바로 영향을 미치는 등 막

[그림 10-24] 달라스튜디오의 〈네고왕2〉 댓글들

출처: 유튜브.

10 콘텐츠 창조(content creation)

강한 댓글 파워를 볼 수 있다. 댓글이 의미하는 바는 마케팅 활동에 대한 고객의 반응(reaction)이 아니라, 우리 브랜드에 관심을 가지고 말을 건네는 고객의 피드백(feedback)임을 명심해야 한다.

많은 브랜드가 댓글의 중요성을 깨닫고 있지만, '오늘의집'은 유독 고객과의 소통에 힘쓰는 브랜드이다. 오늘의집은 인스타그램 채널을 통해 콘텐츠를 일방적으로 보여 주는 데 그치지 않고, 인테리어와 라이프스타일을 주제로 유저들과 소통할 거리를 꾸준히 제시한다. 인테리어 관련된 Q&A를 진행하거나, '책상 위 먼지 닦기' '옷걸이에 옷 걸기'와 같이 함께 참여할 수 있는 사소한 챌린지를 진행하기도 하고, '집순이 빙고' 같은 게

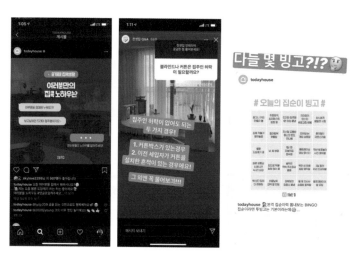

[그림 10-25] '오늘의집'의 고객 소통 방식

출처: 버킷플레이스.

임을 열기도 한다. 최근에는 언택트 시대에 맞게 온라인 집들이 콘셉트로 인스타 라이브를 통해 〈세없집: 세상에는 없는 집들이〉를 진행하기도 하였다.

밈 챌린지 최근 참여 마케팅으로 주목받고 있는 것이 밈 챌린지이다. '밈(meme)'은 1976년 동물학자 리처드 도킨스가 그의 저서 『이기적 유전자』에서 처음 제시한 학술 용어 '밈'에서 파생된 개념이다. 밈은 마치 인간의 유전자(gene)와 같이 자기 복제적 성격이 있어서 대를 이어 번식하는 특징을 보이는데, 오늘날의 밈은 '인터넷을 통해 모방 형태로 사람에서 사람 사이 전파되는 어떤 생각, 스타일, 행동 따위'로 일컬어진다(위키백과). 밈은 리추얼적(ritual) 요소가 내포되어 있다. 지코의 '아무노래' 챌린지가 많은 복제를 만들어내며 SNS를 중심으로 놀이문화를 형성한 것도 중독성 있는 안무가 많은 커버 영상을 배출시키며 놀거리를 제공했기 때문이다. 또한 '1일1깡' 문화가 대한민국을 휩쓴 것도 자신의 흑역사를 해학과 유희로 풀어낸 비의 열정에 오마주 하는 정신으로 많은 패러디가 양산되었기 때문이다. 디지털 상에서 콘텐츠를 만드는 툴이 점점 더 간편해지고 쉬워지면서 다양한 숏폼 콘텐츠들이 생겨나고 여기에 소비자의 동참이 이어지고 있다. 댓글 달고 사진을 찍어 올리는 것에서 그치지 않고, 이제는 행동으로 반응하며 행동으로 소통하는 시대가 되었다. 밈 챌린지를 통한 바이럴 마케팅은 기출 변형을 통한 드립의 다양화와 재창조의 재미에서 나온다. 즉, 밈 챌린지는 참여형 즐길 거리를 제공하여 브랜드 팬 문화를 형성하고, 짧고 쉬운 참여로 고객과의 소통의 거리를 좁히는 데 좋은 툴로 활용된다.

최근에는 명품 브랜드도 MZ세대의 확보와 브랜드 팬덤의 형성을 위해 다양한 밈 챌린지를 기획하며 디지털 세대들과의 소통에 앞장서고 있다. 샤넬은 영상을 통해 자신의 개성과 스타일을 표현하길 즐겨 하는 젊은 세대들을 겨냥하여 '샤넬 입고 틱톡 챌린지'라는 참여형 마케팅을 진행했다. 명품 브랜드뿐만 아니라 일반 브랜드들도 밈 챌린지에 동참 중이다. CJ제일제당은 집콕 요리가 증가하고 있는 추세에 맞춰, '다담 망한요리 챌린지'를 통해 SNS에 요리과정이나 완성 음식 사진과 에피소드 등을 올리게 하여 새로운 경험과 재미를 제공하였다. 수상자

[그림 10-26] 샤넬 입고 틱톡 챌린지(상좌), 다담 망한요리 챌린지(하좌), 삼성전자 에코 패키지 디자인 공모전(우)

출처: 유튜브, 트위터, 삼성전자 뉴스룸.

로 선정된 소비자는 후속 이벤트 '다시 태어났다담'을 통해, 경품으로 받은 다담 제품을 활용하여 다시 요리에 도전하게 하는 이벤트로 연결하기도 하였다. 삼성전자는 포장재 업사이클링 챌린지인 '에코 패키지 디자인 공모전'을 진행하여, TV 포장재에 새로운 가치를 더해 인테리어 가구로 재활용할 수 있는 기회를 제공하기도 했다.

소비자 참여 제작　　소비자 참여 제작은 소비자 참여의 끝판왕이라고 할 수 있다. 이제 소비자의 목소리를 듣고, 의견을 모으며, 아이디어를 반영하여 제품 개발을 하는 사례들이 많아지고 있다. 스타일쉐어는 유저 간 소통을 기반으로 성장해 온 패션 커뮤니티의 강점을 살려 사용자 기반의 패션 브랜드 '어스(US by StyleShare)'를 론칭했다. 어스는 제품기획부터 홍보에 이르는 전 단계를 소비자와 함께한다. 패션 정보를 나누는 SNS에서 시작해서 현재는 함께 만들어 가는 패션을 추진 중인데, 이

[그림 10-27] 스타일쉐어 '어스'의 '너다움을 응원해' 캠페인
출처: 스타일쉐어.

10 콘텐츠 창조(content creation)

들의 패션에는 유독 다양성이 돋보인다. 스타일쉐어의 홍보 방식도 개인의 다양성을 응원하는 스타일 공유 캠페인인 '#너다움을 응원해'를 정기적으로 개최하고 있다.

소비자와의 공동 창조로 제품을 개발하는 대표적인 사이트는 파우더룸이다. 파우더룸은 370만 코덕(코스메틱 덕후)의 성지로 알려진 화장품 네이버 커뮤니티 카페이다. 최근에는 코덕의 뷰티 전문 콘텐츠의 공유에서부터 편리한 구매까지 한곳에서 즐길 수 있는 뷰티 콘텐츠 커머스 플랫폼으로 변신하는 중이다. 파우더룸 안에서 코덕들은 매우 적극적이고 자발적으로 제품 개발과 사용 경험에 대한 꿀팁들을 활발히 공유하며 제품 인증 놀이를 즐긴다. 또한 제품의 믹스매치를 통해 원하는 스타일을 만들어 공유하는 등 전문가 이상의 아이디어를 제시하기도 한다. 파우더룸은 유저들의 생생한 목소리를 통해 신제품에 대한 아이디어를 모으고, 온 · 오프라인 품평 과정을 거치면

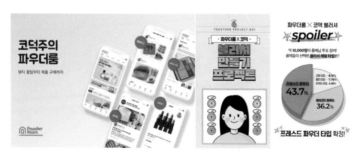

[그림 10-28] 파우더룸 × 코덕 블러셔 만들기 프로젝트

출처: 파우컴퍼니.

서 제품 기획부터 개발까지의 과정을 소비자와 함께 운영하는데, 이 과정들을 모두 콘텐츠화하여 커뮤니케이션하는 것이 특징이다. 이러한 공동 창조를 통해 론칭된 제품은 인지도 제로에서 시작하는 신제품이 아니라, 출시 전부터 고객의 기대감 속에서 잠재 유저를 확보한 상태에서 시장에 나온다는 이점이 있다.

앞에서도 언급했지만, 콘텐츠는 복잡하고 어지러운 디지털 세계에서 소비자의 시선을 끌고, 우리 브랜드와 연결고리를 지으며, 궁극적으로는 이들을 우리 고객으로 만드는 관계 형성의 동력이 된다. 지금은 다양한 플랫폼과 디지털 기술들을 활용한 볼거리와 즐길 거리들이 콘텐츠라는 옷을 입고 디지털 공간으로 들어오고 있다. 콘텐츠의 영역이 넓어지고 다양해진 만큼, 앞으로는 다양한 콘텐츠 요소들을 어떻게 결합·활용하여 브랜드의 총체적 경험을 만들 것인지가 콘텐츠 기획의 핵심 전략이 될 것이다. 콘텐츠가 담아야 하는 내용은 제품 중심의 메시지가 아니라 소비자의 일상과 공감 가는 경험이라는 것을 잊지 말자.

플랫폼 기반 라이프 콘텐츠의 설계

지금까지 디지털상에서 회자되었던 다양한 콘텐츠들을 소비 유형별로 살펴보았다. 그리고 콘텐츠의 방향이 정보에서 체험

10 콘텐츠 창조(content creation)

으로, 그리고 더 나아가서는 일상의 경험으로 진화하며 소비자 삶에 점점 더 밀착되고 있음을 확인하였다. 그렇다면 브랜드 플랫폼의 동력이 되는 콘텐츠를 마케터는 어떤 관점으로 기획하는 것이 좋을까? 마케터가 접근할 수 있는 영역은 크게 세 가지로 나눠진다. 하나는 브랜드 세계관을 통해 자기만의 플랫폼 생태계를 설계하는 '브랜드 창조'이고, 다른 하나는 플랫폼에서 즐길 콘텐츠 소재로서 제품의 의미를 새롭게 하는 '제품 창조'이며, 마지막은 소비자 일상에서 공유될 수 있는 라이프 콘텐츠를 제작하는 '경험 창조'이다.

① 브랜드 창조(brand creativity)

우리만의 플랫폼 생태계를 구축하기 위해서는 브랜드를 중심으로 구심력을 확보하는 것이 필요하다. 지금까지는 브랜드 아이덴티티가 제품과 서비스를 총괄하는 고객가치를 담아 왔지만, 그동안 배워 왔던 브랜드의 개념과 전략은 기본적으로 일방향 마케팅 시대를 구가했던 것이다. 플랫폼으로 새롭게 열리는 쌍방향 시대에서 브랜드는 어떤 의미를 가져야 할까? 자기만의 플랫폼을 구축하고 운영해야 하는 상황에서 브랜드는 어떤 역할을 해야 할까? 여기서 브랜드가 주목해야 할 개념은 '세계관'이다. 최근 마케팅에서 주목하는 세계관은 기존의 브랜드 아이덴티티를 서사 구조로 확장한 것으로 볼 수 있다. 제품과 서비스를 스토리텔링하기 위해서는 캐릭터와 캐릭터가 사는 환경 맥락과 더불어 이야기라는 서사가 필요하다. 브랜드 아이덴티티의 중요성은 예전과 변함이 없지만 디지털 세계에서는 그 실체가 콘텐츠로 드러날 수 있도록 구체화되어야 한다.

그럼 구체적으로 브랜드 세계관을 어떻게 구축하며 세계관이 브랜딩에 어떤 역할을 하게 되는지 대표적인 사례를 통해 살펴보자. 세계관 마케팅을 가장 빨리 도입한 영역은 엔터테인먼트 산업이다. 일찍이 엔터산업에서는 청중의 호기심을 자극해 팬으로 유입시키고, 팬들의 소속감과 유대감을 형성시킬 수 있는 무언가를 필요로 했다. 이때 세계관은 팬들에게 '우리끼리 아는' 이야기로 들리기 충분한 시나리오였다. 독보적인 세계관으로 성공 가도를 달리고 있는 것은 방탄소년단(BTS)의 세계관이다.

방탄소년단의 모든 콘텐츠(음악, 웹툰, 게임 등)에는 소년에서 청년으로 그리고 자신을 사랑하는 성숙한 어른이 되는 성장 과정을 다루는 세계관이 흐르고 있다. 방탄소년단의 세계관은 학

[그림 10-29] K팝 그룹의 음악적 세계관(좌), 방탄소년단의 화양연화(우)
출처: 한경닷컴.

10 콘텐츠 창조(content creation)

교 → 화양연화 → WINGS → Love Myself로 이어지며 멤버들에게 캐릭터를 부여하고 서사를 풀어나간다. 이들의 세계관이 먹히는 이유는 누구나 공감할 만한 '청춘'의 성장 스토리를 연작 형식으로 확장했기 때문이다. 학교라는 억압과 차별, 폭력이 난무하는 답답한 공간, 자신만의 아픔과 상처를 가지고 아지트에서 서로 의지가 되어 주는 멤버들, 교장의 스파이의 밀고로 아지트의 위치가 발각되어 선생님에게 대항한 결과로 당한 퇴학, 멤버들이 죽고 구치소에 갇히는 불행을 되돌리고자 시도하는 타임루프, 한 사람의 희생으로 각자의 행복을 되찾은 멤버들, 행복한 삶에 찾아온 거짓 러브로 인해 자기 자신과 마주하며 얻은 진정한 행복, 결국 진정한 행복은 자신과의 사랑에서 비롯되어 완성될 수 있다는 깨달음…. 상당히 구체적인 스토리텔링 구조로 캐릭터의 성격과 행동의 동인을 설정해 놓고 있다.

이렇게 디테일을 채워 완성한 세계관은 팬들을 불러 모으는 힘이 되고, 팬들이 직접 제작 참여 활동을 할 수 있도록 떡밥(콘텐츠)을 만드는 뼈대가 된다. 방탄소년단은 세계관을 퍼즐 조각처럼 흩트려서 그들의 작품 안에 심어 놓았는데, 팬들은 뮤직비디오에 등장하는 여러 모티브(스메랄도꽃, 모래, 가면, 불, 초코바 등)들을 모으고 해석하며 흩어진 서사를 연결시킨다. 브랜드 아이덴티티가 고객의 머릿속에서 이미지로 자리 잡았다면 세계관은 팬들 사이에서 스토리로 자리 잡게 되는 것이다. 팬들은 제작자도 생각하지 못했던 해석을 추가하여 새로운 2차 콘텐츠를 생산하기도 한다. 구글에서 검색되는 방탄소년단의 세계관 관련 동영상은 2만 5천 여개 가량이다. 팬들은 세계관을 통해 스토리를 만들어 가는 행위 자체를 즐기고 있으며, 콘텐츠를 공유하는 과정에서 BTS에게 더욱 친밀함을 느끼게 된다. 흩어진 세계관 맞추다 보면 팬심은 더욱 견고해지게 된다.

방탄소년단의 세계관이 마케팅적으로 의미 있는 지점은 하나의 세계관으로 브랜드의 구심점으로 하여 플랫폼 IMC(Intergrated Marketing Communication) 전략을 짰다는 데 있다. 방탄소년단의 세계관 콘텐츠들은 단편으로 흩어져 있지만, 전부 모아 보면 하나의 퍼즐 조각처럼 완성이 되어 전체 세계관을 이루게 된다. 그리고 세계관의 단편들은 SNS 플랫폼별로 미

[그림 10-30] BTS 세계관 해석 유튜브 동영상

출처: 유튜브.

10 콘텐츠 창조(content creation)

디어 특성에 맞게 기획되어 팬들에게 뿌려진다. 각 미디어 플랫폼별 스토리들이 함께 소비될 때 전체로서 시너지 효과가 발생할 수 있도록 트랜스 미디어 전략을 구사하는 것이다. 잘 만들어진 세계관은 부가가치를 극대화하는 데도 활용된다. 방탄소년단은 이 세계관에 기반하여 웹툰을 7개국에 연재하고 있으며, 화양연화 시리즈 해석본을 책으로도 출간한다. 또한 라인프렌즈와 제휴해 만든 캐릭터 BT21과 콘서트 실황을 담은 영화, 게임 등 다양한 파생 상품들을 만들어 선보이고 있다.

디지털상에서 브랜드가 갖는 의미는 더 심오하고 깊어지게 되었다. 브랜드 창조를 하는 데 있어서 세계관은 중요한 주축이 된다. 빙그레우스 디지털 계정을 운영하는 광고대행사인 '스튜디오좋'의 남우리·송재원 공동 대표는 "모든 브랜드가 이미 세계관을 가지고 있으며, 세계관은 기업의 대표가 기업을 어떻게 이끌고 싶은지, 세상에 어떤 것을 보여 주고 싶은지에 기반해서 만들어진다."라고 언급했다. 브랜드 세계관은 '브랜드가 가진 철학, 가치, 미션 등을 기반으로 제품, 서비스, 시스템 등을 통해 구현하려고 하는 하나의 사상'이라고 할 수 있다. 이제 기업들은 고객들이 브랜드와 함께할 수 있는 디지털 장을 만들고, 그 장을 구체화하는 데 브랜드의 지향점이 담겨 있는 세계관을 활용해야 한다. 소비자가 기꺼이 몰입해서 함께 즐기기 위해서는 기승전결의 서사가 필요하다. 이제 브랜드 전략에도 진화가 시작되고 있다.

② 제품 창조(product creativity)

브랜드 플랫폼에서는 제품이 정보 이상의 의미로 작동될 수 있다. 보통 커머스 플랫폼에서는 제품이 판매의 대상이므로 제품이 가진 속성, 장점, 혜택이 전면에 어필되지만, 브랜드 플랫폼에서의 제품은 콘텐츠의 일부가 되기 때문에 제품을 콘텐츠의 소재로 바라보는 관점이 필요하다. 제품의 콘텐츠화를 통해서 제품이 가진 본연의 의미가 더 드라마틱하게 전달될 수도 있고, 생각지도 못한 제품의 색다른 의미가 첨가될 수도 있다. 브랜드 플랫폼에서 제품은 제품의 1차적 의미를 뛰어넘는 창조 과정을 통해 콘텐츠로 재창조된다.

마케팅 커뮤니케이션 관점에서 봤을 때, 제품의 콘텐츠화는 기존의 커뮤니케이션 방식에서는 구현해 본 적 없는 새로운 형식이다. 예전에는 브랜드 철학을 담은 자사의 제품을 알리기 위해 광고라는 포맷을 활용했었다. 이는 광고 메시지에 제품의 USP(Unique Selling Point)를 담고 이를 크리에이티브로 표현해 내는 방식이었다. 이때의 제품은 광고 콘텐츠에 얹어지는 정도로 제품과 콘텐츠는 각자의 역할이 있었다. 하지만 디지털 생

[그림 10-31] 제품의 콘텐츠화

10 콘텐츠 창조(content creation)

태계에서 제품을 콘텐츠로 승화시키는 과정은 제품과 콘텐츠의 구분을 허락하지 않는다. 브랜드 철학을 담은 스토리텔링이 전제된 상태에서 제품은 콘텐츠의 소재로 녹아 들어가고 이를 참신하고 재미있는 콘텐츠 표현 기법으로 풀어내며 제품은 콘텐츠가 된다. 제품과 크리에이티브의 연관성이 높을수록 콘텐츠가 의미있어 지고, 소비자는 제품에 대한 애정과 더불어 구매 욕구까지 높아지는 것이다.

제품 창조를 잘 활용한 몇 가지 사례를 살펴보자. '죠스푸드'에서 '어묵 티'를 신규 론칭했던 과정이 참신하다. 죠스푸드의 아이디어 기획법을 보면 어떻게 제품 창조로 콘텐츠를 만들 수 있는지를 엿볼 수 있다. 어묵 티는 매장에서 어묵 국물을 우리기 위해 새우, 멸치, 밴댕이 등이 들어있는 파우치를 티백 형식으로 만든 간편식 어묵 국물이다. 원래 참신한 아이디어로 온라인 버즈를 일으켜 매장 방문을 유도하자는 목적으로 만들었

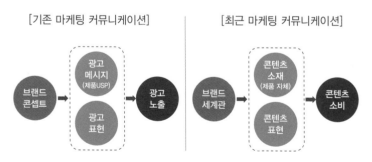

[그림 10-32] 기존 vs. 최근 마케팅 커뮤니케이션에서 제품을 다루는 방식

[그림 10-33] 죠스떡볶이의 어묵 티 티백 세트
출처: 죠스떡볶이.

는데, 실제로 어묵 티로 매장 매출이 10% 향상되는 성과를 거
뒀다. 처음 시작은 녹차 티백에 어묵 국물이라고 출력한 종이
를 붙여서 SNS에 올린 것이었다. 티백 세트의 박스 디자인은
인스타그래머블하도록 예쁜 북유럽 스타일로 만들었고, 컬러
는 죠스떡볶이의 아이덴티티를 살려 레드로 잡았다. '이 어묵
티는 아침에 해장할 때, 캠핑 갈 때, 낚시 갈 때 가져가면 좋다'
는 메시지를 담아 이미지와 함께 전달하였다. 브랜드 아이덴티
티를 '즐거움'으로 삼고 있는 죠스의 스타일에도 맞닿아 있는
커뮤니케이션 방식이었다. 이렇듯 스토리텔링(storytelling)뿐
아니라 스토리두잉(storydoing)을 통해 제품을 체험 요소로 전
환하면 브랜드 아이덴티티에 대한 집중도도 강해질 뿐 아니라
어디에도 없는 차별적인 콘텐츠로 브랜드 매력이 상승하는 효
과까지 얻을 수 있다.

식품계에서 제품을 콘텐츠 크리에이티브로 만든 또 하나의
재미있는 사례가 있다. '바르다 김선생'은 좋은 재료로 정성을

10 콘텐츠 창조(content creation)

[그림 10-34] '바르다 김선생'의 소인국 테마파크

출처: 바르다 김선생.

담아 국민들의 한 끼를 책임지는 김밥 프랜차이즈이다. 좋은
재료를 쓴다는 점을 재미있게 전달하기 위해 소인국 테마파크
를 콘셉트로 하여 미니어처를 만들었다. 김밥으로 탑을 쌓기도
하고, 타자기로 둔갑시키기도 하였으며, 우동면 등반을 시도하
고, 만두 낙하산을 날리고, 돈가스로 집 앞마당을 개간하는 등
다양한 스토리텔링으로 재료를 줌인(zoom-in)하여 보여 주니
바르다 김선생의 신선한 재료가 훨씬 부각되는 효과를 얻게 되
었다.

또 다른 사례는 '더클럽 홈플러스'이다. 더클럽 홈플러스는
오프라인 유통 시장의 침체기를 극복하기 위해 온라인 창고
형 할인매장으로 오픈된 브랜드이다. 개설 두 달여 만에 더클
럽 홈플러스 인스타그램은 '인싸들의 놀이터'로 알려지며 큰 인
기를 얻었다. 더클럽 홈플러스는 디지털 감수성인 B급 감성을
신박한 아이디어로 풀어낸 제품 창조의 좋은 예를 보여 준다.
B급 감성인 만큼 콘텐츠 하나하나에 제품 관련 스토리를 담으
며 제품을 새롭게 해석하는 창작자의 재기발랄함을 느낄 수 있
다. 이 콘텐츠는 '소비패턴'이란 타이틀을 가지고 인스타그램에

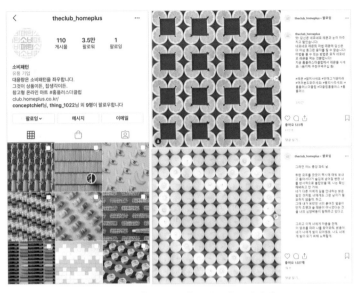

[그림 10-35] 더클럽 홈플러스의 소비패턴

출처: 홈플러스 인스타그램.

연재되고 있는데, 얼핏 보면 제품이 아니라 유명 화가의 작품처럼 보인다. 제품을 패턴화하여 이미지 형상을 만든 것은 대용량 판매라는 유통 채널의 특성을 담은 크리에이티브로 볼 수 있지만, 콘텐츠에 담고 싶었던 메시지는 더클럽 홈플러스가 고객에게 주는 서비스의 상징성이다. 더클럽 홈플러스가 추구하는 바는 고객의 소비패턴을 바꿔 주는 일이다. 이처럼 더클럽 홈플러스 인스타그램에 지속적으로 올라오는 콘텐츠들은 제품이상의 의미를 담고 제품과 콘텐츠의 경계를 허물며 고객과의 소통을 활성화시킨다.

10 콘텐츠 창조(content creation)

켈로그 '첵스파맛' 신제품 역시 제품 창조의 좋은 사례를 제공한다. 켈로그는 새로 출시된 첵스초코 맛을 홍보하기 위해 첵스초코 나라의 대통령을 뽑는 온라인 이벤트를 진행했다. 후보자는 밀크 초코맛의 '체키'와 악역을 담당한 파맛의 '차카'의 대결구도였다. 소비자들은 켈로그의 투표를 빙자한 제품 홍보에 심기가 불편해져서 차카에 표를 몰아주었는데, 켈로그 측에서 투표 결과와는 달리, 원래의 기획 의도에 맞게 체키를 초코 나라 대통령으로 당선시켰다. 이에 네티즌 사이에서 첵스 초코나라의 부정선거 의혹이 제기되면서 16년간 첵스파맛 출시를 요구해 왔다. 이런 어마어마한 스토리텔링에 힘입어 첵스파맛이 드디어 출시되었다. 이런 맥락에서 탄생한 첵스파맛은 다양한 온라인 동영상을 통해 대외적인 홍보를 실시하며, 소비자 시식단을 모으는 등 재미와 즐거움을 함께 선사했다.

[그림 10-36] 켈로그의 온라인 이벤트 및 첵스파맛 신제품 출시
출처: 매드타임스.

제품과 서비스는 제품 창조를 통해 '상품'이 아닌 '의미'로 거듭나게 된다. 의미를 담은 제품은 소비자들의 흥미를 자극하며 브랜드를 찾게 만드는 힘을 발휘한다. 제품에 대한 상식을 벗어나 제품에 새로운 시각을 입혀 콘텐츠화를 시도하는 것, 그것이 바로 콘텐츠 마케팅이 추구하는 관계 형성의 지름길이다.

③ 경험 창조(experience creativity)

디지털에서는 경험이 곧 브랜드의 실체가 된다. 따라서 자기만의 경험을 제공하는 것이 무엇보다 중요하다. 그렇다면 경험을 창조하는 것은 구체적으로 어떤 것인가? 일단 경험은 소비자의 단어다. 따라서 경험을 창조한다는 것은 제품을 조망하는 것이 아니라 소비자를 조망하는 일이어야 한다. 한 연구가 밝힌 결과에서 기업이 스스로 창출한다고 믿는 것과 소비자들이 실제로 경험한 것 사이에는 엄청난 간극이 있다고 한다. 기업과 소비자가 느끼는 경험 간극은 72%로 나타났는데, 80%의 기업은 스스로 아주 좋은 경험을 창출한다고 믿는 반면, 해당 기업 고객 중에 아주 좋은 경험을 제공받고 있다고 생각하는 소비자는 8%에 불과하다는 것이다. 그만큼 경험을 창조하는 일은 내 뜻 같지 않은 어려운 일이다. 세일즈포스의 마케팅 인사이트 수석 매튜 스위지는 "경험은 단순하고 훌륭한 광고 문구를 보유하는 것도, 기억하기 쉽고 훌륭한 광고가 받쳐주는 것도 아니다. 누군가 순간의 목표를 달성하도록 도와주는 것이다."라고 경험을 정의 내린다. 또한 경험이 브랜드에 미치는 영향에 대해서도 다음과 같은 의견을 표출하였다. "경험을 통하면 우리가 생각하는 브랜드 정의 자체가 달라진다. 브랜드는 우리가 하는 일도, 우리가 만드는 이미지도 아니다. 우리가 창출하는 모든 경험들의 합이 브랜드이며, 그것이 우리가 브랜드를 구축하는 방식이다."

이제 한 회사가 창출하는 경험은 그 회사가 파는 제품 이상으로 중요한 시대가 되었다. 마케팅의 범위 역시 제품 메시지를 전달하고 브랜드의 가치를 어필하는 것을 넘어, 고객의 전체 여정에 걸친 모든 경험들을 기획하고 관리하는 것으로 확대되어야 한다. 스위지의 말처럼 마케팅에서의 경험은 한 사람이 그 순간의 목표 성취를 도울 수 있어야 한다. 그리고 이러한 목표 달성은 한 사람이 겪는 여정의 맥락 속에서 충족되어야 한다. 따라서 고객 여정 단계에서 소비자의 목표가 무엇인지 안다는 것은 매우 중요한 과제이다. 구매 단계에서 어떤 고민들을 하는지, 사용 단계에서는 어떤 경험들이 있는지, 또 소비 단계에서는 어떤 경험들을 하면서 사람의 일상이 채워지는지…. 결국 경험을 다루는 것은 삶을 다루는 것과 같은 이야기이다. 이런 관점에서 경험의 창조는 구매 경험, 사용 경험, 소비 경험으로 나눠서 접근하는 것이 효과적이다. 그리고 각 단계에서 경험의 설계는 궁극적으로 소비자를 구매로 유입시키는 중요한 동기로 작용하게 된다.

	구매 경험	사용 경험	소비 경험
경험 설계	구매 동기 설계	사용 TPO 설계	라이프스타일 설계
경험 내용	개인화된 필요 및 취향 충족	사용 맥락의 발견 사용 혜택의 발견	개성과 스타일 경험
마케팅 전략	개인 맞춤 마케팅	리뷰 추천 마케팅	경험 브랜딩 팬덤 마케팅
주요 분석 데이터	구매이력 데이터 로그 데이터 개인정보 데이터	리뷰 데이터 구매 데이터	소셜 데이터 검색 데이터 맥락(공공) 데이터

[그림 10-37] 경험의 영역에 따른 마케팅 전략 유형화

'구매 경험'은 구매 동기를 설계하는 작업이다. 기능과 품질이 평준화된 상태에서는 스타일이 중요한 구매 결정요인(Key Buying Factor: KBF)이 된다. 소비자는 많은 제품의 홍수 속에서 가급적 자신의 취향에 맞는 제품을 찾고자 한다. 따라서 이때의 마케팅은 개인화된 필요와 취향을 충족시켜 주는 방향으로 움직여야 한다. 현재 구매 단계의 경험은 다양한 구매이력데이터, 로그 데이터, 개인정보 데이터를 통해 개인 맞춤 마케팅을 하는 것으로 구현되고 있다. 다음으로 '사용 경험'은 사용 TPO를 설계하는 작업이다. 본래 사용은 '일정한 목적이나 기능에 맞게 쓰는 행위'를 말한다. 사용 상황의 특징은 개인마다 각자의 사용 상황을 갖는다는 데 있다. 공장에서 만들어진 제품이 구매로 팔리면 각 소비자의 사용 맥락에 놓인다. 따라서이 단계에서는 사용 맥락이나 사용 혜택을 발견하는 것이 관건이 된다. 따라서 리뷰 데이터나 구매 데이터를 활용하여 다양

10 콘텐츠 창조(content creation)

한 사용 상의 니즈를 확인하여 리뷰 추천 마케팅을 진행할 수 있다. 마지막으로 '소비 경험'은 궁극적으로 라이프스타일을 설계하는 작업이다. 소비는 '인간이 자신의 욕망을 충족하기 위해 재화나 서비스를 소모하는 일'이다. 우리의 일상은 많은 소비의 순간으로 이루어져 있다. 일상이 곧 소비라고 할 수 있다. 따라서 소비자 개개인이 자신이 원하는 개성과 스타일로 삶을 살 수 있도록 마케터가 지원하는 것은 상당히 의미 있는 일이다. 따라서 소비자의 일상 속 취향을 알 수 있도록 소셜 데이터, 검색 데이터, 공공 데이터 같은 다양한 맥락 데이터를 활용하여 경험을 창출하는 경험 브랜딩과 이를 추종하는 팬덤 마케팅으로 소비 경험을 강화할 수 있다.

그렇다면 각 경험의 영역별로 어떤 마케팅 접근이 가능한지 구체적인 사례로 살펴보자. 구매 경험을 위해서는 구매 경험을 특별하게 만들어 주어 구매 동기를 자극하는 것이 필요하다. 이때 빅데이터를 통해 개인의 필요와 취향을 저격하는 개인 맞춤 마케팅으로 이를 구현할 수 있다. 스티치픽스(Stitch Fix)는 고객 데이터로 취향을 제안하는 패션 큐레이션 스타트업이다. 이 기업은 소비자들이 다양한 종류의 상품 목록에 압도되어 원하는 아이템을 찾기 어려워한다는 문제를 발견하고, 이를 새로운 시장을 창출할 수 있는 기회로 삼았다. 이들의 솔루션은 큐레이션 쇼핑이었다. 스티치픽스에 들어가면 모든 고객들은 신체 정보와 패션 스타일에 관한 시시콜콜한 질문들을 받는다.

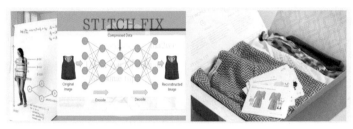

[그림 10-38] 스티치픽스의 '큐레이션 콜렉션 박스'

출처: 디지털마케팅코리아.

그리고 개인의 체형과 취향을 분석해 이에 맞을 법한 옷을 골라 매달 새로운 상품 구성으로 보내 준다. 이들은 정확한 취향 추천을 하기 위해 '큐레이션 콜렉션 박스'라고 하는 상품 추천 서비스를 기획하였는데, 이는 의상을 입어 본 후 마음에 드는 옷은 구매하고, 그렇지 않은 옷은 반송 이유를 적어서 무료 반송용 봉투에 넣어 보내는 것이었다. 다섯 개를 모두 구매할 경우 전체 가격의 25%를 할인받는 서비스로 기획되었기 때문에, 고객은 자신의 정보를 제공하고 이를 혜택으로 돌려받게 된다. 이들은 문맥 정보를 읽기 위해 빅데이터에만 의존하지 않는다. 신체 정보와 선호 스타일 등의 데이터를 분석해서 AI가 추천을 하면 스타일리스트가 이를 한 번 더 점검하여 최종 맞춤 의류 컬렉션을 제안한다. 이렇게 제안된 스티치픽스의 큐레이션 서비스는 오롯이 소비자의 개인화된 구매 경험을 충족시켜 주는 방식으로 작동된다.

다음은 사용 경험을 살펴보자. 사용 경험은 사용 후기나 리

10 콘텐츠 창조(content creation)

뷰 데이터를 활용하여 고객의 다양한 TPO를 설계하는 작업이다. 소비자들은 기업이 만든 광고를 믿지 않는다. 그들이 믿는 것은 자신과 유사한 사용자의 경험이다. DMC 미디어가 발표한 '소셜미디어 이용행태 및 광고 접촉 태도 분석 보고서(2019)'에 따르면, 응답자의 85.3%가 상품·서비스 구입 시 'SNS 내에서 리뷰와 관련된 콘텐츠를 찾아본다'고 언급했다고 한다. 고객 리뷰의 중요성이 크게 부각되자 온라인 쇼핑몰들은 인스타그램이나 블로그 등의 SNS 채널에 진짜 리뷰를 많이 남기게 하기 위해 '적립금 받고 소셜 리뷰 남기기' 등의 이벤트뿐 아니라 인플루언서, 체험단 등을 활발하게 운영하는 추세이다. 고객 리뷰에는 사용 상황에 대한 필요, 만족, 불만족에 해당하는 의견과 감정이 모두 담겨 있다. 따라서 고객 리뷰를 분석하게 되면 진정한 고객의 문제를 해결할 수 있는 사용 경험에 대한 설계 도안을 얻을 수 있다.

일부 기업들은 고객이 남긴 인증샷이나 후기를 마케팅 홍보 수단으로 활용하여 별다른 마케팅 비용 없이도 제품을 홍보할 수 있는 길을 찾았다. '두껍상회'나 '곰표 밀맥주'는 캐릭터 굿즈를 활용하거나 이색 콜라보레이션을 시도해서 소비자의 관심을 받으며 자발적인 댓글로 마케팅·홍보 효과를 톡톡히 보고 있다. 억대의 모델료와 제작비를 들여 CF를 찍지 않더라도 인스타그램, 유튜브, 틱톡 등의 SNS 채널을 통해 제품 홍보로 손색없는 인증샷들이 고객의 네트워크를 통해 무한대로 확산되

[그림 10-39] 고객 리뷰를 활용한 마케팅 사례

출처: MBC '니가 트렌드'.

고 있다. 고객 리뷰를 통한 마케팅 활동은 특히 식품업계에서
활발히 진행된다. 서울장수 '달빛유자', 농심 '포테토칩 육개장
사발면맛', 오뚜기 '크림 진짬뽕' 같이 새로운 재료와 성분을 내
세우며 출시되는 제품들은 SNS에 언급된 소비자 댓글을 분석
해 아이디어를 얻은 신제품들이다.

이러한 트렌드에 발맞춰 고객 리뷰 솔루션을 가진 기업들이
등장하기 시작했다. 한 미디어커머스 회사는 '리뷰도쿠'라는 리
뷰 관리 플랫폼을 개발하여 본격적으로 고객 리뷰를 마케팅에
활용하려는 시도를 하고 있다. 이들이 리뷰도쿠를 개발하게 된
배경도 '고객의 최종 '픽(pick)'을 받을 수 있는 본질적인 힘은
쌓여 있는 리뷰에서 나온다'는 강력한 믿음에서이다.

공팔리터(0.8L) 역시 소비자 리뷰의 힘을 진작부터 알아본 기

10 콘텐츠 창조(content creation)

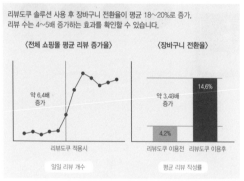

[그림 10-40] 리뷰도쿠의 리뷰 관리 플랫폼

출처: 카페24 앱스토어.

업이다. 이들은 소비자에게는 저렴한 가격으로 제품을 사용할
수 있는 즐거운 경험을 제공하고, 판매자에게는 고객의 사용
경험 데이터를 통해 비즈니스에 도움을 받을 수 있도록 하여
양자 간에 거래 혜택을 주는 방식으로 고객 경험 플랫폼을 운
영한다. 공팔리터는 소비자의 진성 리뷰가 양산될 수 있는 건
강한 리뷰 생태계를 구축하여, 고객의 좋은 경험들이 마케팅의
자산으로 환원될 수 있도록 마케팅 솔루션을 개발하는 데 집중

이제는 소비자 경험 마케팅!
경험한 소비자가 직접 추천하고 홍보하는
국내 유일, 소비자 경험 공유 및 추천 플랫폼

소비자와 인플루언서들이 직접 경험해 보고 추천합니다.
공팔리터는 판매자와 잠재소비자를 연결하고
솔직한 경험을 SNS로 공유하여 바이럴 홍보합니다.
좋은 경험을 한 소비자가 지인과 친구, 잠재소비자에게
직접 추천하여 브랜드 신뢰도를 키웁니다.

소비자/인플루언서   맞춤 집단, 분석 통한   경험 리뷰   실시간 성과 추적   라이브 홍보
경험 공유 및 추천   소비자 인사이트   2차 활용 가능   결과 리포트   추천 라이브
SNS/바이럴 홍보   (윤리한 위젯 제공)

#SNS바이럴 #인스타그램홍보 #블로그홍보 #인플루언서마케팅
#추천소비자확보 #시장조사 #리뷰마케팅 #체험단

[그림 10-41] 공팔리터의 리뷰 마케팅 솔루션

출처: 공팔리터 홈페이지.

하고 있다.

소비자가 구매하는 단계에서 영향을 받을 수 있는 요소는 많다. 과거에는 그 역할을 광고가 담당했지만, 최근에는 인공지능 추천 서비스나 1인 미디어를 중심으로 활동하는 리뷰어 혹은 인플루언서가 소비자의 눈높이에 맞춘 정보 및 라이프스타일 큐레이션을 제공하며 광고의 자리를 대체하고 있다. 이때 사용자의 경험은 광고 이상의 힘을 발휘한다. '이 제품을 산 사람들이 남긴 경험'은 광고가 아니다. '이 제품이 산 사람이 산 다른 제품' 역시 광고가 아니다. 이는 모두 제품을 구입하기에 앞서 고객들이 필요로 하는 사용 경험에 대한 진짜 정보이다.

10 콘텐츠 창조(content creation)

고객들에 의해 형성된 진짜 정보들은 자신들의 네트워크를 통해 널리 알려진다. 제품 광고를 통한 메시지 전달이 아니라 고객 리뷰를 통한 경험의 확산이다.

마지막은 소비 경험이다. 소비 경험을 창출하기 위해서는 인간의 욕망을 담은 라이프스타일에 관련된 콘텐츠를 제작하는 것이 효과적이다. 구매와 생활의 경계가 허물어진 디지털 공간에서 오늘을 살아가는 디지털 네이티브에게 소비 경험은 상당히 중요한 의미를 갖는다. 이들에게 소비는 생활이고, 생활은 공유되어야 하는 것이기 때문이다. 소비자들이 기존에 사용했던 브랜드를 바꾸는 이유는 구매 과정에서 느꼈던 복잡함이나 불편함 때문에 아니라, 기존 브랜드가 자신의 개성과 가치관을 잘 표현해 줄 수 있는 차별화된 경험을 제공하지 못했기 때문이라는 조사 결과가 있다. 브랜드 전문가들은 라이프스타일을 구현하는 '덕후 같은 브랜드'가 앞으로는 살아남을 것이라고 입을 모은다. 그리고 라이프스타일을 구현하기 위해서는 시간이 지나도 변치 않는 자신의 정체성과 가치에 집중한 마케팅 활동이 필요하다고 덧붙였다.

고객의 경험을 자신들의 문법대로 정의하고 이를 라이프스타일 안에서 풀어낸 브랜드 사례를 살펴보자. 첫 번째 브랜드는 '제주맥주'이다. 제주맥주는 2017년에 론칭한 국내 최초 크래프트 맥주 브랜드로, 당시 수입맥주가 이끌고 있는 수제맥주 시장에 소품종 대량생산이라는 제조 혁신을 앞세워 수제맥주의 대중화에 기여하고 있는 국내산 브랜드이다. 시장 진입 당시 마케팅 예산이 많지 않았던 제주맥주가 효과적인 마케팅 홍보 방식으로 고안했던 것은 바로 '경험'이었다. 이들은 제주맥주 양조장을 고객과 커뮤니케이션하는 최접점으로 만들어, 제주맥주의 시그니처 제품인 '제주 위트 에일'의 생산과정과 원료들을 직접 보여 주며 제주맥주의 스토리를 들려주기 시작했다. 이 양조장 투어 프로그램은 비어 도슨트가 들려주는 맥주 이야기를 통해 제주도를 찾는 관광객에게 다른 곳에서는 얻을 수 없는 매력적인 경험을 제공하였다. 제주도에서 시작한 제주맥주의 경험 마케팅은 서울로 행선지를 옮겼다. 더 많은 고객 유

[그림 10-42] 제주맥주 연남동 & 한강 프로젝트, 양조장 투어

출처: 제주맥주 홈페이지.

입을 위해서였다. 이들은 제주맥주의 존재감을 널리 알리기 위해 연남동을 핵심 스폿(spot)으로 삼고 '우리 브랜드에 대한 잊을 수 없는 경험'을 주기로 결정했다. 이들은 연남동이란 지역자체가 제주시의 일부인 것처럼 꾸미기 위해 프로젝트명을 '서울시 제주도 연남동'으로 짓고, 경의선 숲길을 제주맥주의 브랜드 컬러인 민트색으로 물들였다. 그리고 '서울시 제주도 한강' 프로젝트를 기획하며 다음 바통을 한강으로 넘겼다. 프로젝트의 효과는 인스타그램 팔로워 수와 매출로 나타났다. 소비자들은 연남동 피크닉과 한강 캠핑을 잊지 못할 추억으로 남기며 제주맥주도 같은 추억의 공간에 저장했다. 제주맥주는 경험이 쌓이면 우리만의 스토리가 되고 이는 곧 고객들을 불러 모을 매력이 된다는 것을 입증했다. 제주맥주가 경험 창조를 위해 집중한 부분은 독창적인 아이디어로 만들어진 독특한 콘텐츠라기보다, 많은 사람들이 보편타당하게 좋아할 만한 콘텐츠를 기획했다는 것이다. 이런 종류의 콘텐츠는 파급력이 높은 경험을 창조하기 때문에 제주맥주의 문화를 형성하며 많은 고객과 유대관계를 맺을 수 있게 해 주었다.

또 다른 경험 창조의 사례를 소개한다. '펠로톤(Peloton)'은 2012년에 설립된 미국의 홈트레이닝 기업이다. 현재는 '피트니스계의 넷플릭스'로 불리며 홈트레이닝 유저들 사이에서 큰 인기를 얻고 있다. 초기에 이들은 모니터를 장착한 고정식 자전거를 판매하였는데, 현재는 다양한 운동 코칭 콘텐츠를 제공하며 미국 나스닥 상장까지 진입하였다. 펠로톤의 성공에는 서비스 혁신이 숨겨져 있다. 펠로톤이 판 것은 집에서 혼자 할 수 있는 운동 기구가 아니라, 함께 소통하며 운동할 수 있게 하는 운동 코칭 서비스였다. 서비스를 기획하면서 만든 펠로톤의 콘텐츠는 사전에 촬영된 동영상이 아니라 라이브 방송인데, 라이브라는 특징으로 인해 코칭 프로그램에 참여한 고객들은 실시간 동기부여 및 피드백을 받을 수 있다는 장점이 있다. 펠로톤이 운동 기구 구입에서 운동 코칭 서비스로 고객의 경험을 전환하는 데 있어서, 월 12.99달러로 달리기, 요가 등 운동 콘텐츠를 이용할 수 있는 정기 구독 서비스인 디지털 멤버십이 큰 몫을 했다. 멤버십 가입자가 되면 스마트패드로 피트니스 동영상을 함께 시청하면서 '사람들과 함께' 운동을 할 수 있다. 이용자는 하루에 14개의 수업을 들을 수 있는데, 원하는 코치의 채널을 선정해서 강사의 실시간 트레이닝을 받으며 운동을 하게 된다. 또한 실시간 접속한 다른 이용자들과 함께 신나는 음악과 열

[그림 10-43] 펠로톤의 홈 피트니스 기구 및 운동 코칭 서비스

출처: 조선비즈.

10 콘텐츠 창조(content creation)

기를 느끼며 집에서도 충분히 운동을 즐길 수 있게 된다. 창업자 존 포레이(John Foley)는 운동을 오래 하려면 같이 신나게 해야 가능하다는 점을 알고 있었기 때문에, 개인이 혼자 하는 홈 트레이닝을 사람들과 연결되어 함께 즐길 수 있는 확장된 운동 경험으로 서비스화하였다.

경험을 창조하는 일은 고객에게 제품이 아닌 라이프스타일을 파는 일이다. 라이프스타일을 파는 것은 즐거움과 기대감과 설레임을 주는 일과 다름이 없다. 우리 브랜드에 맞는 경험을 창조하고 그것을 기꺼이 원하는 고객들을 우리의 팬으로 만드는 일. 그것이 라이프스타일 브랜드가 덕후로 성장하는 브랜드 전략이라 할 수 있다.

지속 가능한 플랫폼의 원천

플랫폼의 구성요인 중에 마지막 요인으로 언급했던 것을 기억하는가? 바로 '지속 상호작용'이다. 일단 플랫폼은 그 모양이 구축되고 나면 거래가 활성화되고 확산되어야 하는 진화의 숙명을 맞게 된다. 플랫폼이 만들어졌다고 끝난 것이 아니다. 플랫폼은 방문자들이 계속 유입하고 유저들이 이탈하지 않도록 경쟁자에 대비한 진입장벽을 계속 만들어 나가야만 한다. 이를 위해 플랫폼은 '촉진하기'의 기술을 활용하여 거래 대상자들 간의 결속, 참여, 확대를 이끌어 낼 수 있다. 이렇게 플랫폼의 지속 가능성을 담보하는 것이 바로 '커뮤니티'이다.

브랜드 플랫폼을 운영하는 데 있어 커뮤니티의 중요성은 점점 더 커지고 있다. 커뮤니티가 중요해지는 첫 번째 이유는 '광고'보다 '추천'이 사람들을 모으는 데 더 강력한 힘을 행사하기 때문이다. 과거에는 우리 제품으로 고객을 유입시키기 위해 광고를 집행했는데, 플랫폼 시대에는 사람들을 플랫폼으로 모으기 위해 추천이라는 방식이 더 유용하게 작용한다. 추천을 활용하는 데는 두 가지 접근이 있다. 하나는 기계에 의한 자동화 추천이다. 통상 빅데이터를 통한 인공지능 알고리즘으로 타기팅을 하는 개인화 마케팅이 추천의 주요 툴로 활용된다. 추천을 활용하는 또 다른 접근으로는 커뮤니티 내의 지인들을 통한 추천이 있다. 자동화 추천이 알고리즘에 의해 적중률을 높이는 것이라면 지인 추천은 관계성에 근거한 추천으로 영향력을 행사한다. 다양한 종류의 플랫폼에서 매 순간 무궁무진한 정보와 콘텐츠가 생성되기 때문에 소비자는 원하는 정보에 빠르게 접근하기 위해서라도 자신의 취향과 관심사에 맞는 커뮤니티 안에서 정보를 공유하고 공유받길 희망한다. 커뮤니티 내에서 만들어지는 공감대는 신뢰라는 이름으로 구매에 강한 영향력을 발휘한다. 필립 코틀러 역시 『마켓 4.0』에서 강력히 연결된 시대에는 커뮤니티가 브랜드와 마케팅에 상당히 중요한 영향을 미친다고 설명했다.

커뮤니티가 중요해지는 두 번째 이유는 팬덤의 형성이다. 팬덤이 형성되는 데는 기본적으로 '관계'라는 메커니즘이 깔려 있다. 커뮤니티는 구성원 간의 정서적 유대를 기반으로 하여 취향 중심으로 연결된 집단이다. 따라서 고객들 간에 이루어지는 대화는 브랜드에 대한 몰입과 적극성을 높이는 효과를 발생시킨다. 『마켓 4.0』에도 고객들에게 브랜드에 대해 대화하게 하면 광고량이 줄어들면서 결과적으로 마케팅 생산성이 높아진다고 나와 있다. 커뮤니티에 내재된 관계성에는 개인적 정체성과 사회적 정체성이 함께 내포되어 있는 만큼, 커뮤니티라는 공간에는 각자를 하나로 묶어 주는 공동체 의식이 흐른다. 방탄소년단의 팬덤인 '아미(Army)'는 BTS의 팬으로서 '우리가 좀 더 나은 사람이 되자'라는 공통된 신념을 가지고 팬덤을 만드는 행동 양식을 가지고 있다. 아미에는 세계 시민으로서 따라야 할 '백서'가 존재하는데, 이렇게 만들어진 집단 정체성은 거대한 아미를 폭발적이면서도 정돈된 팬클럽 활동으로 이끈다. 이것이 팬덤 문화이다. 이렇듯 커뮤니티는 개인의 성장, 커뮤니티의 성장, 그리고 스타(브랜드)의 성장이 동시에 이루어지는 상생의 움직임을 만든다.

아이돌 그룹이 지속 성장을 하려면 그들의 활동에 반응을 보이고 열광해 줄 팬이 필요하듯이, 기업도 그들의 제품과 서비스에 적극적으로 반응하고, 생산적인 의견을 제시하고, 좋은 점은 재가공을 해서라도 널리 알려주고, 브랜드가 위험에 처하게 되면 스크럼을 짜고 옹호해 줄 열정 고객(팬)이 필요하다. 디지털 생태계에서의 팬은 외부의 자극으로부터 브랜드 생태

[그림 11-1] 지속 가능한 플랫폼의 원천, 커뮤니티 구조 및 마케팅 효과

계를 지켜주고 확장시켜 줄 수 있는 내부 동력과 같다. 이제 기업들은 팬을 비즈니스의 중심축에 두고 그들과 함께 움직여야 한다. 점점 더 경쟁이 치열해지는 디지털 공간에서는 팬들과의 관계력이 있어야 지속 가능한 비즈니스가 가능해진다. 마치 아이돌 그룹의 존망이 팬들에게 달린 것처럼 말이다.

성공하는 커뮤니티의 비밀

성공하는 커뮤니티에는 어떤 노하우가 숨어 있을까? 어떻게 플랫폼을 활성화하고 지속 가능하게 만들 수 있는지 브랜드 커뮤니티를 통해 시장 리더십을 재탈환했던 '아디다스'와 패션정보지에서 시작해서 패션 유통시장을 흔들고 있는 '무신사'의 사

11 커뮤니티 창조(community creation)

례를 살펴보며 성공하는 커뮤니티의 비밀을 찾아보자.

아디다스의 커뮤니티 운영 전략　아디다스는 나이키와 함께 스포츠웨어·용품 분야를 선도하는 글로벌 Top 2 브랜드이다. 아디다스가 지금의 지위를 얻게 된 데는 고객 경험을 극대화하기 위해 커뮤니티에 주목했던 강형근 전(前) 아디다스 브랜드 디렉터의 노력이 컸다. 그에게는 여러 사람에게 물건과 서비스를 단 한 번 팔고 말 게 아니라, 고객이 그 브랜드를 지지하고 퍼뜨리는 팬이 될 수 있도록 다양한 '놀이의 장'을 만드는 것이 중요하다는 믿음이 있었다. 이는 커뮤니티에 관심을 쏟을수록 비즈니스의 지속 가능성은 더 높아지게 될 것이라는 확신이었다. 스포츠 용품은 기본적으로 가격대가 높은 상품이다. 따라서 그는 단순히 제품 판매에서 그칠 것이 아니라, 얼리어답터, 인플루언서 등의 전문가 집단과 일반 소비자를 연결해서 일반 소비자들이 이들과 상호 교류하며 제품을 제대로 사용하고 즐길 수 있는 장이 필요하다고 생각했다.

　이러한 배경으로 아디다스는 러너들을 위한 커뮤니티인 '런베이스'와 축구 팬들의 아지트인 '더베이스'를 국내에 론칭해서 고객의 사용 경험을 극대화하기 시작했다. 런베이스 서울은 국내 러닝 문화를 리딩하는 브랜드로서 소비자에게 더 많은 경험과 편의를 제공하기 위해 만든 러너들만의 '러닝 아지트'이다. 이곳에서는 스포츠를 즐기는 러너들에게 저렴한 이용료

[그림 11-2] 아디다스 런베이스 서울(좌/중), 아디다스 풋볼 더베이스 서울(우)
출처: 위러브아디다스, 이뉴스투데이.

로 공간과 장비 의류를 제공하고 다양한 달리기 코스를 개발하여, 현장에서 해당 스포츠를 제대로 배울 수 있는 코칭 프로그램을 제공한다. 2020년 현재 2만 2천 명 정도가 참여하고 있는 AR(Adidas Runners) 클럽은 전문가와 일반인이 함께 러닝할 수 있는 러너들의 성지로 자리 잡고 있다. 이러한 커뮤니티는 브랜드의 열혈팬들을 확보하는 데 도움이 되므로, 커뮤니티가 활발히 움직일수록 브랜드 충성도가 향상되는 효과를 얻는다. 아디다스의 사례는 디지털 트랜스포메이션 시대에 온·오프라인 커뮤니티를 구축하는 것이 장기적인 비즈니스 성장에 꼭 필요한 과업임을 일깨운다.

무신사의 커뮤니티 운영 전략　무신사는 국내 1위 온라인 패션 플랫폼이다. 무신사는 네이버나 쿠팡처럼 이커머스의 규모감을 갖추지 못했지만, 패션 카테고리에서 만큼은 네이버와 쿠팡을 뛰어넘는 성과를 보인다. 비단 매출 규모만의 비교는 아니다. 무신사와 쿠팡의 결정적인 차이는 고객 방문행태에 있

11 커뮤니티 창조(community creation)

다. 쿠팡은 '구입할 물건이 생길 때' 방문하는 사이트인 반면, 무신사는 '특별히 살 것이 없어도 수시로 들락대는' 사이트로 인식된다. 어떤 점이 이런 차이를 만들었을까? 원래 무신사는 2001년 '무진장 신발 사진이 많은 곳(무신사)'이라는 이름으로 만들어진 PC 통신 커뮤니티였다. 당시의 무신사는 국내에서 접할 수 없는 해외 스트리트 브랜드의 제품들을 만날 수 있는 패션의 성지였다. 2005년에는 '무신사 매거진'이라는 이름으로 패션 전문 웹진이 발행되었고, 2009년에는 온라인 패션 스토어인 '무신사 스토어'가 개설되었다. 무신사의 출생을 보더라도 이곳은 이커머스라기보다 콘텐츠 기반의 커뮤니티의 성격이 짙다. 무신사가 커머스 사업을 시작할 때, 조만호 대표는 무신사를 스트리트 패션 쇼핑몰이 아닌 디자이너 브랜드 플랫폼으로 기틀을 잡았다. 무신사는 글로벌 SPA 브랜드들이 물밀 듯이 들어올 때, 소규모 디자이너 브랜드의 판로를 자청해서 온라인 패션 편집숍으로서의 입지를 다졌다. 이로써 무신사 스토어는 최대한 많은 상품을 진열해 놓고 파는 다른 패션 이커머스와는 다른, '스트리트 패션을 좋아하는 커뮤니티 성격의 커머스'로 시장을 점령할 수 있었다.

무신사의 비즈니스 전략이 강력하게 먹히는 데는 무신사의 콘텐츠력이 한몫을 했다. 커뮤니티에 지속적인 활력을 불어 넣는 것이 바로 무신사의 다양한 패션 트렌드 콘텐츠이다. 무신사는 2019년 기준 월평균 7,700여 건의 콘텐츠를 직접 제작해 무신사 매거진을 통해 선보이고 있으며, 전국 주요 대학가나 카페에 오프라인 매거진을 무료 배포하기도 한다. 사람들은 무신사의 콘텐츠를 소비하기 위해 무신사 사이트를 방문한다. 이것이 쿠팡과는 다른 무신사의 커머스 전략이다. 무신사의 콘텐츠는 커뮤니티를 활성화시키고 커머스의 마중물로서 큰 힘을 발휘한다. 또한 무신사가 플랫폼을 운영하는 데 크게 신경 쓴 부분은 고객과의 인터랙션(interaction)이다. 단순히 멋지고 트렌디한 상품을 소개하는 사이트가 아니라 무신사의 시초였던 커뮤니티 기능을 크게 부각한 것이다. 무신사는 회원 간의 친밀한 상호작용을 만들기 위해 '클럽파티'를 열기도 하고 '게임대회'를 개최하는 등 다양한 네트워킹 행사를 만든다. 그리고 이렇게 진행한 행사들은 무신사 매거진을 통해 콘텐츠로 제작되어 확산된다. 이러한 활동들은 무신사를 라이프스타일 브랜드로서 아이덴티티를 강화시키고 충성 고객들을 만드는 토대가 된다. "회원들에게 즐겁고 신나는 라이프를 제공하자." 이는

[그림 11-3] 무신사 홈페이지 및 매거진

출처: 무신사 홈페이지.

11 커뮤니티 창조(community creation)

무신사닷컴이라는 패션 포털 커뮤니티가 지향하는 업의 규정으로, 라이프스타일 브랜드로 성공하기 위한 커뮤니티 운영 방침을 엿볼 수 있는 대목이다.

커뮤니티 창조 전략

성공하는 브랜드의 커뮤니티의 운영 전략을 살펴본 바와 같이, 플랫폼의 지속 가능성을 높이기 위해서는 커뮤니티 구축 방안에 대한 지침이 필요하다. 이 책에서는 커뮤니티 창조 전략에 대해 다음과 같은 네 가지 가이드라인을 제시한다.

① 브랜드 플랫폼을 이끌 팬을 만들라

이제 브랜드도 아이돌 그룹처럼 브랜드를 지지해 주는 팬들을 통해 브랜드 영감을 만들고 퍼뜨려야 한다. 그리고 팬층을 형성하기 위해서 우리 브랜드의 '빠'가 될 수 있도록 매력을 어필해야 한다. 이를 위해서는 팬들을 모으고 우리만의 브랜드 문화를 형성하고 성장시켜 나갈 커뮤니티가 필요하다. 디지털 생태계에서는 개인 노드를 얼마나 잘 활용하는지, 노드와 노드의 연결인 링크를 얼마나 강하게 많이 형성하는지로 네트워크의 파워가 결정된다. 브랜드 플랫폼도 네트워크의 구조를 띤 만큼 각 개인을 팬으로 만들어 팬들끼리의 연결인 팬덤을 만드는 것이 플랫폼의 활성화를 위해 꼭 필요하다. 팬이 중요한 이유는 이들이 갖는 동질감과 유대감 때문이다. 커뮤니티의 소속감은 개개의 고객들을 한 데 묶어 함께 움직이는 연대 활동을 만들어 낸다. 일단 브랜드에 대한 몰입감이 생기면 이들은 자발적인 팬 활동을 기꺼이 수행한다. 팬들이 보이는 지속력은 충성 고객이 보이는 것과는 질적으로 다르다. 소규모라도 브랜드에 열광하는 팬은 브랜드의 활동에 민감하게 반응하고, 브랜드의 철학이나 마케팅을 전파할 뿐 아니라, 자발적으로 콘텐츠 크리에이터가 되어 브랜드 홍보대사 역할을 자청한다. 또한 다른 팬들과 함께 움직이며 브랜드가 날개를 달고 비즈니스를 지속할 수 있도록 지원을 아끼지 않는다.

그렇다면 팬덤이 살아 있는 커뮤니티는 어떻게 만들 수 있을까? 실리콘밸리에서 디자이너의 스타트업을 전문적으로 투자하는 디자이너 펀드(Designer Fund)에 이런 글이 올라와 있다. 성공적인 커뮤니티를 구축하기 위해서는 5P가 필요한데, 이는 사명(Purpose), 사람(People), 관습(Practice), 공간(Place), 성장(Progress)이라는 다섯 가지 핵심 요소를 의도적으로 디자인하는 일이다. 이때 '사명'은 구성원들이 왜 커뮤니티에 자기의 돈과 시간을 쏟아야 할지에 대한 이유를 제공하고, '사람'은 커뮤니티에 모여든 사람과 이들 간의 소속감을 의미하고, '관습'은 커뮤니티에 대한 소속감을 느끼게 하기 위해 구성원이 참여하며 만들어가는 공동의 활동을 의미하고, '공간'은 모인 사람들

11 커뮤니티 창조(community creation)

이 상호 교류할 수 있는 온·오프라인의 공간을 뜻하며, '성장'은 커뮤니티 참여가 개인의 성장에 기여하는 바가 있어야 한다는 것이다. 결국 유형의 커뮤니티를 움직이는 동력은 무형의 브랜드 신념과 가치임을 알려 준다. 브랜드가 가진 '자기다움'의 정신이 팬들을 하나로 모으는 힘을 발휘한다.

브랜드의 정체성만 명확하다면 간단한 캠페인을 통해서도 커뮤니티를 형성할 수 있다. 버드와이저는 최근에 '타투(tattoo)'를 소재로 한 '비어킹(Be a King)' 캠페인을 진행하였는데, 이 캠페인은 사회적 편견에 맞서 자신의 생각과 개성을 당당히 표현하고자 하는 젊은 세대들을 하나로 묶어 주었다. 타투는 독창적인 자기표현 수단이지만 아직 사회적으로 불편한 시선과 오해를 받고 있는 소재이다. 버드와이저는 소아암 수술 자국이라는 콤플렉스를 '커버업 타투'를 통해 극복하고 당당하게 자신을 드러내는 가수 효린을 모델로 삼아, 버드와이저의 브랜드 정신인 자유와 도전정신, 열정을 전파하고 이러한 삶의 길을 가고 있는 젊은이들을 응원하는 데 앞장서고 있다.

커뮤니티를 중심으로 비즈니스를 시작하여 계속 성장세를 보이는 기업도 있다. 모베러웍스(Mo better works)는 '모쨍이'라고 하는 팬덤과 함께 요즘 뜨고 있는 다소 생소한 기업이다. 모베러웍스는 제품이나 서비스를 파는 기업이 아니다. 이들이 파는 것은 메시지(프리워커)이다. 'Small Work, Big Money(조금 일하고 많이 벌자)' 'A.S.A.P(As Slow As Possible, 될수록 느리게)'

[그림 11-4] 버드와이저 '비어킹' 캠페인(좌), 모베러웍스(우)

출처: 서울파이낸스, 브런치.

등 이들은 새로운 방식으로 일하는 사람들을 위한 메시지를 개발해서 의류나 문구 등에 붙여서 판다. 다시 말해, 이들이 파는 것은 브랜드의 정신이다. 정신을 팔다 보니까 금세 여기에 열광하는 팬들이 생겼다. 이들은 자신들의 활동에 스토리를 담아서 브랜드의 작은 부분까지 공개하는 오픈 마인드의 정신으로 팬들과 함께 한다. 홍대 오브젝트에서 노동절 잔치를 개최하고, 팬들과 함께 공동의 목표를 설정하여 새로운 팀워크로 브랜딩을 시도하는 등 팬들의 목소리에 충실히 반응하며 관계성에 기반한 비즈니스를 보여 주고 있다.

팬을 통해 브랜드 생태계를 활성화시키기 위해서는 정확한 브랜드 철학을 구축하고, 이를 기반으로 브랜드 스토리와 콘텐츠를 개발하여 공감대 있는 소통을 시도해야 한다. 일단 강력한 소수의 팬이 형성되면, 팬이 스스로 화자 역할을 하면서 플랫폼을 움직이는 동력이 된다.

11 커뮤니티 창조(community creation)

② 브랜드 플랫폼을 팬들의 놀이터가 되게 하라

브랜드 플랫폼은 한번 구축되면 계속해서 움직여야 한다는 숙명을 갖고 태어난다. 플랫폼이 지속 생명력을 갖기 위해서는 마케터가 고객들과 함께 플랫폼을 운영한다는 생각으로 접근하는 것이 좋다. 이는 플랫폼의 선순환 생태계를 구축하는 일과 같다. 소비자의 꾸준한 참여를 위해서 플랫폼은 무엇보다 고객의 놀이터가 되어야 한다. 그리고 이 놀이터에서 마케터는 고객들이 놀 수 있는 거리(떡밥)를 제공하는 것을 업무로 삼아야 한다. 고객의 참여를 통해 브랜드 플랫폼을 운영하는 것, 그것이 가능하게 하는 것은 브랜드 철학을 근간으로 한 커뮤니티의 순수성이다. 브랜드 정신으로 만들어진 팬들만의 공동체, 그리고 그 안에 흐르는 유대감이 놀이터 곳곳에 분위기로 자리잡아야 한다. 이 질서는 기업이 만드는 것이 아니라 팬들에 의해 자발적으로 만들어지는 것이다.

브랜드 커뮤니티를 완전히 고객의 놀이터로 만든 기업 사례가 있다. 바로 전 세계적인 커뮤니티로 유명한 미니(MINI)이다. 미니의 커뮤니티는 다른 기업 커뮤니티와는 달리 기업이 커뮤니티 운영에 일절 관여하지 않는다. 미니의 모든 커뮤니티는 고객들에 의해 자발적으로 형성되고 운영된다. 이런 운영이 가능할 수 있었던 것은 '새로운 스토리는 고객들이 만들어가는 것'이라는 미니의 커뮤니티 운영 철칙 때문이다. 미니 커뮤니티에는 미니를 좋아하는 고객들이 모여서 정보를 교환하

[그림 11-5] 미니 런(좌), 미니 플리마켓(우)
출처: 리포터박닷컴, 네이버 블로그.

고, 네트워크를 만들어 교류하고, 팬덤을 형성해서 함께 움직인다. 정작 미니가 하는 일은 고객의 파트너로서 미니 고객들이 함께 즐기는 장을 만들 수 있도록 지원해 주는 것이다. 브랜드는 소스만 제공할 뿐이다. 브랜드 철학만 던져도 고객들은 알아서 모여서 논다. 미니의 팬 활동은 각 나라마다 지속적으로 활발하게 일어나는데, 대표적인 것이 '미니 런(MINI RUN)'과 '미니 유니온(MINI UNION)'이다. 미니 런은 미니를 타고 같이 여행하는 행사이다. 가족 단위 행사인 '미니 플리마켓(MINI flea market)'도 있다. 이는 고객들이 트렁크 공간에 마켓을 만들어 함께 모여 시장을 형성하고 물건을 사고파는 행사이다. 이 모든 행사는 미니 팬들이 스스로 기획하고 운영하고 즐기며 완성된다.

커뮤니티를 고객의 놀이터로 잘 활용하면서도 비즈니스에

11 커뮤니티 창조(community creation)

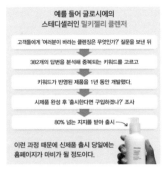

[그림 11-6] 글로시에 밀키젤리 클렌저 제품 개발 과정
출처: 1분 카카오, 뷰티한국.

도움을 받는 기업도 있다. 미국의 뷰티 브랜드 유니콘인 글로시에(Glossier)다. 글로시에는 고객이 직접 제품 개발에 참여하는 고객이 만드는 화장품 브랜드이다. 글로시에의 기업 운영은 독특하다. 고객에서 시작해서 고객에서 끝난다. 글로시에는 여성들이 원하는 회사가 되기 위해 제품 제작부터 판매, 판매 후 소통까지 고객들과 함께하는 프로세스로 진행된다. 마치 〈프로듀스 101〉처럼 아이돌 기획 단계부터 팬들이 참여하듯이, 신제품 기획부터 고객의 목소리를 담아 고객이 직접 만든 제품 콘셉트로 신제품을 론칭한다. 이것이 코틀러가 『마켓 4.0』에서 언급했던 '공동창조(co-creation)'이다. 글로시에는 브랜드 팬을 글로시에 팀의 슬랙(slack: 팀 커뮤니케이션 도구) 채널에 초대해 제품과 브랜드에 대한 자유로운 이야기를 나누도록 하거나, 블로그에 질문을 던져 고객들이 원하는 제품에 대한 의견을 구한다. 제품 론칭 단계에서도 제품 개발의 전 과정을 고객들과 공유하면서 고객의 의견이 어떻게 제품에 반영되는지를 투명하게 공개한다. 또한 제품 론칭 후에도 지속적으로 유저 밋업(meet-up)을 개최하면서 고객 경험을 살피고, 이를 제품 개발과 서비스에 반영한다. 이러한 과정들은 고객들로 하여금 브랜드의 활동에 더 적극적으로 참여하게 하고 열심히 피드백을 남기도록 동기부여하는 힘이 된다.

커뮤니티가 놀이터가 되려면 무엇보다 놀거리가 있어야 한다. 놀거리를 주고 놀게 하면 된다. 어찌 보면 아주 간단한 논리이다. 디지털에서는 가지고 놀 만한 콘텐츠, 공유했을 때 이야깃거리가 될만한 콘텐츠가 가치가 있다. 그리고 이런 콘텐츠들을 지속적으로 양산해 내는 것이 필요하다. 커뮤니티 안에서 고객들이 즐겁게 놀 콘텐츠의 제작을 위해서는 브랜드 세계관을 잘 활용해 볼 필요가 있다. BTS의 세계관을 기억하는가? 하이브 엔터테인먼트에서는 BTS의 세계관을 하나의 온전한 스토리로 그대로 다 읊지 않는다. 세계관의 일부를 파편화해서 뮤직비디오의 여기저기에 심어 놓는다. 그걸 찾아서 퍼즐을 맞추며 스토리를 발굴해 내고, 의미를 찾아서 정보를 공유하며 노는 것은 팬들의 몫이다. 떡밥은 질보다 양이다. 많은 양의 떡밥을 질로 승화시키는 것은 고객의 놀이를 통해서이다. 커뮤니티에는 다른 플랫폼에서는 볼 수 없는 브랜드의 비하인드 스토리, 브랜드를 애정하는 사람들의 이야기, 제품에 대한 다양한 관점의 경험 콘텐츠 등 팬들의 눈과 귀를 사로잡기 좋을 놀거리들이 넘쳐나야 한다. 사람들이 좋아할 만한 콘텐츠를 꾸준히 생산하고 이를 재해석할 여지를 두는 것, 그것이 디지털 마케터가 수행해야 할 디지털 콘텐츠 업무이다. 이러한 작업을 위해서는 다양한 사업 기획들이 동반될 수 있다. 브랜드 콘텐츠 전용 전시회를 연다든가, 브랜드 세계관을 중심으로 한 출판물을 만들어 낸다든가, 브랜드 캐릭터를 제작해서 전용 굿즈를 판다든가, 다른 기업과 콜라보레이션을 진행하며 브랜드 놀이터를 확대한다든가 하는 일들이 가능하다. 전 국민의 사랑을 한몸에 받고 있는 자이언트 펭수도 『오늘도 펭수 내일도 펭수』라는 책을 출간하였고, 참이슬은 두껍 캐릭터를 활용한 다양한 굿즈를 선보이는 '두껍상회'라는 오프라인 상점을 오픈하기도 하였다. 빙그레는 〈빙그레 메이커를 위하여〉라는 애니메이션 동영상을 제작하여 빙그레왕국 안의 왕위계승 이슈가 마치 우리의 이슈인 것처럼 풀어내어 팬들의 열광적인 환호를 얻었다. 200만 구독자 유튜버인 진용진 씨가 던진 팁을 잘 기억하자. "너무 공들이지 말고 잘하는 걸 쉽게, 자주, 빨리 만드세요."

③ 브랜드 플랫폼에서 팬들과 실시간 소통하라

플랫폼 비즈니스의 제3요소인 '지속 상호작용'을 위해서는 소통이 가장 관건이 된다. 바로 꾸준함이다. 고객과 꾸준히 대화하기 위해서는 어깨에 힘을 빼고 고객과 친구가 되는 것이 가장 좋다. 같은 반 친구들과도 처음에는 초면이지만 일단 안면을 트고 나면 계속 무언가를 주고받으며 관계를 만들어가지 않나. 고객과의 관계도 마찬가지다. 디지털의 특성상 '실시간성'이 주요한 변수로 등장했으니, 고객들과 끊이지 않고 꾸준하게 대화를 주고받는 일은 마케팅 업무의 중요한 일부가 된다. 요즘 MZ세대에게 먹히는 마케팅 사례들은 '티키타카'의 소통법을 잘 구사한다는 특징이 있다. 티키타카의 소통법은 특히 댓글에 잘 나타난다. '댓글리케이션'이라는 말이 있을 정도로 고객들의 댓글을 살피는 것, 댓글에 찰떡같이 반응하는 것, 더 나아가 댓글이 활성화될 수 있도록 말을 거는 것 등이 커뮤니티 운영의 열쇠가 된다. 그만큼 댓글은 고객들과 만든 2차 콘텐츠의 위용을 갖는다. 눈길을 끄는 콘텐츠를 만드는 것도 중요하지만, 댓글이 달릴 만한 콘텐츠를 제작하는 것도 이에 못지않게 중요하다. 댓글로 소통하는 방식에는 정교함보다 꾸준함이 요구된다. 여기에 귀여움과 센스가 더해진다면 금상첨화다.

대학내일 20대 연구소가 발표한 칼럼(2015)에도 20대의 댓글 커뮤니케이션에 대해 중요하게 다룬 바 있다. 칼럼에 따르면 20대는 본문보다 댓글을 먼저 보고, 본문의 정보보다 댓글을 더 신뢰하고, 본문이 알려 주지 않은 정보까지 댓글로 나눈다고 한다. 그래서 이들에게 댓글은 아고라이자, 톡방이자, 지식인이자, 놀이터가 된다. 사실 댓글이 잘 달리는 콘텐츠는 기획 단계부터 다르게 출발한다. 콘텐츠에 댓글을 달 수밖에 없는 맥락을

11 커뮤니티 창조(community creation)

만들어 놓는 것이다. 콘텐츠는 대화를 시작하게 하는 신호탄 역할이지, 콘텐츠만 보고 떠나게 하는 일반적인 소모물이 아니다. 이러한 콘텐츠가 가져야 할 요건에는 재미 외에 공감이 더해진다. 보는 사람으로 하여금 '이거 우리 이야기인데?'라는 공감을 이끌어 낼 수 있을수록 댓글은 더 많이 달린다. 공감을 일으키기 위해서는 마치 같은 반 친구와 눈높이를 맞춰서 대화하듯이 댓글을 다는 것이 좋다. 기업과 고객이라는 상업적인 관계가 아니라, 친구와 친구가 이야기하듯이 댓글을 주고받으며 놀 듯이 진행되는 친근한 소통법이 댓글리케이션의 비법이다. 많은 기업은 우리가 올린 콘텐츠에 얼마나 많은 '좋아요'가 달리는지를 유심히 살핀다. 하지만 더 중요한 건 그 아래 달려 있는 댓글의 수이다. 콘텐츠가 떡밥으로 올려진 상태에서 댓글이 활발하게 진행된다면 그 사이트는 바로 놀이터가 된 것이나 다름없다.

[그림 11-7] 처음처럼의 SNS 댓글리케이션

출처: 네이버 블로그.

댓글로 소통을 잘하기로 유명한 기업들이 있다. 하나는 20대에게 댓글 맛집으로 유명한 '처음처럼'이다. 처음처럼에는 누구에게나 해당될 것 같은 일상적인 이야기를 소재로 삼은 친근한 콘텐츠들이 올라온다. 누가 봐도 내 이야기처럼 느껴져 댓글을 달고 싶도록 유도하는 것이다. 어쩔 때는 '처음처럼'과 '청하'의 티키타카를 통해 브랜드에 재미를 불어넣으면서 댓글을 활성화시키는 방식을 취하기도 한다. 브랜드 간 소통도 콘텐츠의 소재로 활용하는 것이다.

관리자의 필력으로 인해 MZ세대의 마음을 훔쳤던 또 하나

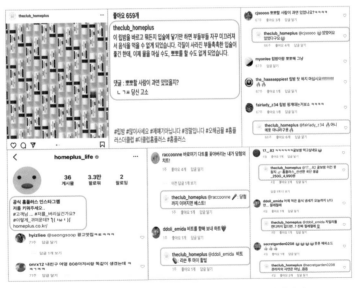

[그림 11-8] 더클럽 홈플러스의 인스타그램 댓글리케이션

출처: 더클럽 홈플러스 인스타그램.

11 커뮤니티 창조(community creation)

의 브랜드가 있다. '더클럽 홈플러스'의 인스타그램이 그 주인 공이다. 더클럽 홈플러스의 인스타그램을 보고 있으면 마치 내 주변에 있을 법한 귀엽도록 엉뚱하고 센스 있는 친구와 대화를 하는 듯한 느낌을 받는다. 관리자가 써 내려가는 손발이 오그라들 정도로 재치 있는 댓글은 보는 이로 하여금 대화에 참여하고 싶게 만드는 매력을 뽐는다.

최근 디지털에서 진행되는 마케팅 커뮤니케이션 방식을 '유난 마케팅'이라고 부르기도 한다. 디지털이 개인의 존재가 두드러지는 곳인 만큼 개인이 가진 취향과 가치를 알아봐 주고 인정해 주고 맞장구쳐 주는 것에 소비자들이 환호하는 것이다. 기업이 유난을 떨면 떨수록 소비자가 느끼는 호감도는 올라간다.

④ 브랜드 플랫폼을 확장의 허브로 삼아라

우리 플랫폼으로 얼추 고객들이 드나들고 머물면서 놀게 되면, 이제 본격적으로 고객과 장기 관계를 맺는 작업이 필요하다. 브랜드 플랫폼을 고객의 생애 가치(LTV)를 관리할 수 있는 툴로 활용하는 것이다. 이러한 장치들은 고객이 플랫폼을 떠나지 못하게 이탈을 방지하고 리텐션(retention)을 강화하는 효과를 준다. 최근 대표적으로 떠오르는 것이 구독 서비스이다. 가트너(Gartner)가 발표한 조사 결과에 따르면 2023년에는 전 세계 기업의 75%가 구독 서비스를 제공하며 소비자와 직접 연결되어 비즈니스를 할 것으로 전망했다. 구독경제를 장려하는 데

코로나 19의 영향도 컸다. 초기에는 구독 서비스가 콘텐츠와 유통 영역에 머물러 있었으나, 점차 다양한 카테고리에서 구독 서비스를 도입하고 있다. 최근에는 영화, 음원, 도서 등 문화 콘텐츠에서 식품, 제과, 가전제품 등 다양한 생활 제품에까지 구독 서비스가 확산되고 있다. 롯데제과는 '월간 과자'를 통해 과자 구독 서비스를 개시하였고, 뚜레쥬르는 월간 구독 서비스를 론칭하며 매출을 급증시키는 효과를 얻었다. 롯데백화점은 추석기간 동안 선물을 나눠 받을 수 있는 '선물세트 정기구독권'을 선보였고, 한국 야쿠르트는 온라인몰 하이프레시를 통해 가정간편식과 밀 키트 정기구독 배송을 시작했다. 요즘은 김치도 정기배송 받고, 꽃도 돌아가며 정기배송 받고, 욕실 청소도 구독 서비스로 매월 관리받을 수 있다.

네이버, 카카오 같은 플랫폼 기업들도 유료 구독 서비스 시장에 진입했다. 이들은 원래 무료 플랫폼으로 성장해 온 곳인데, 광고 비즈니스만으로는 수익원에 한계를 느껴 넷플릭스를 벤치마킹하여 구독 비즈니스를 시작하고 있다. 구독 서비스를 하게 되면 기본적으로 이용자를 플랫폼에 계속 묶어 두는 락인(lock-in) 효과를 기대할 수 있다. 고객의 행동과 취향에 관한 빅데이터까지 있으면 고객의 반복적인 일상생활에 편리를 제공할 수도, 고객에게 큐레이션 서비스를 통해 새로운 라이프스타일을 제안해 볼 수도 있으니 제대로 기획된 구독 서비스는 고객에게도 득이고 기업에게도 득이 된다. 지금은 소비자도 제품을 소유하는 것보다 새로운 사용 경험을 얻는 것을 원하는 방향으로 바뀌고 있다. 제품과 서비스가 점차 다채로워지다 보니, 소비자 스스로 많은 제안을 살피고 검토해서 선택할 시간적 여유나 능력이 부족해졌기 때문이다.

주오라의 티엔 추오 대표는 구독경제와 관련해서 '소유가 아닌 사용의 시대가 도래했다'고 이야기한다. 사용의 시대란 '고객이 원하는 것이면 무엇이든, 그가 원하는 시간에 소유하지 않고 접근할 수 있는 시대'를 뜻한다. 구독경제는 플랫폼 비즈니스를 더 활성화시킬 전망이다. 구독 서비스야말로 제품의 직접 생산과 관리 없이 '소비'를 기획하고, '소비 시장'을 디지털상에 만들면 되기 때문이다. 파이프라인과 다른 비즈니스 모델이 바로 구독경제 모델이다. 구독경제가 주는 장밋빛 미래는 우리에게 기대감을 주지만, 이러한 미래를 장밋빛으로 만들기 위해서는 반드시 지켜야 할 원칙이 있다. 구독 서비스는 결국 고객에게 편의를 도와주고 취향을 충족시켜 준다는 고객 니즈에 포커스를 맞춰서 제공되어야 한다. 따라서 변화하는 고객 니즈에 선제적으로 대응하지 못하면 고객 만족도가 낮아지고 이탈할 확률도 높아진다. 맥킨지의 조사 결과에 따르면, 미국 구독 서비스 이용자 중 50%는 첫 구독 후 6개월 안에 구독을 중지한 것으로 나타났다. 지속적인 구독의 창출은 구독경제가 시장에 안착하기 위해서 반드시 검토되어야 할 사안이다.

또한 구독 서비스를 기획할 때 주의해야 할 사항이 있다. 정기성이 필요한 구독 서비스와 큐레이션이 필요한 구독 서비스를 구분하는 것이다. 정기성이 필요한 구독은 사용 패턴이 일정하고, 교체 주기가 짧아야 유효하다. 반면, 큐레이션은 상품이 다양하고, 다채로운 소비를 원하며, 고객 스스로 본인에게 맞는 상품을 결정하기 어려운 경우에 유효하다. 즉, 정기 구독 서비스는 구매의 타이밍을 서비스하는 것이고, 큐레이션 구독 서비스는 소비 취향을 서비스하는 것이다. 두 경우 활용하는 데이터도 달라진다. 정기성이 필요한 구독은 개인 소비자의 기존 사용 행태 데이터가 필요하고, 큐레이션이 필요한 구독은 유사한 취향을 가진 고객의 사용 행태나 리뷰 데이터가 더 중요하게 활용된다.

이 지점에서 구독 서비스의 지향점은 '라이프스타일의 제안'이라는 고객 혜택으로 구현되어야 함을 알 수 있다. 상품의 제공은 누구나 할 수 있다. 하지만 서비스의 제공은 서비스를 기획하는 사람의 의도와 마음을 담은 가치의 영역에 해당된다. 같은 제품이라도 패키지 구성에 따라, 패키지 디자인에 따라, 배송 기간과 방식에 따라 고객에게 전달되는 가치가 달라지기 때문이다. 구독 서비스를 사용하는 사람은 이미 해당 제품을 구입해서 써 본 사람이다. 즉, 아는 사람에게 더 팔아야 하는 것이 구독 서비스이다. 따라서 구독 서비스는 서비스를 받는 개개인의 고객들의 니즈를 한결같이 충족시켜 주어야 지속될 수 있다. 따라서 구독 서비스는 확실한 고객가치로 소비자가 원하는 경험을 제공할 수 있어야 한다. 구독 서비스를 준비하는 기업들은 단순히 고객을 장기적으로 묶기 위한 수단으로 구독 서비스를 활용해서는 안 된다. 구독 서비스는 철저히 고객의 라이프스타일에 맞춰 진행되고 라이프스타일을 제안할 수 있는 방향으로 추진되어야 한다.

최근에는 정기성을 가진 서비스 영역에서 구독 서비스를 기획하고 고객들에게 선보이는 기업이 있다. 눈에 띄는 서비스는 의식주컴퍼니의 세탁 배달 앱 '런드리고'이다. 세탁은 일상에서 규칙적으로 행해져야 하는 집안일에 해당된다. 다양한 종류의 세탁기와 세탁세제들이 세탁 퀄리티를 높이기 위해 개발되고 있지만, 세탁 방법을 잘 모르면 아끼는 고급 옷도 단번에 망칠 수 있다. 세탁 노하우는 제품으로 커버가 안 되는 영역이다. 집안일이 서툰 바쁜 현대인을 위한 세탁 서비스는 귀가 솔깃해지

[그림 11-9] 런드리고 세탁 구독 서비스

출처: 신세계 빌리브 재구성.

는 제안으로 들린다. 더군다나 세탁 서비스를 정기적으로 제공받을 수 있다면 고객 입장에서 마다할 이유가 없다. 굳이 자리를 차지하는 세탁기를 큰돈 주고 교체하지 않아도 될 일이다. 런드리고는 세탁 기술력과 더불어 편한 세탁물 배송을 위해 '런드렛'을 개발했다. 런드렛은 캔버스 천으로 만든 작은 간이 옷장과 같은 세탁함이다. 런드리고 서비스를 신청하면 런드렛을 받게 되는데, 고객은 여기에 세탁물을 담고 이를 현관 앞에 놔두기만 하면 된다. 그러면 런드리고 수거 담당자가 런드렛을 가지고 직영 공장으로 운반해서 세탁을 진행하게 된다. 다음 날 세탁이 끝나면 세탁된 의류가 담긴 런드렛은 다시 고객 현관 앞에 놓인다.

세탁이라는 일상은 가족 구성원이나 직업, 패션스타일에 따라 각기 다른 니즈가 존재하는 시장이다. 따라서 런드리고는 주요 고객층을 카테고리별로 분류해서 이들이 필요로 하는 세탁 서비스를 다양하게 구성하여 제공하고 있다. 혼자 사는지, 맞벌이인지, 학생인지 직장인인지, 아이가 있는지 없는지 등으로 라이프 스테이지(life stage)를 나눠서 세탁 서비스를 필요에 따라 세분화하여 기획한다. 현재 런드리고는 빨래, 드라이클리닝 등 상품 구성을 15개로 다양하게 나눠서 고객의 세탁 라이프스타일에 맞는 구독 서비스를 선보이고 있다. 소유가 아닌 사용, 구매가 아닌 구독의 시대이다. "Everything as a Service"라는 말처럼 이제 모든 것이 서비스화가 되는 시대로 접어들고 있다.

커뮤니티 운영 가이드

어느새 우리의 삶은 오프라인에서 온라인으로 옮겨가고 있다. 관계를 맺는 방식 역시 온라인에서 경계를 모르고 뻗어 나가는 중이다. 네트워크를 통해 만나는 사람들은 나와 직접 아는 지인은 아닐지라도 나와 같은 관심사와 라이프스타일을 가진 이 시대를 살아가는 동시대인들이다. 세상이 건조해지고 외로움이 커질수록 커뮤니티 비즈니스는 성공할 것이라는 이야기가 있다. 커뮤니티 안에서 내 삶이 추구하는 정보를 얻고 공감을 나누며 지지를 받고 살아가는 것이 오늘날의 우리들이다. 기업들도 소비자의 달라지고 있는 커뮤니케이션 환경에 주목해야 한다. 개인의 욕구에 실시간 반응하는 커뮤니티는 앞으로도 더욱 번창하게 될 것이다. 마지막으로 커뮤니티 운영에 실패하는 경우를 통해 커뮤니티 운영에 대한 팁을 얻고, 커뮤니티를 팬덤의 원천으로 만들 수 있는 방법이 무엇인지 알아보자.

많은 기업이 오프라인 마케팅의 방식을 디지털에도 그대로 고수하는 경향이 있다. 그래서 커뮤니티 운영도 실패로 끝나는 경우가 많다. 주로 다음과 같은 경우들이다. 첫째, 커뮤니티를 홍보의 수단으로 보는 것이다. 커뮤니티는 동일한 목표를 추구하고 가치 및 아이덴티티를 공유하는 사람들의 집단이다. 커뮤니티는 소비자들이 브랜드를 구매하고 사용하고 소비하는 과정에서, 브랜드가 추구하는 가치와 뜻을 함께하는 사람들과 소통하기 위해서 모인 사회적 공간이다. 따라서 커뮤니티는 홍보가 아니라 관계의 수단이 되어야 한다. 커뮤니티에서 단기 프로모션을 진행하며 브랜드 홍보를 꾀하려는 것은 옳지 않은 접근이다. 둘째, 커뮤니티의 목표를 매출로 잡는 경우이다. 커뮤니티는 소속감과 유대감을 통해 움직이는 조직이다. 개인적인 욕구 외에 사회적인 욕구가 커뮤니티를 움직이는 동력이기 때문에 기업의 이윤추구 활동과는 어울리지 않는 장소이다. 기업도 커뮤니티에서 매출을 바라볼 것이 아니라, 고객과 친구 관계나 파트너 관계를 만드는 데 집중하는 것이 좋다. 세 번째는 콘텐츠를 지속적으로 업데이트하지 않는 것이다. 커뮤니티의 활성화는 콘텐츠와 소통에 달려 있다. 커뮤니티는 만들어 놓고 손 터는 장소가 아니다. 커뮤니티 내의 소통이 생기를 잃지 않게 마케터의 꾸준한 관심이 필요하다. 넷째, 커뮤니티 구성원들의 자발성을 끌어내지 못하는 경우이다. 커뮤니티를 활성화시키는 일은 마케터 혼자 할 수 있는 것이 아니다. 콘텐츠를 지속적으로 올려도 소비자의 참여가 따라오지 않으면 군중 속에서 혼자 노는 것과 같다. 오히려 소비자들이 더 적극적으로 움직일 수 있도록 마케터는 분위기를 조성해 주는 것으로 역할을 잡아야 한다. 다섯째, 기업에서 커뮤니티를 통제하려고 하는 경우이다. 커뮤니티에서 기업과 소비자는 상호 호혜적인 관

11 커뮤니티 창조(community creation)

계를 유지해야 한다. 오히려 커뮤니티는 철저히 소비자를 위해 운영되어야 하니 기업은 개방적인 마인드를 가지고 그들의 친구가 되어 그들이 원하는 것을 들어 줄 수 있도록 지원자가 되는 것이 좋다.

그렇다면 커뮤니티가 잘 운영되고 있다는 것은 어떻게 알 수 있을까? 몇 가지 지표들이 있다. 얼마나 많은 사람이 커뮤니티에 들어왔는지, 얼마나 관련성 있는 사람들이 커뮤니티에 참여하는지, 얼마나 많은 게시물이 올라오는지, 올라가는 게시물들은 얼마나 양질이고, 다양하고, 자발적인 성격의 것인지, 어느 정도 상호 교류가 일어나는지, 댓글은 얼마나 활발하게 주고받는지, 해당 커뮤니티에서 일어나는 활동들이 얼마나 SNS 상에서 이슈가 되고 있는지, 커뮤니티의 활동들이 얼마나 좋은 방향으로 기업이나 고객에게 영향을 미치는지 등이다. 마지막으로 강형근 전(前) 아디다스 브랜드 디렉터의 말을 빌려 단단한 팬덤을 형성할 수 있는 커뮤니티 운영 전략을 들어 보자.

"명확한 브랜드 아이덴티티를 수립하고 이를 디지털상에 시각적으로 구현해라."
"브랜드 스토리와 콘텐츠로 공감을 얻을 기반(떡밥)을 마련해라."
"일단 강력한 소수의 팬을 만드는 데 주력해라."
"그들이 화자가 되어 우리 브랜드를 이야기하게 해라."

"지속적인 콘텐츠 업그레이드로 재미와 감동을 주며 참여를 증진시켜라."

"이들이 자긍심을 가질 수 있도록 가치 있는 활동을 지원해라."

기업이 하는 모든 일은 소비자를 위해서이다. 우리의 비즈니스가 소비자에게 어떤 의미로 다가가고 있고 그들의 삶에 어떤 가치를 주는지 알고 싶다면, 지금부터라도 커뮤니티에서 끊임없이 소통을 주고받고 있는 고객들의 목소리에 귀를 귀울여라. 어디서도 쉽게 얻을 수 없지만 언제나 듣고 싶어 하던 우리 브랜드의 이야기를 그들은 솔직하게 들려줄 것이다.

12 브랜드 유니버스 생태계의 완성

지금까지 브랜드 유니버스의 창조 과정을 고객가치 창조, 플랫폼 창조, 콘텐츠 창조, 커뮤니티 창조의 단계를 거치며 장황한 설명을 마쳤다. 이제 브랜드 유니버스를 가동시킬 준비는 끝이 났다. 마지막으로 브랜드 유니버스를 잘 운영하기 위해 몇 가지 지침들을 언급하고자 한다. 이는 브랜드 생태계를 무리 없이 돌리기 위해 마케터들이 꼭 알아야 할 디지털 생태계의 본질에 대한 지침이다.

디지털 생태계에 대한 인사이트

① 디지털은 로그온(log-on)이 필요한 공간이다

디지털은 오프라인과 달리 로그온을 하지 않으면 존재하지 않는 세상이다. 오프라인이야 돌아다니면서 이것저것 보게 되니까 굳이 큰 노력을 들이지 않고도 어떤 브랜드가 있고, 어떤 이벤트를 진행하고, 어떤 프로모션 행사를 하는지 눈으로 확인할 수 있으나, 디지털에서는 자발적으로 사이트를 찾아 들어가지 않으면 브랜드의 존재조차 담보 받기가 어렵다. 디지털은 철저히 소비자의 자발성이 요구되는 공간이다. 따라서 디지털에서 마케팅을 하려는 기업은 소비자에게 그들이 자발적으로 우리 사이트를 찾아올 수 있도록 확실한 동기를 만들어 주는 것이 필요하다. 그래서 플랫폼에서는 사람을 모으게 하는 것이 매출을 목표로 하는 것보다 우선시 된다. 점점 더 많은 플랫폼과 콘텐츠가 생겨나고 있기 때문에, 디지털 생태계에는 소비자의 트래픽을 만들어 내는 것이 무엇보다 1순위 과제가 된다. 이런 관점에서 디지털 마케팅은 사이트를 구축하고 콘텐츠를 제작하는 것이 아니라 '트래픽을 만드는 일'이라고 할 수 있다.

트래픽을 만들기 위해서는 3단계의 접속(access)을 활용해야 한다. 바로 유입, 체류, 유지 단계이다. 디지털 마케팅을 한다는 것은 유입, 체류, 유지의 싸움을 하는 것으로 생각해도 무관

하다. '유입'은 우리 플랫폼으로 소비자를 불러들이는 것이고, '체류'는 우리 플랫폼에 소비자들이 오래 머무르게 하는 것이며, '유지'는 소비자들이 우리 플랫폼과 장기적으로 관계를 지속하는 것을 말한다. 먼저 유입 단계를 보자. 유입 단계에서는 트래픽을 만드는 것이 중요하다. 트래픽을 만들기 위해서는 두 가지 전략을 잘 활용해야 한다. 첫 번째 전략은 우리가 있는 곳으로 소비자가 자발적으로 찾아오게 하는 '유인 전략'이고, 두 번째 전략은 소비자가 가는 길목을 노려서 그들을 우리 플랫폼으로 오게 하는 '유도 전략'이다.

원래 디지털 마케팅에서 먼저 시작한 것은 유도 전략이었다. 유도 전략은 구매까지 가는 퍼널(funnel)의 뒤쪽(꼭지점)에 해당한다. 디지털상에 채널들이 다양해지니 그 어느 때보다 고객 여정을 연구하는 일이 중요해졌다. 따라서 고객이 가는 길에 가서 기다리고 있다가 구매를 독려하는 방향으로 푸시하는 퍼포먼스 마케팅이 디지털 마케팅에 중요한 화두가 된 것이다. 유도 전략은 고객의 필요를 충족시키는 과정에 해당한다. 제품을 구매하기에 앞서 검색과 추천을 중요하게 검토하는 구매 여정을 생각해 보라. 가격, 디자인, 품질 등의 측면에서 좀 더 나의 필요를 충족시켜 줄 만한 제품을 선택하지 않는가. 최근에는 단순한 제품 푸시가 아니라 다양한 행동 데이터를 활용해서 개인의 삶으로 들어가려고 노력하는 개인화 마케팅으로 유도 전략을 고도화하고 있다. 더 이상 광고가 먹히지 않는 시대가

유도 전략 "소비자가 가는 길목을 노려서 그들을 우리가 있는 곳으로 오게 하자"

- 판매지향의 푸시 전략
- 행동 기반의 퍼포먼스 마케팅
- 생활 맥락 기반 고객 여정 설계

필요의 충족	개인화 마케팅	생활 침투 전략
• 기능적 혜택 제공 (Functional Benefit) • 검색과 추천 • 구매 및 생활 정보	• 빅데이터 기반 개인화 추천 • 단순히 제품 푸시가 아니라 개인 삶의 맥락에 놓이도록	• TPO 기반으로 일상 세분화 • 단기/적기/장기 침투 전략 • 라이프셰어 확보

[그림 12-1] 고객 트래픽을 만들기 위한 유도 전략

되다 보니 빅데이터로 개인의 취향을 분석해서 추천하는 방식으로 마케팅이 변화하는 것이다. 여기에는 소비자의 맥락 정보를 알아서 TPO 기반으로 일상을 세분화하고 초 개인화를 통해 생활로 침투하는 전략이 유효하다. 유도 전략은 궁극적으로 일상의 점유를 통해 라이프셰어를 확보하는 것을 목표로 한다.

두 번째는 유인 전략이다. 유인 전략은 퍼널의 앞쪽에 해당한다. 디지털에 플랫폼을 개설해 놓았는데 아무도 찾지 않으면 존재가 없는 것이나 마찬가지다. 따라서 소비자를 우리가 있는 곳으로 오게 하는 유인 전략이 필요하다. 유인 전략은 유도 전략과 달리 기능적 혜택보다 감성적 혜택이 작동하는 영역이다. 검색을 통해서 구매에 이르는 것이 아니라 놀다가 구매하는 발견의 즐거움을 느끼게 해 주는 것이다. 소비자의 시선을 사로

유인 전략   "우리가 있는 곳으로 소비자가 자발적으로 오게 하자"

- 관계지향의 풀 전략
- 브랜드 & 콘텐츠 마케팅
- 브랜드 기반 라이프스타일 제안

즐거움의 충족	브랜드 매력	경험과 공감	일상의 공유
• 감성적 혜택 제공(Emotional Benefits) • 발견의 유희 • 시선 사로잡기	• 브랜드 철학 • 브랜드 신념 • 브랜드 문화	• 제품의 장점이 아닌 취향과 경험의 공감을 통해 • 일상 소재의 콘텐츠	• 고객 네트워크를 통한 바이럴 확산

[그림 12-2] 고객 트래픽을 만들기 위한 유인 전략

잡는 일이 무엇보다 중요하기 때문에 콘텐츠를 앞세워 즐거움을 충족시켜주는 것이 목적이 된다. 콘텐츠로 즐거움을 주려면 제품의 장점만을 늘어놓는 것이 아니라 소비자의 취향과 경험에 대한 이야기를 통해 공감을 이끌어 내야 한다. 사람들은 자신의 이야기에 더 잘 귀를 기울인다. 소비자가 중심이 되는 디지털에서는 특히 이러한 경향이 더 두드러지게 나타난다. 따라서 일상 소재의 콘텐츠 개발이 중요하다. 그리고 일상을 저격했다면 그것을 공유하도록 만들어야 한다. 고객의 네트워크를 통해 콘텐츠를 확산시키는 것이다. 디지털에서 공감과 공유는 함께 움직인다. 소비자의 생활 속에서 우리 브랜드의 활동이 공감을 얻었다면 바로 페이스북, 인스타그램에 공유된다는 점을 잊지 말자. 유인 전략은 관계 형성을 기반으로 하기 때문

에 기본적으로 콘텐츠 마케팅을 이용한 풀 전략이 유효하게 쓰인다. 그리고 이때 타깃 가치에 부합하는 매력적인 철학, 신념, 문화를 가진 브랜드는 고객을 유인하는 데 큰 힘을 발휘한다.

다음은 체류 단계이다. 체류는 일단 우리 플랫폼에 들어온 소비자들을 오래 머물게 하는 것이 목적이다. 소비자들의 체류 시간이 길어지면 매출에도 긍정적인 영향을 미친다는 연구결과가 있다. 최근 신세계 정용진 부회장이 야구단을 창단한 이유도 그가 타임스퀘어를 통해 몰링(malling)의 효과를 맛봤기 때문이다. 소비자를 놀면서 오래 체류하게 하면 구매 기회를 더 얻게 된다. 오래 체류하게 하기 위해서는 볼거리, 놀거리, 소통할 거리가 많아야 한다. 그리고 브랜드와 소비자가 관계를 짓든, 유사한 관심과 취향을 가진 사람들끼리 관계를 짓든 커뮤니티 안에서 소속감과 연대감을 가지고 움직일 수 있게 해야 한다.

유지 단계는 좀 더 장기적인 관점이다. 한 고객과 오래 관계를 맺기 위해서는, 첫째, 일상에 스며들어야 하고, 둘째, 그의 일생에 스며들어야 한다. 이게 고객 생애가치(LTV) 전략이다. 고객의 일상과 일생에 스며들기 위해서는 고객의 삶을 추적할 수 있는 고객의 생활 맥락 데이터가 있어야 한다. 그리고 인공지능의 힘을 빌린 개인화 예측과 최적화 기술도 필요하다. 이때부터는 제품이 아니라 철저히 고객 경험 설계의 단계로 넘어가게 된다. 브랜드와의 관계가 긴밀해지고 애착이 형성되면 가

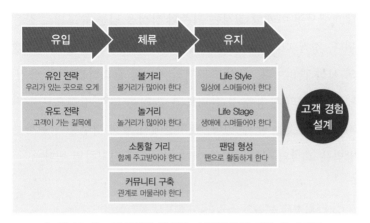

[그림 12-3] 고객 경험을 설계하는 플랫폼 유입, 체류, 유지 전략

장 강력한 고객의 형태인 팬덤이 나타난다. 팬덤은 브랜드의 수명을 늘려줄 뿐 아니라 더 많은 고객을 유입시키는 힘을 발휘한다. 팬들에게 브랜드는 그냥 상품이 아니라 '나의' 브랜드라는 지위가 부여된 것이다. 따라서 유지 단계에서는 일반 고객에서 모디슈머(modisumer), 프로슈머(prosumer)를 넘어 팬슈머(fansumer)까지 진화하는 고객 관계를 강화하기 위한 마케팅 툴이 다양하게 개발되어야 한다.

이상에서 살펴봤듯이 디지털에서는 판매를 목적으로 하는 것보다 모집을 우선으로 해야 생태계가 돌아간다. 매출은 따라오는 것이다. 기업의 궁극적인 목표는 수익 창출인데, 디지털에서는 매출보다 유입이 우선이 되는 아이러니가 발생한다. 따라서 구매를 촉진하기보다 공감을 받아야 하고, 정보도 콘텐츠로 전달해야 하며, 유통이기 전에 미디어여야 한다. 새로운 생

태계에서의 마케팅 질서는 기존의 상식을 넘는 뉴노멀로 작동
된다. 정작 디지털에서 해야 할 것은 매체 관리가 아니라 고객
의 시선 관리이다. 그리고 고객의 시선을 관리하기 위한 유입,
체류, 유지의 과정을 잘 살펴보면 그 안은 고객 경험으로 채워
져 있다는 것을 알 수 있다. 디지털에서 고객 경험을 구현하는
방법은 고객의 시선을 따라 이에 적절하게 기획하면 된다.

② 디지털은 생활과 쇼핑이 어루어진 공간이다

플랫폼은 디지털 시장을 만드는 일이다. 따라서 디지털 시장
이 언제 어떻게 만들어지는지를 아는 것이 중요하다. 디지털은
기본적으로 오프라인과 다른 생태계 구조를 가지고 있다. 그렇
다면 디지털에서 마케팅을 펼칠 때 어떤 점에 주목해야 할까?
과거에 오프라인 세계에서 마케팅을 할 때 마케터는 특히 두
가지 부분에 집중했었다. 매체 접점과 판매 접점이다. 마케팅
메시지를 알려야 했기에 소비자를 만날 수 있는 다양한 매체들
을 활용해서 커뮤니케이션을 시도했고, 소비자가 구매하는 순
간에 제품을 밀어 넣기 위해 유통점을 관리했다. 다시 말해 시
장을 알리는 일과 시장에서 제품을 판매하는 일이 별도로 진행
됐었다. 하지만 디지털에서는 어떠한가? 디지털은 연결성으로
인해 매체 접점과 판매 접점이 점점 더 일치하는 구조로 바뀌
고 있다. 매체와 유통이 겹칠 뿐 아니라 디지털에서는 생활 공
간도 여기에 맞물려 돌아간다. 시장의 구분이 명확하지 않은

것이다. 엄밀히 말하면 생활 공간 전체가 디지털 시장이 되고 있다. 따라서 디지털에서는 소비자 생활로 침투하는 일이 무엇보다 중요해진다.

디지털이 구매가 아닌 생활의 공간이라는 점을 깨닫는 것은 마케팅에 큰 시사점(implication)을 준다. 그전에는 시장세분화가 마케팅의 큰 무기였고, STP 전략은 마케팅의 꽃이었다. 이것은 철저하게 메이커 중심의 접근이다. 하지만 디지털에서는 STP 전략이 무색해지는 일이 발생한다. 카테고리 경쟁자를 찾는 것조차 무의미해진다. 디지털은 로그온으로 존재하는 공간이다 보니 마케팅의 관건은 개인 일상 안에 어떻게 한정된 시간을 점유할 것인지로 바뀐다. 개인의 일상으로 들어가기 위해서는 TPO가 중요한 변수가 된다. 예전에는 TPO가 비주류 영역에 속한 변수였는데 디지털에서는 주류로 들어오는 것이다. 기존에는 다루지 않았던, 미처 다루지 못했던 생활 맥락의 세분화 변수들이 중요하게 다뤄지고 있다. 다양한 콘텍스트 데이터를 통해 생활 맥락을 파악할 뿐만 아니라 여기에 그때그때 감정까지 분석해야 비로소 소비자의 심리를 공략할 수 있는 마케팅 인사이트를 얻을 수 있게 된다. 심지어는 인공지능까지 동원하여 개개인의 취향까지 저격하고 있다.

이제 마케터는 변화된 소비자 생태계를 연구해야 한다. 과거에는 제품을 중심으로 경쟁 시장을 바라봤었는데, 새로운 생태계에서는 소비자를 중심으로 하여 그들의 생활을 바라보는 쪽

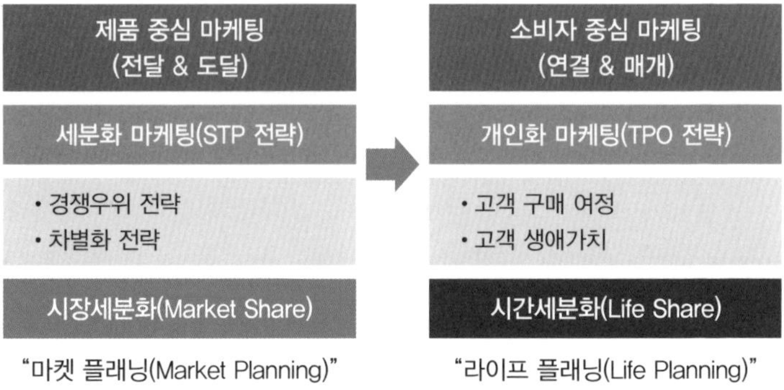

제품 중심 마케팅 (전달 & 도달)	소비자 중심 마케팅 (연결 & 매개)
세분화 마케팅(STP 전략)	개인화 마케팅(TPO 전략)
• 경쟁우위 전략 • 차별화 전략	• 고객 구매 여정 • 고객 생애가치
시장세분화(Market Share)	시간세분화(Life Share)
"마켓 플래닝(Market Planning)"	"라이프 플래닝(Life Planning)"

[그림 12-4] 제품 중심 마케팅 vs. 소비자 중심 마케팅

으로 시야로 돌려야 한다. 과거에는 제품을 시장에 포지셔닝 시키는 것이 마케팅의 핵심 전략이었는데, 지금은 소비자의 일상을 연구해야 하는 일로 바뀌고 있다. 이제 마켓 셰어가 아니라 라이프 셰어를 점유하기 위한 전략을 짜야 한다. 제품이 아니라 소비자가 주인공인 공간, 제품을 철저히 배경에 두어야 하는 디지털 공간에서 새로운 마케팅의 뉴노멀을 정립해야 한다.

③ 디지털은 자기중심의 미-월드(me-world)이다

궁극적으로 디지털에서 구현하려는 마케팅의 모습은 개인화를 지향하고 있다. 지금은 개인화를 넘어 초 개인화까지 디지털 마케팅은 다양한 빅데이터와 인공지능 기술을 도입하여 개인화 마케팅의 완성도를 높이는 데 집중하고 있다. 궁극적으로 개인화 마케팅이 추구하는 것은 고객 일상의 점유이지만, 실제로 개인화가 제대로 작동하려면 다음과 같은 것을 염두에 두어

야 한다. 개인화가 무엇일까? 정확하게는 개인화된 서비스라고 하는 것이 맞겠다. 고객의 구매 이력들을 분석해서 이와 유사하거나 재구매 가능한 것을 추천하는 방식으로 이루어지는 개인화 마케팅. 이것이 과연 개인화 서비스일까?

다시 디지털 공간을 살펴보자. 디지털은 모바일을 중심으로 형성되어 있기 때문에 철저히 나 중심(me-centric)의 공간이다. 소비자 개인의 생활반경과 취향을 중심으로 모든 서비스들이 이합집산을 이루고 있는 미-월드(me-world)이다. 따라서 개인화에 대한 해석도 이에 맞춰져야 한다. 사람들은 디지털을 통해 필요한 정보도 찾고, 상품도 주문하고, 뉴스도 찾아보고, 영화도 감상하고, 헬스 트레이닝도 받고 하지만, 이 모든 생활의 기록을 남겨서 자기를 표현하기도 한다. 페이스북, 인스타그램, 카카오톡, 유튜브 같은 SNS뿐만 아니라 다양한 블로그와 커뮤니티들이 자기표현을 돕는다. SNS를 통해서 자기를 표현하는 것은 사람들과 관계를 맺기 위해서이기도 하지만, 자기를 표현하고 그것으로 사람들의 인정(좋아요)을 받고 싶어서다. 소셜 활동의 기반은 철저히 자기 정체성, 즉 자기가 어떤 사람인지 계속 확인받고 확인하는 보상 작용으로 이루어져 있다. 카카오톡 '선물하기'도 인간관계를 유지하기 위해서이지만, 궁극적으로는 선물하기 행위를 통해 자기를 드러내고자 하는 자기표현 욕구를 담고 있다. 디지털은 기본적으로 자기표현의 공간이다. 그만큼 '자아(self)'라고 하는 개인의 존재감에 대한 욕망과 결부되어 있는 곳이다. 이러한 곳에서 제공되는 개인화 서비스는 어떠해야 할까?

디지털에서 개인화는 '나의 이야기'를 해 줄 수 있는지로 구현되어야 한다. 개인화된 느낌을 주고, 개인화된 경험으로 들려야 한다. 나의 흥미를 유발하고, 나를 반겨 주고, 나를 기억해 주고, 내가 신경 쓰지 않아도 되게끔 해 주고, 내 취향에 맞게 추천해 주고, 내가 즐겁게 시간을 보낼 수 있게 해 주고, 나와 유사한 사람들과 함께할 수 있게 해 주고, 나를 표현할 수 있게 해 주는 그런 서비스로 제공되어야 한다. 마케터의 개인화 작업들이 소비자에게 개인화된 느낌을 주고 있는가? 혹여 하나의 소비자도 놓치지 않고 우리의 고객으로 전환시키려는 기업의 과도한 욕심으로 비쳐지지는 않는가? 진정한 개인화 마케팅은 우리의 활동이 개인에게 의미를 부여할 수 있어야 한다. 정체성과 맞닿아 있어야 하고, 개인의 스타일로 구현되어야 하고, 개인적으로 관계를 맺어야 하며, 궁극적으로는 그 사람의 브랜드가 되어야 한다. 따라서 디지털 생태계에서의 개인화 마케팅은 소비자에게 '나의 ○○'을 만들어 주는 일이라고 할 수 있다.

12 브랜드 유니버스 생태계의 완성

브랜드 플랫폼 운영 법칙

① 브랜드 생태계부터 구축하라

디지털은 시장 경쟁의 의미가 무의미해지므로 상대 가치가 사라지는 공간이라고 할 수 있다. 디지털에서는 소비자의 시간 점유가 관건이므로 브랜드라는 절대가치를 중심으로 우리의 구심력을 만드는 것이 중요해진다. 우후죽순 생겨나는 플랫폼들 사이에서 우리도 우리 브랜드만의 생태계를 만들어야 한다. 큰 브랜드는 큰 생태계로, 작은 브랜드는 큰 생태계에 공생하거나 스스로 도는 작은 생태계로 디지털 공간에서 어우러져야 한다. 큰 것과 작은 것들의 결합을 위해서라도 우리만의 유니버스는 필요하다.

디지털에서 생태계를 만들려면 플랫폼 기획부터 해야 한다. 플랫폼은 디지털 시장이나 다를 바 없으니, 일단 수요자를 불러들일 수 있는 확실한 고객가치가 제공되어야 한다. 고객가치는 기본적으로 카테고리 본질에서 고객이 현재 충족되지 못하고 있는 불충분 욕구를 찾거나 새롭게 충족되길 희망하는 욕구에서 나온다. 플랫폼은 기본적으로 사람을 모을 수 있어야 하므로 다른 곳보다 소비자의 생활 속에서 플랫폼의 제공 가치를 찾는 것이 유리하다. 또한 고객가치를 찾았으면 이를 브랜드 미션으로 전환하여 우리 브랜드의 지향점으로 만들어야 한다. 많은 플랫폼 사이에서 우리만의 독보적 가치로 사람들을 끌어야 한다.

브랜드의 정체성이 결정되면 이를 펼칠 수 있는 콘텐츠를 제작함으로써 소비자를 플랫폼으로 끌어당기는 작업을 시작한다. 콘텐츠는 빅데이터에 기반하여 개인 맞춤형으로 제작될 수도 있고, 관심과 취향에 근거한 경험들을 통해 공감을 일으키는 소재를 기반으로 제작되기도 한다. 플랫폼에서 소통하는 콘텐츠를 만들기 위해서는 세 가지 관점을 담을 필요가 있는데, 바로 브랜드, 제품, 경험 차원을 콘텐츠 창작의 소재로 삼는 것이다. 먼저 브랜드 창조를 위해서는 브랜드 세계관을 활용한다. 우리 브랜드의 콘셉트를 디지털상에 구현하기 위해 브랜드 세계관을 활용하게 되면, 보다 생생하고 풍부하게 스토리텔링을 할 수 있는 저변을 확보하게 된다. 세계관의 힘을 빌려 브랜드가 생동감 있게 살아난다면 그때부터 고객들과 더 재미있게 놀 수 있는 환경이 조성된다. 이때 제품 창조는 제품을 콘텐츠의 소재로 사용하여 놀거리를 만들어 주는 것이고, 경험 창조는 구매, 사용, 소비의 관점에서 고객의 필요와 취향을 충족시키는 방식으로 소통할 거리를 주는 것이다.

콘텐츠로 소통이 시작되었으면, 이제 우리 브랜드의 이야기에 반응하는 고객들이 모여들게 된다. 브랜드가 진심을 다해서 일하면, 브랜드의 철학과 유사한 생각을 가진 사람들이 공감대를 느끼면서 모여드는 것이다. 공동의 취향과 관심사를 가진 고객일수록 더 강한 친밀감이 형성되므로 더 활발한 고객 간 커뮤니케이션이 일어난다. 이때 브랜드 몰입을 유도할 수 있는 고객 지원 활동을 하게 되면 유대감과 소속감을 기반으로 한 커뮤니티가 활발히 돌아가게 된다. 커뮤니티는 의도적으로 만드는 것이 아니고 고객들이 자발적으로 모였을 때 만들어진다. 이때 마케터는 커뮤니티가 잘 생성될 수 있도록 그들이 놀 수 있는 놀이터를 만들어 주면 된다. 그리고 고객이 모여서 자기들끼리 노는 문화가 형성된 후에는 지속적인 소통과 관심을 보이며 그들이 노는 것을 지켜봐 주면 된다. 그다음은 알아서 진행된다. 고객이 제작자가 되기도 하고 확성기가 되기도 하면서 기업의 비즈니스를 도와주기 때문이다. 고객은 기업을 믿고 기업은 고객을 믿으면서 움직이는 것이 커뮤니티의 단계이다. 그렇게 브랜드 생태계는 만들어지고 고객과 함께 성장한다. 따라서 브랜드 생태계를 구축한다는 것은 '소비자와 브랜드가 함께 우리만의 놀이문화를 만드는 것'이라고 할 수 있다.

② 브랜드 생태계는 라이프스타일 플랫폼을 지향해야 한다

생활 속에서 디지털의 비중은 점점 높아지고 있다. 플랫폼의 수가 많아지는 만큼 디지털에서 제품을 사고팔 수 있는 채널도 다양해지고 있다. 다양한 이커머스 사이트들과 라이브 커머스 사이트, 중고거래 앱, 배달 앱, 선물 앱 등 상품의 판매 루트는 점점 복잡해진다. 한편으로 판매를 위한 루트도 활성화되지만, 생활을 위한 장들도 라이프스타일 별로 다채로워지고 있다.

홈·인테리어, 뷰티·패션, 건강·헬스, 교육·케어 등 생활의 모든 영역별로 라이프스타일을 즐길 수 있는 많은 앱이 나오고 있다. 이러한 플랫폼들은 일상생활을 점유한다는 강점이 있지만, 최근에는 제품 구입을 할 수 있는 기능도 부착되고 있어 플랫폼 간의 전쟁을 더 심화시키고 있다. 이제 마케터는 디지털 공간에서는 우리 제품과 브랜드를 알리고 판매하는 루트를 설계하는 일이 중요한 업무가 되었다. 예전처럼 오프라인 유통 전략을 짜는 수준이 아니라 고객의 일상을 설계해야 하는 수준의 것이 되었다. 이때 많은 플랫폼 사이에서 우리의 제품과 서비스가 고객에게 의미 있게 다가가려면 브랜드가 필요하다.

이때의 브랜드는 과거의 브랜드 전략처럼 브랜드가 가진 고유의 정체성을 알리는 데서 끝나는 것이 아니다. 디지털상의 브랜드는 얽히고설킨 네트워크 공간에서 고객의 라이프셰어를 확보하기 위해 철저히 라이프스타일 브랜드로서 입지를 확보하는 전략을 취해야 한다. 그러기 위해서는 철저히 고객 경험의 관점에서 브랜드의 실행 방안들을 개발하고 배치해야 한다. 디지털 공간에서 그려지는 브랜드는 고객이 원하는 라이프스타일 경험을 제안할 수 있을 정도로 고객 중심, 생활 중심으로 돌아가야 한다. 그렇기 때문에 마케터들은 브랜드 플랫폼을 통해 브랜드가 지향하는 고객 경험을 설계하고, 여기에 반응하는 고객들과 관계를 형성하며, 그들의 네트워크를 레버리지하는 방식으로 일해야 한다. 앞으로는 브랜드라는 절대가치를 중심으로 한 라이프스타일 플랫폼 기획이 마케터의 업무가 될 것이다. 이는 과거처럼 브랜드의 차별적 장점을 어필하며 고객들을 불러들이는 일이 아니다. 브랜드가 소비자의 생활에 기생하는 방식으로 고객의 삶에 스며들어 그들과 함께 가야 한다. 그렇기 위해서는 고객의 라이프스타일 설계가 우선이다. 브랜드는 그 위에 얹어 가는 거다. 라이프스타일을 판다는 의미를 이해하고 있어야 한다. 고객이 원하는 삶을 살 수 있도록 그들의 삶에 설레임을 주는 것. 라이프스타일 설계를 통해 고객 경험을 혁신한다는 것은 그만큼 상상력을 요구하는 작업이다. 이제 마케터는 마켓 플래너(market planner)의 지위에서 내려와, 라이프 디자이너(life designer)로 거듭나야 한다.

③ 액셔너블 브랜딩(actionable branding)으로 라이프스타일 플랫폼을 구현하라

라이프스타일 플랫폼을 구축한다는 것은 무엇을 말하는가? 그동안 브랜딩은 상당히 개념적인 작업이었다. 소비자의 머릿속에 우리 브랜드의 포지션을 잡는 것이 브랜딩의 전부라고 할 만큼 인식을 만드는 일이 브랜딩이었다. 하지만 디지털에서의 브랜딩은 이와는 다르다. 브랜드라는 절대가치를 중심으로 플랫폼을 구축한 후에 브랜드의 취향과 스타일을 경험하고 싶은 많은 소비자를 유입시키고, 플랫폼 안에서 자발적으로 콘텐츠를 생성-공유-확산할 수 있는 장을 만드는 동시에, 행동 데이

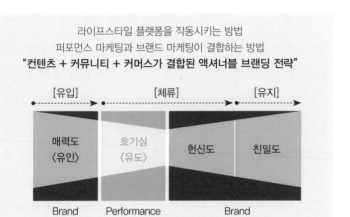

[그림 12-5] 라이프스타일 플랫폼 구축을 위한 액셔너블 브랜딩 전략

터에 기반한 초 개인화 추천으로 이들의 삶에 단기, 중기, 장기로 스며들 수 있는 유인과 유도의 전략을 잘 구현하는 것이 브랜딩 과정이어야 한다. 퍼포먼스 마케팅도 알아야 하고 브랜드마케팅도 알아야 한다. 퍼포먼스 마케팅은 우리 플랫폼으로 들어온 고객들을 구매로 전환시키는 데 힘을 써야 하고, 브랜드마케팅은 우리 플랫폼으로 소비자를 유인하고, 이들이 브랜드와 함께 잘 놀 수 있도록 만드는 데 힘을 써야 한다. 더 나아가브랜드가 제안하는 라이프스타일대로 고객이 생활을 잘 영위할 수 있도록 삶을 제안하는 일까지 담당해야 한다. 플랫폼이추구해야 할 점은 고객의 시간을 점유하는 것이다. 유입, 체류, 유지의 단계에 맞게 브랜드 마케팅과 퍼포먼스 마케팅을 결합해서 운영해야 한다. 브랜드 플랫폼에서는 콘텐츠(content), 커

뮤니티(community), 커머스(commerce)가 결합한 방식으로 운영되어야 한다. 그리고 이 모든 과정을 통합해서 진행할 수 있는 것이 액셔너블 브랜딩(actionable branding) 전략이다.

④ 브랜드 플랫폼을 중심으로 한 플랫폼 IMC 전략이 필요하다

우리가 초기에 봤던 인터넷 사이트는 대부분 뉴스 채널, 카페·블로그, 그리고 온라인 쇼핑몰 등이었다. 그러다 보니 인터넷상에서 자사몰을 만든다는 것은 단순히 쇼핑 채널을 구축하는 일로 생각하기 쉽다. 앞서도 이야기했지만 자사몰은 단순한 쇼핑몰이 아니다. 이커머스가 구매 접점에서 판매를 독려하는 플랫폼이라면, 자사몰은 소비자의 라이프스타일을 중심으로 브랜드와 소비자의 관계를 만들어 나가는 플랫폼이어야 한다. 따라서 마케터들은 판매 접점과 소비 접점에서 다양하게 생성되고 있는 디지털 플랫폼들을 자사 비즈니스 상황에 맞게 통합해서 관리할 수 있어야 한다. 최근의 디지털 마케팅은 다양한 디지털 채널을 통해 정보를 전달할 뿐 아니라 구매까지 연동되는 추세로 진화하고 있기 때문에, 지금은 미디어 IMC 전략이 아닌 플랫폼 IMC 전략으로 사고를 전환하는 것이 필요하다. 경우에 따라 커머스 관점에서 보게 되면 이를 새로운 옴니채널 전략으로 볼 수도 있다.

그럼 어떻게 플랫폼 IMC 전략을 구축할 수 있을까? 최근 디지털 트랜스포메이션에 박차를 가하고 있는 전통 기업들에서 플랫폼 IMC 전략이 추진되는 것을 엿볼 수 있다. 아직은 완벽하게 그 모습을 구현하지는 못하고 있지만, 브랜드 플랫폼을 중심으로 외부 플랫폼들을 통합적으로 연계하려고 하는 움직임만은 분명하다. 첫 번째 사례는 정관장이다. 정관장은 '정몰(정관장몰)'이라고 하는 자사몰을 가지고 있는데, 최근에는 정몰을 중심으로 옴니채널 생태계를 구축하는 것으로 디지털 생태계에 대응하고 있다. 정관장은 정몰을 메인 플랫폼으로 하여 오프라인 가맹점, 오픈마켓 플랫폼, 전략적 플랫폼 등을 연계한 브랜드 생태계를 구축하는 중이다. 궁극적으로는 정몰을 디지털 비즈니스의 거점으로 삼고, 유통 경쟁력 강화를 위한 오픈마켓과의 협력, 신규 수요 선점을 위한 특화 서비스 중심의 전략 플랫폼과의 연합 등 '정관장 everywhere 전략'을 구사하려는 청사진을 가지고 있다. 이러한 플랫폼 IMC 전략을 구사하기 위해서는 플랫폼별로 나타나는 고객 일상 여정의 특징을 이해하여 외부 플랫폼과 브랜드 플랫폼을 연계할 수 있는 심리스한 백 저니(seamless back journey) 설계가 필요하다.

다른 사례는 세라젬이다. 세라젬은 국내 의료기기 전문 기업이다. 세라젬은 누가 봐도 파이프라인 비즈니스 구조를 가지고 있는 제조 기반의 전통 기업이다. 최근 세라젬은 디지털 트랜스포메이션의 본격화를 위해 업의 정의를 '의료기기'에서 '의료가전'으로 변경하고, 환자가 아닌 일반 고객을 대상으로 '토탈 홈 헬스케어 솔루션(total home healthcare solution)'을 제공하기 위해 서비스를 대대적으로 혁신하고 있다. 세라젬이 포커스한 것은 고객 중심의 체험 마케팅과 옴니채널 전략이다. 의료가전이라는 새로운 카테고리를 알리기 위해 고객 체험으로 마케팅 전략을 전면 개편하고, 고객의 동선을 중심으로 한 옴니채널 설계를 통해 개인의 일상생활로 침투하려는 전략을 구사하고 있다. 이때의 옴니채널 전략은 단순히 판매 접점으로서의 멀티채널 운영이 아니다. 오히려 고객의 시간을 점유하기 위해 구매와 소비의 통합 접점으로 보았다는 데서 전략적 의의를 찾을 수 있다. 세라젬의 옴니채널 전략은 홈쇼핑, 온라인몰, SNS 등의 온라인 접점, 유통매장과 세라젬 체험 웰카페 등의 오프

[그림 12-6] 세라젬 웰카페 외관(상좌), 웰카페 체험존(상우),
웰카페 세라체크존(하좌), 홈체험 사이트(하우)

출처: 세라젬.

라인 접점, 홈 익스피리언스(home experience) 중심의 개인의 생활 접점을 모두 연계해서 전방위로 운영된다. 세라젬은 기존의 매장 중심의 옴니채널 전략에서 벗어나 고객 중심의 플랫폼 IMC 전략을 구사하고 있다. 더 나아가 세라젬이 새롭게 준비하고 있는 헬스 큐레이터의 정기 방문 서비스, 생체 데이터와 결합을 통한 초 개인화된 맞춤형 홈 헬스케어 서비스 등의 새로운 비즈니스 모델들은 세라젬이 단순한 의료기기 판매업자가 아닌 고객에게 새로운 라이프스타일을 제안하는 신(新) 개념의 라이프스타일 헬스케어 기업임을 표방하는 것이다.

이제 디지털 트랜스포메이션은 모든 기업의 숙원과제가 되었다. 큰 기업, 작은 기업, 전통 기업, 신생 기업 할 것 없이 디지털 생태계 위에서 철저히 고객을 중심으로 한 라이프스타일 기업으로 거듭나고 있다. 라이프스타일 기업이 된다는 것은 제한된 인프라만으로는 구현이 불가능하다. 우리의 절대 강점을 브랜드 자산으로 하여 다양한 외부 플랫폼들과 유기적으로 선순환하는 고객의 생활 동선을 만들 수 있을 때, 우리가 만든 브랜드 생태계는 고객의 일상 속에서 완성된 모습으로 작동될 것이다.

마케팅 창의력으로 승부하라

코로나 19의 여파는 아직도 여전하다. 이제 포스트 코로나
(Post Corona)가 아닌 위드 코로나(With Corona) 시대를 이야기
한다. 코로나로 인해 각 산업에서 디지털로의 전환이 빠르게
일어나고 있는 것은 부정할 수 없는 사실이다. 과거보다 더 많
은 사람이 점점 더 디지털 생태계에 익숙해지고 있다. 디지털
이 주는 혜택을 넘어 즐거움을 얻고, 새로운 소통에 길들여지
고 있으며, 생활 습관과 라이프스타일도 모두 바뀌는 중이다.
이에 따라 마케팅의 판도 달라졌다. 이제 어느 정도 지각변동
의 실체가 보인다. 변화의 시대에 적응하고 있는 모든 마케터
에게 마지막으로 디지털, 소비자, 브랜드에 대한 세 가지 당부
를 전하며 브랜드 유니버스의 긴 여정을 마치고자 한다.

'디지털'에 대응하는 마케터의 자세　　4차 산업혁명 이후의 디
지털은 그 전의 디지털과 질적으로 다른 모습으로 변모하였다.

과거의 디지털이 가상공간 속의 채널이었다면 오늘날의 디지털은 소비자가 살아가고 있는 또 하나의 세상(실체)이다. 지금 우리의 소비자들은 오프라인과 온라인이 어우러지는 세상 속에 살고 있다. 그들이 항상 온라인에 '로그온'되어 있다는 사실을 잊어선 안 된다. 가상현실까지 들어오게 되면 마케터들은 이전에 한 번도 겪어 보지 못했던 오프라인+온라인+가상현실이 공존하는 새로운 세상에 대응해야 한다. 마케터들이 세 가지의 이질적인 세계가 연결된 세상에 대응하기 위해서는 브랜드라는 가치를 통해 새로운 라이프스타일을 제안할 수 있어야 한다. 그런 제안이 가능하기 위해서는 철저히 '상품의 판매' 중심의 마인드에서 '고객의 생활' 중심의 마인드로 관점을 바꾸어야 한다. 마케터가 바라봐야 할 지점은 점점 더 소비자 중심으로, 점점 더 그들의 일상으로 들어가, 소비자에게 더 멋지고 편리한 삶을 제안할 수 있어야 한다.

'고객'을 대하는 마케터의 자세　디지털의 핵심은 '제품'에서 '고객'으로의 시선 전환이다. 디지털에서 고객을 바라보는 데는 두 가지 관점이 존재한다. 하나는 '개인으로서의 고객'이다. 플랫폼으로 떨어지는 고객 데이터를 통해, 개인의 행태와 취향을 중심으로 한 개인의 미-월드를 살 수 있도록 서비스하는 것이다. 개인 단위의 소비자를 일일이 존중하지 않으면 고객 만족을 이끌어 내기도 어렵고, 그들의 확산 네트워크에 언급되기

에필로그

조차도 어렵다. 또 다른 하나는 '집단으로서의 고객'이다. 고객은 디지털에서 본인의 관심과 취향을 중심으로 옮겨 다닌다. 취향을 중심으로 모인 플랫폼에는 유사한 고객들이 함께 몰려든다. 커뮤니티의 형성이다. 이제 마케팅은 고객과 함께해야 한다. 새로운 세계에서 고객에게 어떻게 말을 걸고, 그들의 마음을 사고, 그들과 관계를 유지할 것인지, 마케팅에서 소통은 점점 더 중요한 이슈가 되고 있다. 디지털에서는 고객을 얼마나 레버리지할 수 있는지에 따라 승패가 갈린다. 개인 소비자에 대한 맞춤형 대응도 중요하지만, 취향 기반의 커뮤니티의 힘으로 함께 움직이게 하는 방법도 활용해야 한다. 디지털 경영은 '소비자 중심 경영'과 다른 말이 아니다. 어떻게 우리 비즈니스가 고객에게 영감을 주어 고객의 힘을 통해 비즈니스의 선순환 구조를 만들 것인지를 고민해야 한다.

'브랜드'를 대하는 마케터의 자세　　다시 브랜드의 시대가 오고 있다. 새로운 세계에서 브랜드는 자신만의 철학을 가지고 고객의 삶을 그릴 수 있어야 한다. 고객 데이터로 소비자가 원하는 삶이 무엇인지 경청해서 우리 브랜드만이 줄 수 있는 오리지널리티(originality)의 고객 경험을 창출해야 한다. 디지털 트랜스포메이션은 업의 본질을 다시 보는 것이다. 따라서 기술로 업그레이드된 오프라인+온라인+가상현실의 세계에 사는 소비자들에게 우리 브랜드는 어떤 새로운 관점으로 어떤 삶을 지원할 것인지를 고민해야 한다. '시장'의 관점에서 '소비자'의 관점으로 뷰 포인트(view point)를 넓혀야 브랜드가 설 자리가 보인다. 소비자들이 원하는 라이프스타일을 제안해 주는 브랜드 플랫폼에는 사람이 모여든다. 왜냐하면 소비자가 원하는 것은 제품 사용이 아닌 멋진 삶이기 때문이다. 이것이 마케팅(marketing)이 아닌 라이프 디자이닝(life designing)이 되어야 하는 이유다. 이제 마케팅도 디지털 트랜스포메이션이 필요하다. 빅데이터와 인공지능의 도입은 수단적인 접근이고 본질적인 것은 과거의 마켓 플래닝에서 벗어나 라이프 디자이닝으로 시야를 넓히는 일이다.

결과가 아닌 과정의 브랜딩. 적극적이고 능동적이고 홍밋거리를 찾는 소비자들에게 다 만들어진 브랜드는 감흥이 떨어진다. 제조사가 만들어서 제공하는 브랜드가 아닌 소비자가 직접 참여하고 즐기고 만드는 경험의 브랜딩. 디지털에서 살아가는 소비자에겐 삶을 즐길 놀이터가 필요하다. 브랜딩의 처음부터 끝까지, 소비자를 제품을 사는 구매자로 보지 말고 브랜드와 함께 노는 친구라고 생각하자. 친구를 좋아하게 되면 함께 놀 거리를 찾고 친구를 즐겁게 해 줄 생각에 기분이 좋아지지 않는가. 그것이 디지털에서 통하는 기브앤테이크(give and take)의 마케팅 법칙이다. 테이크(take)만 생각해서는 절대로 소비자의 마음을 얻을 수 없다. 절대로 기업이 다 하려고 하지 마

에필로그

라. 브랜드의 성장을 위해서라도 소비자를 위한 공간을 마련해 두자. 디지털 생태계에서 브랜드 라이프스타일 플랫폼을 구축 한다는 것은 소비자에게 브랜드 놀이터를 만들어 주는 일이다. 브랜드 세계관으로 토대를 만들면 고객의 참여로 놀이가 시작 된다. 소비자가 맘껏 놀 수 있는 놀이터를 만드는 것. 그것이 무수한 플랫폼과 콘텐츠의 홍수에서 고객을 우리 생태계로 불 러들이는 가장 결정적인 솔루션이 될 것이다.

이제 마케팅은 크리에이티브 영역으로 들어갔다. 창의력은 무에서 유를 만드는 것이 아니다. 오스카 4관왕을 차지했던 봉 준호 감독 역시 창의력은 '가장 개인적인 것'에서 나온다고 수 상 소감을 이야기했다. 자기가 속해 있는 산업군과 브랜드를 가장 잘 이해하고, 고객의 삶에 하나라도 더 도움을 주려는 애 정이 더해질 때, 누구도 생각해내지 못한 고객 감동의 경험들 이 창출될 것이다. 크리에이티브는 영혼을 건드릴 때 생명을 얻는다. 진정한 팬을 얻는다는 것은 그의 영혼을 얻는 것과 다 름없다. 마지막으로, 빅데이터도 어렵고 창의력도 어려워하는 오늘날의 마케터들에게 용기를 줄 수 있는 한마디를 건네고 싶 다. 저자는 세계적인 명품 브랜드의 핸드백 제조를 맡고 있는 국내 유일의 핸드백 제조업체인 시몬느(Simone)의 회장이 디 지털 트랜스포메이션을 목표로 삼아 선포한 올해의 비전에서 그 실마리를 얻었다. "새로운 과거, 오래된 미래." 과거를 다시 보고 우리 안에 있는 정수에서 미래를 만들어 가겠다는 의지가 들어 있는 멋진 선언문이었다. 그의 말에는 가장 본질적인 것이 가장 창의적이라는 봉준호 감독의 말과 같은 의미가 담겨 있다. 이것이야말로 변화의 시대를 뚫고 갈 명쾌한 솔루션이다. 마케팅 크리에이티브 시대. 변화가 닥쳐와도 겁먹을 필요는 없다. 솔루션은 이미 우리 안에 있으니.

강민호(2019). 브랜드가 되어 간다는 것. 서울: 턴어라운드.

권병일, 안동규, 권서림(2018). 4차 산업혁명의 실천 디지털 트랜스포메이션. 서울: 도서출판 청람.

김성희, 장기진, 한창희(2014). 고객중시의 비즈니스 모델링. 서울: 도서출판 청람.

김종식, 박민재(2019). 디지털 트랜스포메이션 전략. 서울: 지식플랫폼.

김종현(2020). 고객은 최첨단 칫솔을 원한 게 아니다: Back to Basics 전략. 퍼블리.

김진영, 김형택, 이승준(2017). 디지털 트랜스포메이션 어떻게 할 것인가. 서울: e비즈북스.

김현정 외(2020). 스마트광고 기술을 넘어서. 서울: 학지사.

김형택, 이승준(2020). D2C 시대 디지털 네이티브 브랜드 어떻게 할 것인가. 서울: e비즈북스.

도준웅(2017). DT 시대 마케팅 뉴노멀. 서울: 지식노마드.

동아비즈니스리뷰(2020). "다음 날 완료 & 배송… 이렇게 편할 수가" 세탁 서비스 불편했던 소비자 사로잡아.

동아비즈니스리뷰(2020). 아기띠의 혁명 '코니바이에린' D2C 전략.

리완창(2015). 참여감. 서울: 와이즈베리.

리처드 도킨스(2018). 이기적 유전자. 서울: 을유문화사.

마셜 밴 앨스타인(2017). 플랫폼 레볼루션. 서울: 부키.

메조미디어(2021). 2021 메조미디어 트렌드 리포트.

모빌스그룹(2021). 프리워커스: 일하는 방식을 실험하는 브랜드, 모베러웍스. 폴인.

박재민(2020). 디지털 트랜스포메이션 사례: 나이키. 브런치.

사이먼 사이넥(2018). 나는 왜 이 일을 하는가. 서울: 마일스톤.

알렉스 모아제드(2019). 플랫폼 기업 전략. 서울: 세종연구원.

에코플래닛(2020). 와비파커, 안경 업계의 넷플릭스. 브런치.

우승우(2017). 창업가의 브랜딩. 서울: 북스톤.

윤지영(2017). 오가닉 마케팅. 오가닉미디어랩.

이민화(2016). 4차 산업혁명으로 가는 길. 창조경제연구회.

조용완(2019). 디지털 혁신만이 살 길이다. 서울: 클라우드나인.

최원준(2020). 콘텐츠를 왕으로 모신 다섯 브랜드를 만나다. 폴인.

한국마케팅협회 마케팅최고경영자조찬 세미나 (84회, 90회)

DMC(2019). 소셜미디어 이용행태 및 광고 접촉 태도 분석 보고서.

VOC 경영연구회(2020). VOC 4.0 : 언택트 시대의 고객 경험 관리 전략. 서울: KMAC.

2020 Content Marketing Summit

2020 폴인 트렌드 세미나 - D2C, 디지털 시대 브랜드의 생존 전략

2021 Digital Marketing Summit

[답없는 기자들] 네이버, 니가 왜 쇼핑에 나와? https://www.youtube.com/watch?v=cMX1M2Ked8M

4P의 결합 048

4차 산업혁명 025

5A 모델 164

B급 감성 223, 263

C2M 124

D2C 전략 119

ESG 경영 245

O2O 평행모델 025

PB 상품 123

STP 065

STP 전략 056, 238, 319, 320

TPO 065, 268, 271, 314, 319

TPO 전략 320

UCC 096

USP 057

VOC 161

ㄱ

가상공간 플랫폼 105

가치 150

감성적 체험(재미) 215

감성적 혜택 314

개인정보 데이터 268

개인창작 플랫폼 095

개인화 마케팅 058, 066, 238,
  313, 320

거래 이점 181, 187

검색 089, 212, 313

검색 데이터 269

게이미피케이션 218

경쟁우위 전략 320

경험 마케팅 276

경험 브랜딩 269

경험 창조 266, 324

고객가치 052, 146, 323

고객 경험 326

고객 경험 관리(CEM) 161

고객 경험 설계 316

고객 경험 지도 164

고객 관계 관리(CRM) 161

고객 구매 여정 046, 162, 320

고객 생애가치 316, 320

고객 여정의 최적화 설계 115

고객 접점 196

고객 정황 196

고객 취향 197

골든 서클 170

공간 058, 196

공감 마케팅 054

공공 데이터 269

공동창조 032, 295

교차보조 도구 081

교환가치 054

구독 서비스 301

구매 가치 089

구매 결정요인 268

구매 경험 267

구매 고려군 162

구매 데이터 268

구매이력 데이터 268

굿즈 마케팅 232

궁극적인 가치 150, 151

규모의 경제 075

기능 150

기능적 체험(필요) 215

기능적 혜택 314

깔때기 구조 064

끌어오기 082

ㄴ

나 중심 321

나비넥타이형 구조 064

네트워크 효과 075

니즈 167

ㄷ

단기 전략 057

댓글리케이션 248, 298

독보적 자원 179, 183

디스커버리 커머스 213

디자인씽킹 166

디지털 시장 073

ㄹ

라방 100

라이브 커머스 046, 100

라이브 커머스 플랫폼 100

라이프 디자이너 327

라이프 스테이지 306

라이프 플래닝 320

라이프셰어 314, 326

라이프스타일 브랜드 279, 326

라이프스타일 플랫폼 142, 325, 327

락인 효과 302

로그 데이터 268

로그온 312

리뷰 데이터 268

리텐션 301

ㅁ

마이크로 인플루언서 097

마케팅 뉴노멀 051

마켓 플래너 327

마켓 플래닝 320

매칭하기 080

메타버스 105

모디슈머 317

몰링 316

미디어 커머스 045

미-월드 320, 321

밈 250

밈 챌린지 250

ㅂ

바이럴 마케팅 250

바텀업 방식 066

발견 090, 212, 314

부캐 마케팅 241

불편 154
브랜드 뉴노멀 전략 146
브랜드 마케팅 117, 328
브랜드 생태계 323, 325
브랜드 세계관 224, 256, 296, 324
브랜드 아이덴티티 169
브랜드 유니버스 141, 146
브랜드 창조 255, 324
브랜드 충성도 161
브랜드 플랫폼 289, 293, 323, 326
브랜드 확장 199
브랜디드 콘텐츠 090, 208
비용 168
비즈니스 플라이휠 188

ㅅ
사용가치 054
사용 경험 267
사용자 제작 콘텐츠 095
사회적 책임 활동 244
상품 추천 115

상황 058, 196
생애 가치 044
생활 속 모멘트 197
생활 정보 플랫폼 095
생활형 경험(공감) 216
서사 256
설득 지식 234
세분화 마케팅 320
세일즈형 플랫폼 110
소비 경험 267
소비자 자기다움(개성) 216
소비자 참여 제작 252
소셜 데이터 269
소속감 256, 316
소통가치 054
소통 플랫폼 093
속성 150
수단적인 목표 151
수직 확장 045
수평 확장 039
수확 체증의 법칙 078
스토리두잉 262
스토리텔링 222, 255, 262, 324

승자 독식 077
시간 058, 196
시간 점유율 044, 059, 065
시장 점유율 059, 065
시장세분화 319
심리스한 백 저니 설계 330

ㅇ
액서너블 브랜딩 327, 329
양면시장 079
연결성 029
연결의 비즈니스 모델 073
연대감 316
오디오 플랫폼 099
오리지널 콘텐츠 183
오픈 콜라보레이션 044, 200
온디맨드 073
온디맨드 서비스 073
옴니채널 115, 329
옴니채널 전략 332
욕구 154
원츠 167
유난 마케팅 301

유대감 256
유도 전략 060, 212, 313
유인 전략 059, 213, 314
유입 312
유지 단계 312
이동성 030
인게이지먼트 247
인지부조화 이론 247
인플루언서 097
인플루언서 플랫폼 097
일상 라이프스타일 243

ㅈ
자기다움 175, 235, 291
자동화 추천 282
자사몰 127
자산화 181, 195
장기 전략 058
재미 가치 089
적기 전략 058
절대가치의 시대 061
접속 312
정보 가치 089

제품 소환 220
제품 자기다움(진정성) 215
제품 창조 260, 324
종합 플랫폼 092
지불가치 054
지속 상호작용 083, 281
지인 추천 282
진실의 순간 162

ㅊ
차별화 전략 320
참여감 031
참여형 경험(소통) 216
체류 312
초 개인화 314
초 개인화 마케팅 196
촉진하기 083, 281
추천 282, 313
충성 고객 290

ㅋ
캐릭터 255
커머스 329

커머스 플랫폼 094
커뮤니티 073, 083, 146, 281, 328
커뮤니티형 플랫폼 111
콘텐츠 090, 146, 328
콘텐츠 커머스 104
큐레이션 304
큐레이션 서비스 302

ㅌ
탑다운 방식 066
트래픽 312
트랜스 미디어 전략 259
티키타카 054, 298, 300

ㅍ
파이프라인 비즈니스 071
팬덤 282
팬덤 마케팅 269
팬덤 문화 283
팬슈머 317
퍼널 313
퍼포먼스 마케팅 090, 115, 117,

313, 328

편익 150, 168

푸시 전략 213

풀 전략 214

프로슈머 317

플랫폼 090, 109, 146

플랫폼 IMC 전략 258, 329, 332

플랫폼 비즈니스 071

ㅎ

한계비용 제로 076

핵심 가치 167

확장성 182, 199

저자 소개

김유나(Kim, Yu Na)

　현재 서울예술대학교 커뮤니케이션학부 광고창작과 교수로 재직하고 있다. 어릴 적에는 숫자와 논리로 세상의 질서를 설명하는 것이 좋아 이화여자대학교 수학과에 진학하였고, 졸업 이후에는 사람들의 내면 심리 세계의 질서를 정립해 보고자 고려대학교 심리학과 석사 과정에 입학하였다. 분석과 통찰이라는 두 가지 도구를 가지고 한양대학교 광고홍보학과 박사 과정에 진학하여 마케팅 커뮤니케이션에 대한 솔루션을 연구하던 중, 문과와 이과의 성향을 융합할 수 있는 '빅데이터'라는 테마를 만나 현재는 디지털 세상을 움직이는 새로운 질서를 세우는 데 그동안의 경험과 역량을 쏟는 중이다. TNS Korea(現 칸타코리아)에서 데이터로 소비자를 읽고 마케팅의 자원으로 활용하는 기술을 익혔으며, 하쿠호도 제일과 대홍기획에서 소비자와 브랜드를 연결시키는 전략적 정교화를 터득했다. 대홍기획에서 빅데이터마케팅센터장을 역임하는 중 4차 산업혁명의 파고에서 마케팅의 새로운 질서를 찾고자, 학교로 적을 옮겨 디지털 네이티브인 MZ세대와 디지털 마케팅 생태계의 작동 원리에 대한 연구를 하고 있다. 현재 한국마케팅협회 자문교수를 겸하면서 현업의 마케팅을 디지털 트랜스포메이션하는 일에도 역량을 펼치고 있다. 디지털 마케팅 커뮤니케이션 전략, 디지털 트랜스포메이션 전략, 브랜드 플랫폼 구축, 데이터 기반 고객 경험 설계에 대해 연구 중이다.

　이메일: yuna.kim@seoularts.ac.kr

학지컴인사이트총서 006

디지털 트랜스포메이션 시대를 이끄는 브랜드 뉴노멀

브랜드 유니버스 플랫폼 전략
Brand Universe Platform Strategy

2021년 8월 10일 1판 1쇄 발행
2021년 9월 15일 1판 2쇄 발행

지은이 • 김유나
펴낸이 • 김진환
펴낸곳 • ㈜**학지사**

　　　　04031 서울특별시 마포구 양화로 15길 20 마인드월드빌딩
대표전화 • 02-330-5114　　팩스 • 02-324-2345
등록번호 • 제313-2006-000265호

홈페이지 • http://www.hakjisa.co.kr
페이스북 • https://www.facebook.com/hakjisabook

ISBN 978-89-997-2454-1　03320

정가 16,000원

출판 · 교육 · 미디어기업 **학지사**

간호보건의학출판 **학지사메디컬** www.hakjisamd.co.kr
심리검사연구소 **인싸이트** www.inpsyt.co.kr
학술논문서비스 **뉴논문** www.newnonmun.com
교육연수원 **카운피아** www.counpia.com

이 책은 2020학년도 서울예술대학교 연구비 지원에 의해 발간되었습니다.